ERFOLG UND VERFOLGUNG

www.residenzverlag.at

© 2002 Residenz Verlag Salzburg – Wien – Frankfurt/Main
Alle Rechte vorbehalten.
Satz: Eric Pratter
Druck und Bindung: Ueberreuter Print
Printed in Austria
ISBN 3-7017-1306-5

Christa Gürtler
Sigrid Schmid-Bortenschlager

ERFOLG UND VERFOLGUNG
Österreichische Schriftstellerinnen
1918 – 1945

Fünfzehn Porträts und Texte

Residenz Verlag

Die Arbeit an diesem Buch wurde durch
einen Forschungsauftrag des Bundesministeriums
für Bildung, Wissenschaft und Kultur unterstützt.

Die Drucklegung an diesem Buch wurde von der
Stiftungs- und Förderungsgesellschaft der Paris-Lodron-Universität Salzburg,
dem Bundesministerium für Bildung, Wissenschaft und Kultur,
dem Institut für Kulturförderung, Landesregierung OÖ. sowie dem Magistrat
der Stadt Salzburg gefördert.

INHALT

7 Einleitung

27 **Sir Galahad/Bertha Eckstein-Diener**
37 Aufruhr

43 **Lina Loos**
53 Sirene
58 Ein Duell

63 **Hermynia Zur Mühlen**
73 Das »Double«
78 Die Mangel

81 **Else Feldmann**
90 Ballett der Straße. Ein Entwurf für Jazzmusik
95 Die Frau auf dem Markte

99 **Alma Johanna Koenig**
109 Sonette für Jan

115 **Vicki Baum**
125 Ich mache da nicht mit
128 Die Mütter von morgen – die Backfische von heute

135 **Grete von Urbanitzky**
145 Die Lehrerin

153 **Maria Leitner**
162 Nummer 952

173 **Paula Grogger**
183 Die Braut

189 **Mela Hartwig**
198 Der Meineid
202 Brief 24. 6. 1934

205 **Gina Kaus**
217 Ekel

229 **Veza Canetti**
239 Der Fund

247 **Lili Körber**
256 14. März 1938
261 Amerika, Amerika

263 **Adrienne Thomas**
273 Reisen Sie ab!

281 **Paula Ludwig**
291 Das Haarspänglein
294 Gedichte

297 Werkverzeichnisse
308 Zu den Autorinnen und Texten
314 Verwendete Literatur und Quellen
320 Bildnachweis
320 Editorische Notiz

EINLEITUNG

*Es ist Aufgabe jeder Frau, sich zu kümmern
um das, was vorgeht, vor allem, was mit
ihr geschieht.*

Lina Loos

Die fünfzehn Schriftstellerinnen, die in diesem Band mit Porträts und Textbeispielen vorgestellt werden, sind fast alle in den achtziger und neunziger Jahren des 19. Jahrhunderts geboren. Ihre Kindheit ist noch geprägt von der Habsburgermonarchie, den Ersten Weltkrieg haben sie in ihrer Jugend oder als junge Frauen bewußt miterlebt. Es ist auffallend, daß diese Zeit – mit Ausnahme von Adrienne Thomas' weltberühmtem Roman *Die Katrin wird Soldat* und einigen Autobiographien – in ihren Werken kaum eine Rolle spielt. Sie sind Töchter des zwanzigsten Jahrhunderts, das Kriegsende 1918 markiert das Ende einer Epoche, der sie nicht nachtrauern.
Der Kampf um die Emanzipation zeigt nach dem Ersten Weltkrieg erste Erfolge, die Frauen erhalten das Wahlrecht, viele Ausbildungs- und Berufsmöglichkeiten stehen ihnen in der Ersten Republik offen. Im Gegensatz zu ihren Kolleginnen im 19. Jahrhundert können die meisten Schriftstellerinnen schon auf eine – für damalige Zeiten – adäquate Schulbildung zurückblicken, viele haben Matura, absolvieren die Lehrerbildunganstalt wie Paula Grogger und Hermynia Zur Mühlen, studieren wie Lili Körber und Grete von Urbanitzky, die nach ersten literarischen Erfolgen das Studium allerdings abbricht. Sie sind nicht mehr darauf angewiesen, sich einen entsprechend gut situierten Mann zu »angeln«, sondern verdienen ihr eigenes Geld als Lehrerinnen, Musikerinnen, Schauspielerinnen und Journalistinnen. Während des Krieges mußten sie ohnehin viele Arbeiten ausführen, die bis dahin eindeutig Männern vorbehalten waren. Die neue Mode,

die Bubikopffrisuren und die kurzen Kleider, signalisierten die Aufbruchsstimmung der Frauen, die sich neue Bewegungsräume erobern, die neuen Freiheiten der Liebe und Sexualität genießen. Die Schriftstellerinnen reflektieren in ihren Werken dieses Bild der »neuen Frau«, schildern das veränderte Leben, dokumentieren aber auch die Schattenseiten dieser Aufbruchsjahre und das soziale Elend.

Gina Kaus schreibt in ihrem Artikel *Die Frau in der modernen Literatur* (1929): »Es ist noch nicht lange her, da galt eine schreibende Frau für ein komisches Monstrum, ein Zwittergeschöpf, sie war eine stehende Lustspielfigur, charakterisiert durch Tintenfinger, Brille und erotische Unzulänglichkeit. (...) Da also heute die schreibende Frau keine Abnormität darstellt, auch nicht die Empfindung hat, sich mit ihrer Tätigkeit in Gegensatz zu ihrer Geschlechtsrolle zu setzen, ist es an der Zeit, von Frauenliteratur zu sprechen.« Die Schriftstellerin ist zwar keine Abnormität mehr in den zwanziger und dreißiger Jahren, sie ist im Literaturbetrieb aber noch immer auf Männer angewiesen.
Autorinnen nehmen ihren Platz in den Künstlerzirkeln von Wien, München oder Berlin ein, wie Veza Canetti, Bertha Eckstein-Diener, Gina Kaus, Lina Loos und Paula Ludwig, wo sie die traditionelle Rolle der Freundin wichtiger Männer spielen, wo ihre intellektuellen und künstlerischen Fähigkeiten aber auch Anerkennung finden. Und so manche heute vergessene oder spät wiederentdeckte Schriftstellerin war seinerzeit erfolgreicher als ihre Partner. Die Überlieferung hat in diesem Punkt das Bild verzerrt. So erschienen Veza Canettis Texte regelmäßig in Zeitschriften, während Elias Canettis Dramen weder publiziert noch aufgeführt wurden und sein Ruf auf den Lesungen aus seinem erst 1935 veröffentlichten Roman *Die Blendung* beruhte. Auch Vicki Baum war sowohl materiell erfolgreicher als auch wesentlich anerkannter und bekannter als ihr Mann, der Dirigent war. Ähnliches galt für Hermynia Zur Mühlen und ihren Mann Stefan Klein, der wie sie als Übersetzer arbeitete. Alma Johanna Koenig leistete sich den für Frauen auch heute noch ungewöhnlichen Luxus, einen weitaus jüngeren Schriftsteller als Protegé und als Geliebten zu haben.

Die Probleme zwischen den Geschlechtern in den verschiedenen Künstlerzirkeln treten spätestens seit Beginn der dreißiger Jahre angesichts der politischen Verhältnisse in den Hintergrund. Der größte Teil der hier porträtierten Schriftstellerinnen gehört dem linken politischen Spektrum an; einige arbeiten direkt für die damals noch starke und gut organisierte sozialistische (und kommunistische) Presse. So publizieren z.B. Hermynia Zur Mühlen, Else Feldmann, Maria Leitner, Veza Canetti und Lili Körber regelmäßig in der *Arbeiter-Zeitung*, Vicki Baum ist im linksliberalen Ullstein-Verlag und seinem Presseimperium als Autorin und Redakteurin beschäftigt.

Das politische Engagement einiger Autorinnen zeigt sich nicht nur in ihren Publikationsmedien, sondern auch in ihren Mitgliedschaften. Lili Körber, Maria Leitner und wahrscheinlich auch Hermynia Zur Mühlen und Else Feldmann sind Mitglieder im Bund proletarisch revolutionärer Schriftsteller, Körber ist sogar im Vorstand, nimmt dort allerdings die typisch weibliche Position der Schriftführerin ein. Auf der anderen politischen Seite arbeitet Grete von Urbanitzky, auf deren Initiative hin in Österreich eine Gruppe des internationalen PEN-Clubs gegründet wird, dessen Vorstand sie angehört. Ihren negativ bewerteten Platz in den österreichischen Literaturgeschichten verdankt sie ihrer Präsenz als österreichische Delegierte beim internationalen PEN-Kongreß in Ragusa, wo sie mit den Schriftstellern Nazi-Deutschlands die Tagung verläßt, als der internationale PEN-Club die Bücherverbrennungen 1933 in Deutschland verurteilen will.

Schwieriger gestaltet sich die Positionierung im Literaturbetrieb für jene Autorinnen, die in der Provinz leben. Mela Hartwig ist ihrem Mann, einem Rechtsanwalt, nach Graz gefolgt, und ihre literarische Karriere verläuft lediglich über den Postweg – den Einstieg verschafft ihr ein Preis bei einem literarischen Wettbewerb. Paula Grogger verläßt als einzige Autorin ihr heimatliches Dorf Öblarn kaum, auch bei ihr ersetzen der Text und die Korrespondenz den persönlichen Kontakt, wobei festgehalten werden muß, daß es diesen Kontakt durchaus gab, allerdings eben nicht zu den linken, sondern zuerst zu den austrofaschistischen und dann nationalsozialistischen Zirkeln, wie ihr Beitrag im berüchtigten *Gedenkbuch deutschösterreichischer Schriftsteller* zeigt, in dem sie den Einmarsch Hitlers in Österreich preist. Einige Schriftstellerinnen halten sich eher fern von direkten politischen Auseinandersetzungen wie Adrienne Thomas, Bertha Eckstein-Diener, Lina Loos und Alma Johanna Koenig.

Die meisten der hier vorgestellten Schriftstellerinnen sind bürgerlicher Herkunft, manche von ihnen sind in kleinbürgerlichen und proletarischen Verhältnissen aufgewachsen wie Paula Ludwig und Else Feldmann. Nur Hermynia Zur Mühlen gehört dem österreichischen Hochadel (Gräfin Folliot de Crenneville) an und bricht – nach Heirat mit und Scheidung von einem baltischen Großgrundbesitzer, unter dessen Namen sie publiziert – vollkommen mit ihrer Klasse und wird Mitglied der kommunistischen Partei. Das »von« bei Grete von Urbanitzky hingegen verdankt sich dem typischen Beamtenadel der österreichisch-ungarischen Monarchie, auch wenn sie selbst gern auf eine lange Ahnenreihe verweist.

Die privaten Lebensmuster der Schriftstellerinnen sind von den Veränderungen der Geschlechterverhältnisse geprägt. Das traditionelle Bild der Ehefrau und Mutter von zwei Kindern wird ironischerweise lediglich von Vicki Baum verkörpert, der Erfolgsschriftstellerin der Zeit, die durch ihre Texte mit dem Bild der neuen Frau verbunden ist. Allerdings lebt auch sie vor dieser Ehe eine ménage à trois, die dem alten Bohème-Image und dem neuen der sexuellen Freizügigkeit entspricht. Die ebenso traditionelle Rolle der unverheirateten Künstlerin repräsentieren im konservativen Bereich Paula Grogger, im linken Bereich Else Feldmann und Maria Leitner. Eine lebenslange Ehe mit einem intellektuell ebenbürtigen Partner verwirklichen Veza Canetti, Mela Hartwig, Lili Körber und Adrienne Thomas.

Alle anderen Frauen sind geschieden, mehrere Male verheiratet oder haben Beziehungen zu verheirateten und zu jüngeren Männern. So ist Stefan Klein sechs Jahre jünger als Hermynia Zur Mühlen, Alma Johanna Koenig hat nach einer mißglückten Ehe eine Liebesbeziehung zum siebenundzwanzig Jahre jüngeren Oskar Jan Tauschinski. Paula Ludwig hat einen unehelichen Sohn, Bertha Eckstein-Diener nach einem Sohn aus ihrer Ehe mit Eckstein einen unehelichen Sohn mit ihrem Liebhaber Theodor

Beer, der allerdings bei Pflegeeltern aufwächst und den sie erst als erwachsenen Mann wiedersieht. Lina Loos bleibt nach kurzer Ehe mit dem Architekten Adolf Loos unabhängig, wenn auch nicht ohne Beziehungen. Grete von Urbanitzky lebt nach zwei unglücklichen kurzen Ehen jahrelang mit einer Frau zusammen, Gina Kaus läßt sich von Josef Kranz als Tochter adoptieren und heiratet später noch mehrmals. Auffallend ist allerdings, daß von den fünfzehn hier porträtierten Schriftstellerinnen nur vier Kinder haben, Vicki Baum, Bertha Eckstein-Diener, Gina Kaus und Paula Ludwig. Die Vermutung, daß die Entscheidung für die Kunst und die Literatur eine Rolle als Mutter eher ausschließt, scheint Bestätigung zu finden.

Die politische Situation der dreißiger Jahre zwingt die Autorinnen zur Stellungnahme; die Österreicherinnen haben dabei fünf Jahre länger Zeit als ihre deutschen Kollegen und Kolleginnen, denn sie können nach 1933 noch aus Deutschland nach Österreich zurückkehren, das für einige von ihnen, so z. B. für Zur Mühlen, Ludwig oder Körber, zum ersten Exilland wird. Wenn sie in Österreich geblieben sind, können sie die Situation aus dieser scheinbar sicheren Distanz beobachten, verlieren allerdings auch hier 1934 nach dem Sieg der Austrofaschisten zahlreiche Publikationsmöglichkeiten. Position muß auch in Österreich bezogen werden, und das heißt in dieser Zeit vielfach, sich einer politischen Organisation anzuschließen. Das Bild, das dieser Band entwirft, täuscht in einer bestimmten Hinsicht: Zwar gibt es tatsächlich viele antifaschistische und antinazistische Schriftstellerinnen, aber es gibt auch eine nicht geringe Anzahl von Autorinnen, die das NS-Regime vorbereiten helfen und es unterstützen. Glücklicherweise ist unter ihnen keine Künstlerin wie Leni Riefenstahl, deren ästhetische Qualität so beachtlich ist, daß sie hier aufgenommen werden müßte. Autorinnen, die dem Regime positiv bis ambivalent gegenüberstehen wie Bertha Eckstein-Diener, die unter dem Pseudonym des mittelalterlichen Gralsritters Sir Galahad publiziert, Grete von Urbanitzky und Paula Grogger sind hingegen stellvertretend für andere in diesem Kontext dargestellt. Interessant ist die Tatsache, daß auch Eckstein-Diener und Urbanitzky während der Zeit des Nationalsozialismus in der Schweiz leben und Urbanitzkys Bücher verboten werden. Lina Loos bleibt, allerdings schwer krank, in Wien und zieht sich aus dem öffentlichen Leben in die »innere Emigration« zurück. Paula Groggers literarische Laufbahn in Öblarn setzt sich fort. Alle anderen Autorinnen des Bandes werden entweder aufgrund ihrer politischen Überzeugung oder aufgrund ihrer durch die Nürnberger Rassegesetze festgelegten »nicht-arischen« Abstammung zu Opfern des Nationalsozialismus, der sie ins Exil oder in den Tod im Vernichtungslager führt – so verlieren sich die Spuren von Else Feldmann und Alma Johanna Koenig auf den Transporten nach Sobibór und Minsk, die von Maria Leitner im Süden Frankreichs.

Die politischen Veränderungen durch den Nationalsozialismus und die darauf folgende Flucht werden häufig Thema in den literarischen Texten. Schon unmittelbar nach der Machtübernahme der Nazis in Deutschland versuchen die Schriftstellerinnen mit ihren Texten auf die Folgen dieses Ereignisses aufmerksam zu machen: Lili Körber zeichnet die Konsequenzen der Rassegesetze im privaten Bereich in ihrem Roman *Eine Jüdin erlebt das neue Deutschland* bereits 1933 auf, ihr Roman über ihre Flucht aus Wien, *Eine Österreicherin erlebt den Anschluß*, wird in Fortsetzungen bereits im selben Jahr 1938 in der Schweizer Zeitung *Volksrecht* veröffentlicht. Maria Leitners letzter Roman *Elisabeth, ein Hitlermädchen* erscheint 1937 in Fortsetzungen in der *Pariser Tageszeitung*. Adrienne Thomas verarbeitet ihre Erlebnisse auf der Flucht in dem Roman *Reisen Sie ab, Mademoiselle* (1944), Mela Hartwig versucht in einer Art Legende, *Das Wunder von Ulm* (1936), die Tradition und die Motivation der Juden-Pogrome nachzuzeichnen. Hermynia Zur Mühlen zeigt in ihrem Buch *Unsere Töchter, die Nazinen* (1938) und in *Am Tag, als der Fremde kam* (1947) sowohl die Motive der Anhänger der Nazis als auch die Möglichkeiten des Widerstands auf – alle diese Texte können aber nur mehr im Exil erscheinen oder erst nach Kriegsende, manchmal erst Jahrzehnte später wie Veza Canettis Roman *Die Schildkröten*, der bereits 1939 geschrieben, aber erst 1999 publiziert wird.

Die Emigration nimmt dem Leben dieser Schriftstellerinnen den letzten Rest von bürgerlicher Normalität. Zwar sind viele von ihnen schon vor 1933 unternehmungs- und reiselustig, doch sind Reisen mit der Möglichkeit der Rückkehr und Flucht vor Verfolgung und Ermordung klar zu unterscheiden. Die Lebensläufe der Schriftstellerinnen nehmen sich – ähnlich wie bei den Beziehungen – auch in Hinblick auf ihre Mobilität – häufig durchaus abenteuerlich aus.

Wieder ist es Paula Grogger, die durch ihre Seßhaftigkeit aus dem Rahmen fällt und ihrem Image als Heimatschriftstellerin gerecht wird. Die Mobilität im geographischen Bereich macht die Zuordnung zur österreichischen Literatur manchmal problematisch, da viele Autorinnen nur einen prägenden Lebensabschnitt in Österreich verbracht haben. Die Staatsbürgerschaft kann jedenfalls nicht als Kriterium herangezogen werden, da gerade sie bei den meisten der hier porträtierten Schriftstellerinnen mehrmals wechselt. So ist Hermynia Zur Mühlen von ihrer Geburt her Österreicherin, durch die erste Heirat Russin, durch die zweite Heirat erhält sie die tschechoslowakische Staatsbürgerschaft, lebt allerdings von 1939 bis zu ihrem Tod in England. Paula Ludwig hingegen ist zwar in Vorarlberg geboren, sie erhält nach ihrem Vater jedoch die deutsche Staatsbürgerschaft und kehrt nach dreizehn Jahren Exil in Brasilien nach Vorarlberg zurück, wo man ihr die österreichische Staatsbürgerschaft jedoch verweigert. Als brasilianische Staatsbürgerin verbringt sie ihre letzten Lebensjahre in Darmstadt.

Die Mobilität der hier vorgestellten Schriftstellerinnen ist außerordentlich hoch. Alma Johanna Koenig lebt mit ihrem Mann, einem österreichischen Konsul, fünf Jahre in Algier. Maria Leitner pendelt einige Zeit zwischen Stockholm und Budapest, bevor sie für verschiedene Zeitschriften über ihre Reisen durch Nord-, Mittel- und Südamerika Reportagen schreibt. Auf diesen Touren verdient sie ihren Lebensunterhalt durch Gelegenheitsarbeiten und gewinnt so einen Einblick in die konkreten sozialen Realitäten der bereisten Länder. Lili Körber verbringt ihre Kindheit in Rußland und kehrt als Schriftstellerin in die Sowjetunion zurück, wo sie einige Monate in einer Fabrik arbeitet; später reist sie durch Japan und China. Hermynia Zur Mühlen lernt als Kind mit ihrem Vater verschiedene Länder Europas und den Orient kennen, lebt mit ihrem Mann im Baltikum, dann aus Krankheitsgründen in Davos und nach der

Scheidung in Wien und Frankfurt. Auch Paula Ludwig übersiedelt bereits mit vierzehn Jahren von Vorarlberg nach Linz, später folgen vor ihrer Flucht die Stationen Breslau, München, Berlin, Ehrwald. Lina Loos tritt in verschiedenen Kabaretts und Theatern in Amerika und Deutschland auf, Bertha Eckstein-Diener lebt seit ihrer Trennung von ihrem Mann überhaupt bis zu ihrem Lebensende je nach ihrer finanziellen Lage in verschiedenen Hotels, Pensionen und Hospizen. Adrienne Thomas verläßt mit ihren Eltern Lothringen in Richtung Berlin, bevor sie nach Frankreich und der Schweiz in Wien Station macht. Vicki Baum lebt nach ihrer in Wien verbrachten Kindheit und Jugend in Darmstadt und Berlin, bevor sie nach Hollywood übersiedelt, Gina Kaus wohnt abwechselnd in Wien und Berlin, und Grete von Urbanitzky hält es nicht lange in ihrem Geburtsort Linz. Ob diese Mobilität vor der erzwungenen Emigration dazu beigetragen hat, daß sich einige dieser Schriftstellerinnen in den Exilländern leichter integrieren konnten, muß offen bleiben. Sicher ist, daß die Mehrsprachigkeit und das Talent des leichten Spracherwerbs die Fortsetzung der schriftstellerischen Laufbahn erleichtern, was aber zu unterschiedlichen finanziellen und literarischen Erfolgen führt, wie die Beispiele Vicki Baum und Hermynia Zur Mühlen zeigen, die beide in englischer Sprache schreiben, die eine mit großem finanziellen Erfolg, die andere materiell erfolglos.

Der Weg zum Erfolg führt viele Autorinnen zunächst einmal aus Österreich weg – wie der vieler ihrer männlichen Kollegen. Erst die Publikation in deutschen Verlagen sichert überregionale Anerkennung. Vicki Baum wird zu einer der Star-Autorinnen des Berliner Ullstein-Verlags, in dem auch die Bücher von Gina Kaus erscheinen. Hermynia Zur Mühlen trägt mit ihren Übersetzungen u.a. von Upton Sinclair wesentlich zum Erfolg des Malik-Verlags in Berlin bei. Sir Galahads erster Roman *Die Kegelschnitte Gottes* erscheint 1920 in München bei Langen-Müller und liegt bereits 1922 in der 10. Auflage vor. Und Paula Ludwig findet zuerst in München, dann in Berlin den erhofften Kontakt zu Künstlerkreisen. Doch spätestens 1933 in Deutschland, 1938 in Österreich wurde aus der neu gewonnenen weiblichen Bewegungsfreiheit für die meisten Schriftstellerinnen die Notwendigkeit zur Flucht. Diese

Flucht vor den Nazis führt Veza Canetti, Hermynia Zur Mühlen und Mela Hartwig nach Großbritannien, Lili Körber und Adrienne Thomas nach New York, Gina Kaus und Vicki Baum nach Hollywood. Für Maria Leitner endet die Flucht in Frankreich, wo sie sich im Lager von Gurs nahe der spanischen Grenze theoretisch mit Paula Ludwig und Adrienne Thomas hätte treffen können. Ludwig gelingt die Flucht nach Brasilien, während sich die Spuren von Maria Leitner in Marseille verlieren. Aber auch die Unterstützerin des NS-Regimes, Grete von Urbanitzky, muß vor ihren Freunden fliehen, sie gelangt über Paris in die Schweiz, wo Sir Galahad mit Unterbrechungen bereits seit 1920 lebt.

Vicki Baum kommt bereits als Bestsellerautorin in die USA und bereitet die Verfilmung ihres Romans *Menschen im Hotel* mit Greta Garbo vor, der 1931 erfolgreich in den Kinos startet. Bereits 1932 entscheidet sie sich, gemeinsam mit ihrer Familie in die USA zu emigrieren. Ihr gelingt der Umstieg in die neue Kultur, sie kann ihre Erfolge fortsetzen, ihre Kontakte zu Hollywood bleiben aufrecht, ihre Bücher werden weiterhin verfilmt, allerdings hat sie selber als Drehbuchautorin keinen Erfolg. Diesen Umstieg schafft Gina Kaus, die ihre Karriere bereits als Theaterautorin begonnen hat. Während diese beiden Schriftstellerinnen in einer fremden Kultur und Sprache an ihre Karrieren anschließen bzw. diese sogar ausbauen können, bedeutet das Exil für die meisten anderen das Ende der schriftstellerischen Karriere und/oder materielles Elend. Aus unterschiedlichen Gründen gelingt weder Veza Canetti noch Mela Hartwig der Anschluß an das literarische Leben im Exilland Großbritannien: Veza Canetti hört auf zu schreiben, Mela Hartwig hingegen schreibt bis an ihr Lebensende »für die Schublade«. Im Falle Veza Canettis erweist sich der Umstand, die Frau eines Schriftstellers zu sein, der seinen Weg in den Olymp des Literaturbetriebs zielstrebig verfolgt, für das eigene Schreiben als nicht gerade förderlich. Und daß es bis zum Jahr 1990 gedauert hat, bis diese wichtige Autorin im Schatten eines Nobelpreisträgers entdeckt wird, mag nicht nur an den verschiedenen Pseudonymen liegen, unter denen sie publiziert hat, sondern auch an einem Ehemann, der weder an der literarischen Karriere noch an der Wiederentdeckung seiner ersten Frau als Schriftstellerin besonders interessiert war.

Lili Körber wiederum zieht die Konsequenz aus dem Scheitern der Versuche, als Schriftstellerin in New York Fuß zu fassen. Wie so viele Emigrantinnen stellt sie sich äußerst realistisch der Situation und erlernt einen neuen Beruf, der Aussicht auf eine sichere Anstellung und ein sicheres Einkommen bietet – sie wird Krankenschwester. Paula Ludwig verdient in São Paulo durch kunstgewerbliche Arbeiten ihren Lebensunterhalt. Da sie die portugiesische Sprache nicht beherrscht und auch keinerlei Kontakte zu deutschsprachigen literarischen Emigrantenkreisen pflegt, probiert sie erst gar nicht, ihre schriftstellerische Karriere fortzusetzen.

Die Frage der Rückkehr in den deutschsprachigen Raum, die sich nach 1945 stellt, wird von den Emigrantinnen unterschiedlich beantwortet: Adrienne Thomas kehrt 1947 nach Österreich zurück und arbeitet primär als Journalistin, kann an ihre literarischen Bestsellererfolge der Vorkriegszeit aber nicht mehr anknüpfen. Paula Ludwig kehrt in den fünfziger Jahren nach Österreich zurück – wie sich herausstellt, bleibt es für sie eine »fatale Heimkehr«. Vicki Baum, Veza Canetti, Mela Hartwig, Gina Kaus und Hermynia Zur Mühlen hingegen kommen, genauso wie Urbanitzky und Eckstein-Diener, nicht nach Österreich oder Deutschland zurück.

Für alle Schriftstellerinnen – mit den beiden extrem unterschiedlichen Ausnahmen von Vicki Baum und Paula Grogger – bringen der Nationalsozialismus und der Zweite Weltkrieg das Ende der literarischen Karriere, für Else Feldmann, Alma Johanna Koenig und Maria Leitner bedeuteten sie Ermordung und Tod. Lina Loos wiederum entwickelt sich in der inneren Emigration zu einer kämpferischen Autorin, die noch in hohem Alter im *Österreichischen Tagebuch* und der *Stimme der Frau* zu publizieren beginnt.

Nur die Bücher von Vicki Baum und Paula Grogger weisen eine ununterbrochene Publikationsgeschichte von den dreißiger Jahren über den Zweiten Weltkrieg bis in die Gegenwart auf. Das Publikum, das durch diese Werke angesprochen worden ist, dürfte sich allerdings wesentlich voneinander unterscheiden. Die anderen hier vorgestellten Schriftstellerinnen sind erst seit den siebziger Jahren im Rahmen der Erforschung des Exils und der

Literatur von Frauen wiederentdeckt worden. Doch am Beginn des 21. Jahrhunderts sind viele der in den vergangenen zwanzig Jahren neu aufgelegten Texte (u.a. von Mela Hartwig, Alma Johanna Koenig, Lili Körber oder Adrienne Thomas) bereits wieder vergriffen. Von Veza Canetti, Else Feldmann, Paula Ludwig, Gina Kaus und neuerdings auch Mela Hartwig sind noch einige Bücher zu kaufen. Dies zeigt einmal mehr, wie sehr das Kurzzeitgedächtnis den Büchermarkt bestimmt.

Die Frage der literarischen Wertung kann an dieser Stelle zwar nicht ausgeklammert werden, stellt sich unter einer geschlechtsspezifischen Perspektive allerdings anders und muß den literarhistorischen Kanon hinterfragen. Vicki Baum und Gina Kaus bekennen sich selbst zur Unterhaltungsliteratur, beide beherrschen das Handwerk des Schreibens ebenso wie ihre männlichen Kollegen. Am Beispiel des komplexen und sich durch eine raffinierte Erzähltechnik auszeichnenden Romans *Die Verliebten* (1928) von Gina Kaus zeigt sich, daß Verlage nicht selten irren. Denn statt das Buch im anspruchsvollen Verlagsteil Propyläen zu publizieren, erscheint es im Ullstein-Verlag und kann dort keineswegs den erwünschten Erfolg verbuchen. Sicherlich sind manche Texte heute eher von dokumentarischem Wert und aus zeithistorischem Interesse spannend zu lesen. Aber es sind nach wie vor literarische Kostbarkeiten zu entdecken, darunter Erzählungen von Veza Canetti, Gedichte von Paula Ludwig, Kurzprosa von Lina Loos oder der 2001 erschienene Roman *Bin ich ein überflüssiger Mensch?* von Mela Hartwig.
Blicken wir auf die Themen und die Formen, die von den Autorinnen gewählt werden, so können wir feststellen, daß die gesamte Bandbreite der Literatur vertreten ist. Dies gilt sowohl für die Gattungen – Lyrik, Roman, Drama, aber auch Reportage und Drehbuch sowie Essayistik – als auch für die Themen und literarischen Verfahrensweisen. Bemerkenswert im Romangenre sind die weiblichen Entwicklungsromane, wie sie uns Vicki Baum mit *Stud. chem. Helene Willfüer* oder Urbanitzky mit *Karin und die Welt der Männer* vorlegen. Die Klage, daß die Literatur zwar eine große Menge von Modellen für die Entwicklung von jungen Männern von der Pubertät bis zur Einbindung in die

Erwachsenenwelt bereitstellt, daß diese Identifikationsmuster für Frauen aber nicht angeboten werden, wird in dieser Zeit hinfällig. Wir müssen allerdings aus heutiger Sicht kritisch anmerken, daß diese positiven Frauengestalten manchmal fast überlebensgroß geworden sind – sie überwinden alle Schwierigkeiten und schaffen die Kombination von Berufskarriere, Partnerbeziehung und Familie mit Kind scheinbar ohne Schwierigkeiten.

Zahlreich sind die sozialkritischen Erzählungen und Romane, die sich mit dem Schicksal der Arbeiter und Arbeiterinnen und der Unterschichten beschäftigen. Neben kürzeren journalistischen Arbeiten und traditionellen Romanen finden wir hier auch das Muster, daß Geschichten zu einem Gesamtbild (einer gesellschaftlichen Entität im Bild einer Straße z. B. bei Veza Canetti) zusammengefaßt werden. Bei Maria Leitner und Lili Körber bilden jeweils die Erzählerinnen das Element, das die einzelnen Reportagen miteinander verbindet, die sowohl einzeln als auch in Buchform veröffentlicht worden sind; das Buch ergibt dann jeweils das angestrebte Gesamtbild einer geschilderten Gesellschaft – sei es Amerika bei Leitner, sei es Rußland oder Japan bei Körber. Mit dieser Schreibtechnik beziehen die Autorinnen Position in den aktuellen literaturtheoretischen Debatten, wie sie vor allem in linken Kreisen geführt worden sind. Diese unter dem Namen »Formalismus-Realismus-Debatte« in die Literaturgeschichte eingegangenen Diskussionen behandeln die Frage nach der Möglichkeit der Wirksamkeit von Literatur in der Gesellschaft und die nach dem Verhältnis zwischen Literatur und Gesellschaft. Soll die Literatur die Gesellschaft abbilden, und muß sie dazu, angesichts der sich wandelnden Gesellschaft, ihre literarischen Methoden immer wieder der neuen Situation anpassen, oder sind die Methoden, die im 19. Jahrhundert entwickelt worden sind, also der realistische Roman mit seinem zur Identifikation einladenden Helden, quasi überzeitliche Formen, die problemlos mit neuen Inhalten gefüllt werden können.

Mit der Hinwendung zur Reportage, zum fragmentierten und panoramatischen Erzählen ordnen sich diese Autorinnen in die ästhetisch avancierte Literatur ein, wenn sie auch interessante Kompromisse schließen, indem sie z.B. die Ich-Form wählen und über die Erzählerin eine Identifikationsfigur einführen. So sucht etwa Lili Körber mit der Form des Tagebuchs den subjektiven Standpunkt mit der objektiven Reportage zu verbinden. Veza Canetti hingegen überläßt in *Die Gelbe Straße* die Arbeit der Herstellung der Totalität dem Leser/der Leserin und ist in dieser Hinsicht gleichsam konsequenter. Auffällig ist, daß Autorinnen, die zunächst psychologische Erzählungen mit stark expressionistischem Einschlag schreiben, wie Mela Hartwig, sich angesichts der zunehmenden Arbeitslosigkeit und der gesellschaftlichen Veränderungen Ende der dreißiger Jahre sozialkritischen Themen zuwenden.

Neben dieser zeitgenössischen Thematik steht aber – fast gleichberechtigt – der historische Roman. Wieder nehmen die Schriftstellerinnen teil an einer Tendenz, die sich allgemein mit einer Hinwendung zum Mythos, zur Ganzheit und zur Vergangenheit beschreiben läßt. Wir haben bereits gesehen, daß der Versuch, eine Ganzheit herzustellen, sich auch im panoramatischen Erzählen finden läßt. Die Hinwendung zum Mythos will nun diese Ganzheit nicht mehr durch das Zusammenfügen von vielen Einzelelementen, sondern durch die Wiedergewinnung einer Tiefendimension erreichen.

Theoretisch beschäftigt sich Sir Galahad in ihrem Buch *Mütter und Amazonen* mit diesem Problem, indem sie systematisch die einzelnen Forschungen zu matristischen Kulturen zusammenfaßt und eine erste umfassende weibliche Kulturgeschichte schreibt. Auf ganz andere Art nähert sich Grogger in ihrem Roman *Das Grimmingtor* dem Mythos. Der Roman spielt zwar zur Zeit der Franzosenkriege, er ist aber weniger ein historischer Roman als vielmehr ein überzeitliches Epos des bäuerlichen Lebens und der Alpenlandschaft mit ihrem jahreszeitlichen Rhythmus und ihren vorchristlichen Traditionen. Wer aufregende Handlungen erwartet, wird hier enttäuscht, die Beschreibung der Natur steht im Vordergrund, eine Natur, vor der die menschlichen Schicksale fast an Bedeutung verlieren. Der Roman greift das saga-artige Erzählen der Skandinavier – u.a. Knut Hamsun oder Sigrid Undset – auf und transferiert es in die Alpen. Die Schilderung des bäuerlichen Lebens und der Natur hat dazu geführt, daß die NS-Behörden den Roman als Blut-und-Boden-Roman gelesen und gefördert haben; das Lob der Natur und der Bauern ist zwar vorhanden, allerdings fehlt jeglicher Rassismus.

Ganz anders geartet sind die historischen Romane von Alma Johanna Koenig, die einerseits dem Interesse an der Antike und ihren Mythen, aber auch germanischen Mythen und Sagen verpflichtet sind, die aber andererseits in ihrem Nero-Roman *Der jugendliche Gott* mit einer indirekten Zeitkritik auf die aktuelle politische Situation Bezug nimmt, ähnlich wie es Mela Hartwig mit ihrer Novelle über ein mittelalterliches Pogrom versucht. Auch Zur Mühlen versucht neben ihren aktuellen zeitkritischen Texten im Rückgriff auf die österreichische Geschichte zum Widerstand aufzurufen. Neben der historischen kann auch die geographische Distanz als Verschlüsselung der eigenen Situation verwendet werden. So wird der Roman *Sato-San* von Lili Körber nicht nur als Darstellung des japanischen Faschismus gelesen, sondern direkt auf den deutschen bezogen – die Zuspitzung der politischen Lage erlaubt praktisch keine unpolitische Literatur mehr.

Neben der neuen Sachlichkeit, den Reportagen und dem Rückgriff auf den Mythos ist auch der Expressionismus für die Schriftstellerinnen von großer Bedeutung. Im Bereich der Prosa haben wir bereits Hartwig erwähnt, aber auch Eckstein-Diener und Koenig müssen hier genannt werden, wobei der erste Roman von Sir Galahad, *Die Kegelschnitte Gottes*, zwar expressionistische Züge aufweist, sich aber weder inhaltlich noch stilistisch in eindeutige literarhistorische Kategorien fassen läßt. Der expressionistische Einfluß macht sich besonders stark in der Lyrik bemerkbar, so in den Gedichten von Alma Johanna Koenig und Paula Ludwig. Auch Urbanitzky ist mit ihren frühen Werken durchaus dieser Richtung zuzurechnen. Eine Sonderstellung nimmt das Werk von Lina Loos ein: Ihre Kurztexte können am ehesten als eine Weiterentwicklung des Stils der Wiener Caféhausliteraten charakterisiert werden, in denen allerdings ein ironischer und feministischer Ton dominiert.

Als Dramatikerin ist keine der hier porträtierten Schriftstellerinnen zu bezeichnen, auch wenn einige von ihnen Dramen verfaßt haben. Gina Kaus debütiert mit *Diebe im Haus* sogar am Wiener Burgtheater, ein weiteres Stück wird in Deutschland erfolgreich gespielt. Dennoch verdankt sie ihren Erfolg ihrer Prosa, später wird sie im Exil allerdings vom Drehbuchschreiben leben.

Lina Loos, die auch als Schauspielerin und Kabarettistin auf den Brettern steht, verfaßt mehrere provokante Texte, ihr Einakter *Mutter* wird am 8. März 1921, dem »Internationalen Frauentag«, im Volkstheater uraufgeführt. Auch Loos hat – allerdings erfolglos – ein Film-Treatment geschrieben. Wenig erfolgreich in diesem Genre waren auch die Versuche Vicki Baums. Mit ihrem Bestseller *Menschen im Hotel* hat sie allerdings ein Erzählmodell entwickelt, das heute noch vielen Fernseh-Serien zugrunde liegt: Ein öffentlicher Ort – in ihrem Fall das Hotel (später kann es neben den Schloß- oder Seehotels auch die Klinik, das Schiff etc. sein) – ermöglicht es, fast willkürlich die verschiedensten Personen zusammenzubringen und kurzfristige Beziehungen zwischen ihnen herzustellen; die Abreise ist ein probater Schluß für die Verwicklungen, die Vorgeschichten der Beteiligten bieten zusätzliches Erzählmaterial.

Die unglaublich produktive Hermynia Zur Mühlen repräsentiert mit ihrem Werk weitere Bereiche, in denen Schriftstellerinnen heute noch häufig aktiv sind. Zum einen arbeitet sie als Übersetzerin – ein bis heute weiblich dominiertes Feld des Literaturbetriebes – , zum anderen wendet sie sich der Literatur für Kinder zu – wie auch Adrienne Thomas – und schreibt zwei vielfach übersetzte Märchenbücher mit einer linken Botschaft – nicht nur für Kinder. Mit einem tibetanischen Märchenbuch debütierte übrigens auch ihre Kollegin Maria Leitner. Und Hermynia Zur Mühlen verfaßt unter dem Pseudonym Lawrence H. Desbarry spannende Kriminalromane.

Diese erstaunliche Produktivität führt uns zur Frage nach der Schreibmotivation der Autorinnen in dieser Zeit. Das Geldverdienen steht dabei nicht mehr auf dieselbe Art im Zentrum wie noch im 19. Jahrhundert, denn diese Frauen haben fast alle schon eine Berufsausbildung. Dennoch darf dieses Motiv nicht außer acht gelassen werden, vor allem wenn die Frauen das finanzielle Überleben ihrer Familien garantierten wie etwa im Falle von Gina Kaus. Wichtiger war wohl das Motiv, in der politischen Auseinandersetzung das Wort zu ergreifen und gehört zu werden. Dabei nützen sie verschiedene Publikationsorgane, veröffentlichen Feuilletons und Sozialreportagen in Zeitungen und Zeitschriften oder suchen nach geeigneten Verlagen für ihre literarischen Texte. Als Hinweis für die Veränderungen im weiblichen Rollenverständnis kann das Selbstbewußtsein der meisten Schriftstellerinnen gewertet werden. Für praktisch alle von ihnen ist Schreiben jetzt auch ein Weg zur Selbstverwirklichung, sie schreiben, weil sie das Bedürfnis haben, sich auszudrücken, und von ihrem Können überzeugt sind.

Gerade vor diesem Hintergrund erweisen sich der Nationalsozialismus und das Schicksal der Emigration als tragischer Bruch einer gerade begonnenen gesellschaftlichen Emanzipationsentwicklung. Zu dem Zeitpunkt, an dem Frauen in der Literatur ihre Position neben den Männern selbstverständlich einnehmen und im Literaturbetrieb Erfolge verzeichnen können, wird ihnen nicht nur durch die Rückkehr zu einem traditionellen Frauenbild, wie es der Faschismus propagiert, sondern ganz konkret durch rassische und politische Verfolgung die Möglichkeit des Sprechens im deutschen Sprachraum wieder genommen.

Else Feldmann und Alma Johanna Koenig werden ermordet, Maria Leitner stirbt auf der Flucht in Südfrankreich. Das Exil hat für die Schriftstellerinnen noch verheerendere Auswirkungen als für ihre männlichen Kollegen, die in verschiedenen Netzwerken – literarischen, künstlerischen, politischen – organisiert sind: Für die Frauen bedeutet Exil fast durchwegs Verstummen – Veza Canetti, Lili Körber, Mela Hartwig und Paula Ludwig geben auf. Zur Mühlen überlebt als Übersetzerin, für die eigene literarische Produktion ist neben dieser Brotarbeit kaum mehr Zeit. Lediglich Vicki Baum gelingt die Fortsetzung des Erfolges, allerdings auch durch die Hinwendung zu trivialen Erzählmustern, und für Gina Kaus bedeutet das Ausweichen auf das Drehbuchschreiben für das Hollywood-Kino gleichzeitig den Ausschluß aus dem literarischen Diskurs.

Über die Schwierigkeiten der biographischen Rekonstruktion von Lebensgeschichten wurde in der Forschung immer wieder reflektiert. Im Falle von Schriftstellerinnen ohne direkte Nachkommen und von jenen, die ermordet wurden oder im Exil überlebten, stellt sich diese Spurensuche als besonders schwierig heraus. Nur wenige private Quellen wie Briefe, Dokumente etc. sind bei den hier porträtierten Schriftstellerinnen auffindbar, im

Falle Else Feldmanns nicht einmal ein Foto, von Maria Leitner lediglich eine schlechte Reproduktion. Einige Autorinnen haben im Alter autobiographische Bücher verfaßt wie Vicki Baum und Gina Kaus, die als Quelle dienen können. Allerdings müssen wir uns dabei bewußt sein, daß sie bestimmt sind von der subjektiven Färbung von Erinnern und Vergessen. Bei manchen Schriftstellerinnen sind wir auf die Forschungen einer Biographin oder eines Biographen angewiesen und sind selten in der Lage, die vorgegebene Interpretation und Perspektive zu überprüfen. Die Porträts zeichnen Lebens- und Schreibzusammenhänge nach, die schmerzlich bewußt machen, daß sie nur fragmentarische Annäherungen bleiben können an Lebensgeschichten, die bestimmt sind von der zentralen historischen Katastrophe des 20. Jahrhunderts. Die subjektive Auswahl der Schriftstellerinnen versteht sich als Versuch, exemplarisch auf wichtige literarische Stimmen und ihre Vielfältigkeit in der Zeit zwischen 1918 und 1945 aufmerksam zu machen. Die Zahl der österreichischen Schriftstellerinnen in dieser Zeit ist so groß und die literarische Qualität ihrer Texte so hoch, daß die Einschränkung auf fünfzehn Autorinnen nur ein bescheidener Anfang sein kann und notwendigerweise viele ausschließen muß, an die es auch zu erinnern gilt wie Elisabeth Freundlich, Hilde Spiel und Martina Wied, um nur drei Namen zu nennen.

Kontinuitäten und Diskontinuitäten in den Jahren nach 1945: Paula Grogger und Vicki Baum sind die einzigen Schriftstellerinnen, die kontinuierlich publizieren beziehungsweise auch nach ihrem Tod publiziert werden. Alle anderen, die den Krieg in der Emigration oder in Österreich überleben, können an ihre mehr oder weniger großen Erfolge in der Zwischenkriegszeit nicht mehr anschließen. Auch jene, die sich darum bemühen, in Österreich wieder Fuß zu fassen, wie Adrienne Thomas, Hermynia Zur Mühlen, Mela Hartwig und Paula Ludwig, stoßen auf verschlossene Türen, müssen sich mit einigen Publikationen in Zeitschriften und Anthologien begnügen. Kaum jemand interessiert sich für die vertriebenen und die ermordeten Schriftstellerinnen. Im Falle Alma Johanna Koenigs ist es Oskar Jan Tauschinski, der bis zu seinem Lebensende um die Wiederauflage bzw. das Erscheinen ihrer Texte bemüht ist und bitter Bilanz zieht: »Er hat gleich nach Kriegsende begonnen, über Alma Johanna Koenig zu schreiben und ihre Werke wieder in Umlauf zu bringen. Außer einigen persönlichen guten Freunden gab es niemanden, der dabei geholfen hätte. Die offiziellen Kulturämter des Staates und der Gemeinde haben weiterhin den Großen der Naziliteratur bis zu deren Tod Beistand geleistet und für die Ermordeten sowie für die erste Generation der österreichischen Nachkriegsdichter gar kein Interesse gezeigt.« In diesem Sinn hat sich die nationalsozialistische Kulturpolitik noch lange nach dem Ende dieses Staates als erfolgreich erwiesen.

Christa Gürtler,
Sigrid Schmid-Bortenschlager

*Nicht aber geht es, jemanden in den Salonwagen
zu laden, um ihn dann, ist der Zug in voller Fahrt,
nachträglich in den Viehwaggon zu stoßen.*

Sir Galahad
Bertha Eckstein-Diener
1874–1948

SIR GALAHAD/BERTHA ECKSTEIN-DIENER

Sir Galahad ist nicht nur der Name eines mittelalterlichen Gralsritters, sondern auch das männliche Pseudonym einer legendären und schillernden Frau der Wiener Moderne. Nicht gerade bescheiden wählt sie den Namen des jüngsten Gralsritters, des einzigen in der Runde ohne Fehl und Tadel, der als Auserwählter an die Stelle des Vaters Lancelot tritt. Doch welche Beweggründe kann es geben, daß eine Frau als Schriftstellerin unter dem Namen Sir Galahad in Erscheinung tritt?
Dank ihrer Biographin Sibylle Mulot-Deri, die das *Porträt einer Verschollenen* nachzeichnet, liegen die Lebens- und Schreibspuren dieser außergewöhnlichen Schriftstellerin nicht mehr völlig im Verborgenen. Und dennoch sind wir neben einigen Dokumenten, Briefen und Quellen vor allem auf einen fiktiven literarischen Text der Autorin verwiesen, in dem sie autobiographische Erlebnisse verarbeitet. Die Differenz zwischen Literatur und Leben bleibt bestehen.
Sir Galahad wird als Bertha Diener am 18. März 1874 als Tochter einer wohlhabenden Zinkfabrikantenfamilie in Wien geboren. In Palais und Park wächst sie wohlbehütet auf und wird auf ihre zukünftige Bestimmung als Ehegattin vorbereitet, während ihren beiden neun und elf Jahre älteren Brüdern Gymnasium, Universität und Weltreisen zustehen. Der eine macht eine Wissenschafterkarriere als Geologe, der andere wird Gründer mehrerer Firmen.
Für Bertha ist eine Ausbildung und eine Berufstätigkeit nicht vorgesehen. Im vierten Teil ihres Romans *Die Kegelschnitte Gottes* (1920) beschreibt sie ihre eigenen Erfahrungen und faßt ironisch das Bild des vom Vater gewünschten Ehegatten zusammen: »Wie Papa vermeint, eines Tages müsse ein Goethe, der zugleich Vanderbilt, englischer Herzog und französischer Botschafter, in einem Auto aus den Wolken fallen als sein Schwiegersohn. Die

Tochter mochte bis dahin auf Eis liegen oder sonstwie Neutrum sein, wie es gerade für ihn am bequemsten schien.«

Der Vater also, zunächst Identifikationsobjekt der kleinen Bertha, verbietet ihr nicht nur das Reiten, sondern reglementiert in vielfacher Weise das aufmüpfige Mädchen, dessen Widerspenstigkeit sich allerdings zunächst in einer Art Überanpassung manifestiert. Aber auch die Mutter, ängstlich auf den Haushalt bedacht und der Tochter intellektuell bald unterlegen, versteht das heranwachsende Kind nicht: »Die Eltern sahen immer ratloser diesem Giraffen- und Windspielwesen zu, das kerzengrad, erbittert, stumm und über die Maßen wunderbar von ihnen wegwuchs.« Dieses äußerst sinnliche Wesen, das in den *Kegelschnitten* ständig alle ihre Sinneswahrnehmungen zu verbalisieren sucht, flüchtet in eine Phantasiewelt und umgibt sich mit Tieren anstelle von Menschen.

Ganz im Gegensatz etwa zur Feministin Rosa Mayreder, die mit achtzehn Jahren das Korsett einfach ablegt, weil sie ihre füllige Figur darin nicht länger einzwängen will, übt sich Bertha Diener im Fasten und verfällt in einen Schlankheitswahn, wobei ihr ein Barsoi, ein russischer Windhund, Vorbild für den eigenen Körper wird. »Eine Übung war dazu besonders gut: auf dem Rücken liegend, den Leib sichelförmig einsaugen, und in die Mulde das Gefäß mit den Goldfischen ausgießen. Konnten die Fische dann in dieser Beckenschale, ohne den Grund zu berühren, flossenschlagend umherschwimmen, war es in Ordnung und ergab am aufrechten Körper den heißerliebten Kontur! Wenn nicht, änderte sie Nahrung, Bewegung, Atem, bis es wieder ging. Eine Kontrollübung, nichts weiter.«

Die hochgewachsene und gertenschlanke Bertha Diener würden wir heute wahrscheinlich als magersüchtig bezeichnen. Und es liegt ja tatsächlich eine Ablehnung von Weiblichkeit in ihrem Verhalten, ein individueller Protest gegen zugeschriebene Normen und Rollen. Der Ritter Sir Galahad ist wohl schon zu dieser Zeit eine Idealvorstellung für sie, ein Identifikationsobjekt. Doch nicht nur sie, sondern auch viele andere Frauen suchen wie schon Kaiserin Elisabeth einen Taillenumfang von 42 Zentimetern nicht zu überschreiten. Auch während ihrer späteren Schwangerschaft nimmt sie täglich so viel ab, wie das Kind in ihrem

Bauch wächst, um nicht fülliger zu werden – ihr Sohn kommt durch eine Kaiserschnittgeburt zur Welt. In ihrem in der dritten Person geschriebenen Roman *Die Kegelschnitte Gottes*, dessen Protagonistin den Namen Sybil trägt, fragt sie: »Hat man je gehört, daß eine Löwin vor dem Wurf die Figur verliert? Nein, nur das Mutterschwein.« Im Buch wird allerdings aus der Kaiserschnittgeburt (eine damals durchaus noch lebensgefährliche Operation) ein »Wirbel von Wehen«, der das Kind »springlebendig austrieb«, eine von vielen »Uminterpretationen« der dem Roman zugrundeliegenden autobiographischen Realität.
Doch blenden wir zurück zur zweiundzwanzigjährigen Bertha Diener, die 1896 bei einer großen Teegesellschaft Friedrich Eckstein kennenlernt. Zum ersten Mal fühlt sie sich verstanden von einem Menschen, kann sich stundenlang mit ihm unterhalten. Bis zu Berthas Volljährigkeit mit 24 Jahren kommunizieren sie brieflich. Als der Vater die Briefe öffnet, wechseln Vater und Tochter zwei Jahre kein Wort mehr miteinander. Denn ihren auserwählten Ehemann, den Fabrikerben aus einer jüdischen Familie, Vegetarier, Privatdozenten mit einer Leidenschaft für Mystik und Theosophie, Anarchisten und Bohemien Friedrich Eckstein, der Anton Bruckner und Hugo Wolf unterstützt, wollen die Eltern nicht akzeptieren. Als sie endlich großjährig ist, heiratet sie ihn am 3. April 1898 trotzdem, im Mai des folgenden Jahres wird ihr Sohn Percy geboren, dessen Name wohl nicht zufällig an Perceval/Parzifal erinnert.
Bertha und Friedrich Eckstein leben in einem Schlößchen in Baden bei Wien, beide lesen viel, Friedrich fördert Berthas Wissensdurst und ihre schriftstellerischen Ambitionen. Sie interessiert sich für indische Philosophie ebenso wie für Kulturwissenschaft und Archäologie und beginnt aus dem Englischen ins Deutsche zu übersetzen. Woher sie ihre guten Sprachkenntnisse hat, ist nicht mehr zu rekonstruieren.
Auf Dauer vermag jedoch der weltabgewandte Buddhist Bertha nicht zu fesseln und kann ihr Bedürfnis nach ausgewähltem Luxus nicht befriedigen. Zwei Jahre nach der Hochzeit lernt sie auf einer Gesellschaft im Wiener Cottageviertel den jüdischen Bankierssohn Theodor Beer kennen und verliebt sich in den Lebemann, in vielerlei Hinsicht genau das Gegenteil ihres Ehemannes. Beer

ist eine der widersprüchlichsten Figuren der Wiener Jahrhundertwende, die Beziehung zu ihm bringt auch Bertha Eckstein-Diener beinahe zum Wahnsinn, ebenbürtig sind sich beide wahrscheinlich nur in ihrem Narzißmus. Der Doktor der Medizin ist Vivisekteur am Fisch-, Vogel- und Reptilienauge, Hobbyfotograf und offenbar ein äußerst despotischer und arroganter Mann, der eigentlich gerade nicht dem Ideal von Bertha Eckstein entspricht und sich bereits einen Ruf als frauenverachtender Frauenliebhaber erworben hat. Friedrich Eckstein ist Vivisektionsgegner, und es ist anzunehmen, daß auch Berthas Liebe zu den Tieren mit dieser wissenschaftlich-medizinischen Methode nicht vereinbar ist.

Als sich Bertha nicht zu einer Scheidung entschließen kann, heiratet Theodor Beer im Juli 1903 die neunzehnjährige Laura Eißler und zieht mit ihr an den Genfer See, wo Adolf Loos ihm ein Landhaus zur »Villa Karma« umbaut. Lina Loos verbringt einige Zeit bei Laura Beer, während Theodor in Amerika weilt, um einer Verurteilung zu entgehen. Er ist angeklagt, bei Fotoaufnahmen zwei Knaben unsittlich berührt zu haben. Als er sich schließlich doch wegen des Sittlichkeitsdelikts den Behörden in Wien stellt, wird er verurteilt, verliert seine Titel und muß 1906 für drei Monate ins Gefängnis. Am Tag der Urteilsverkündung erschießt sich Laura Beer in Genf.

Bereits 1904 verläßt die dreißigjährige Bertha Eckstein Mann und Kind und beginnt eine Reiseexistenz, die sie bis an ihr Lebensende fortsetzen wird. Sie hört Vorlesungen in Medizin, Chemie und Philosophie in Bern, Berlin und Paris. Auf ihren ausgedehnten Reisen nach England, Griechenland und Ägypten fängt sie zu schreiben an, die Reiseskizzen von Sir Galahad werden in verschiedenen Monatszeitschriften gedruckt. Friedrich Eckstein akzeptiert die Trennung, bis 1908 verbringt die Familie die Sommerferien gemeinsam. Nach dem Tod ihrer Eltern, ausgestattet mit einem ausreichend großen Erbe, läßt sich Bertha 1909 von ihrem Mann scheiden, die Scheidungsakten fallen dem Brand des Justizpalastes zum Opfer.

Zur gleichen Zeit übersiedelt auch Beers Haushälterin, mit der er ein Kind hat und die er später doch noch heiraten wird, endgültig an den Genfer See. Seit Dezember 1909 lebt Bertha

Eckstein-Diener in der Schweiz. Als sie im Frühjahr 1910 von Beer schwanger wird, präsentiert er ihr einen Vertrag, in dem er sich verpflichtet, sie zu heiraten, aber ihr »Vermögen und ihr künftiges Kind verblieben auf alle Fälle ihm, während er das Recht haben sollte, sie jederzeit entschädigungslos auf die Straße zu werfen«. Sie verläßt ihn, fühlt sich hintergangen, reist quer durch Europa. In ihrem Roman wird sie die Situation so beschreiben: »Man kann jemanden auffordern, gemeinsam eine Reise dritter Klasse zu machen. Gut – dann weiß er es im voraus, kann mitfahren oder wegbleiben. Nicht aber geht es, jemanden in den Salonwagen zu laden, um ihn dann, ist der Zug in voller Fahrt, nachträglich in den Viehwaggon zu stoßen.«
In Berlin gebiert sie heimlich den Sohn Roger und überläßt ihn einer Pflegefamilie. Beer bemüht sich noch eine Zeitlang vergeblich um die Vormundschaft für das Kind, das 1913 von den Pflegeeltern adoptiert wird. Theodor Beer wird zum Kriegsdienst eingezogen, verliert durch den Krieg sein gesamtes Vermögen und erschießt sich 1919 in einem Luzerner Hotel. Erst Jahre später wird der Sohn Roger seine richtige Mutter ausfindig machen, weil er einen Ariernachweis braucht, den ihm Bertha Eckstein-Diener, die bei der Geburt den Namen des Vaters verschwiegen hat, wider besseres Wissen 1936 gibt: »Hiermit erkläre ich, Bertha Helene Eckstein-Diener, daß ich zwar über die Personalien des Mannes, welcher der Erzeuger meines am 20. 12. 1910 geborenen Sohnes Roger ist, keine näheren Angaben zu machen gewillt bin, jedoch an Eides Statt versichere, daß derselbe Arier gewesen ist.« Erst 1938 lernen sie einander persönlich kennen, und Roger Diener erinnert sich: »In meinem Dank- und Antwortschreiben erklärte ich mein Interesse, ihre Werke kennenzulernen, und erhielt eine Büchersendung, aus der ich zu meinem Erstaunen sah, daß meine Mutter mit der von mir seit frühester Jugend hochgeschätzten und bewunderten Schriftstellerin SIR GALAHAD identisch war.«
Nach der endgültigen Trennung von Theodor Beer übersiedelt Bertha Eckstein-Diener 1913 nach München, wo sie in der Pension »Romana« wohnt und in der Schwabinger Künstlerszene verkehrt. Im gleichen Jahr erscheint ihr archäologisches Reisebuch *Im Palast des Minos*, ihre vielbeachteten Übersetzungen von Werken

Prentice Mulfords verkaufen sich hervorragend, der erste Band *Der Unfug des Sterbens* erscheint in einer Auflage von 100.000. Bertha Eckstein hat Anschluß an den Wolfskehl-Kreis, wo Bachofen als Geheimtip diskutiert wird, lernt Alfred Kubin, Gustav Meyrink, den heute vergessenen Oscar A. H. Schmitz und Fritz von Herzmanovsky-Orlando kennen, mit dem sie ein freundschaftlicher Kontakt verbindet. Wie für viele andere Künstlerinnen sind diese Jahre in München trotz der kriegsbedingten Versorgungsschwierigkeiten auch befreiende Jahre, in denen die Frauen ihre Selbständigkeit und Freiheit ausleben können. Bertha Eckstein-Diener arbeitet in München über sechs Jahre an ihrem ersten Roman, der 1920 bei Langen-Müller erscheint und von Robert Musil und Kurt Tucholsky gleichermaßen gelobt wird.

In *Die Kegelschnitte Gottes* verarbeitet die Autorin aggressiv und polemisch, manchmal auch pathetisch und kitschig ihre eigenen Erlebnisse und prangert die unmögliche Situation der Frau um die Jahrhundertwende an. Die vier Teile des Buches stehen unter den vier möglichen Kegelschnitten, denen jeweils eine symbolische Bedeutung zugeordnet wird, der Ellipse das Ideal der Liebe, dem Kreis das Symbol der Eigenliebe, der Parabel die Sehnsucht nach dem Unendlichen, Göttlichen und der Hyperbel das Ideal des Hasses. Im ersten Kapitel schildert sie das Aufwachsen des Knaben Horus Elcho in einem matriarchalen Ceylon, in harmonischer Beziehung zwischen Mensch und Natur, seine Gefährtin heißt Gargi. Sowohl seine Mutter als auch sein Lehrer (der Züge ihres ersten Ehemannes trägt) sind Europäer. Im zweiten Kapitel wird seine Begegnung mit einem Europa der Oberschicht dargestellt (Frankreich, Schweiz etc.), im dritten Teil bereist er Deutschland und lernt in Wien einen Wissenschafter und eine Frau kennen, die auf der Suche ist und sich von den anderen Menschen unterscheidet. Ihre Herkunft wird dann im vierten Abschnitt dargestellt und verweist auf Berthas eigene Lebensgeschichte.

Der überbordende expressive Text läßt sich weder nach herkömmlichen literarhistorischen Kriterien leicht beschreiben noch inhaltlich und ideologisch festlegen, weil die vier Teile einander relativieren und nur in ihrer Gesamtheit zu verstehen sind, positive und negative Erfahrungen thematisieren, Patriarchat und Matriarchat, westlich abendländische und östliche Kultur, und die Handlungen auf verschiedene Zeitebenen angeordnet sind. So mathematisch und genau die Struktur des Textes angelegt ist, so expressiv und chaotisch ist die sprachliche und stilistische Darstellung. Das Buch findet großen Anklang, Indien ist in Mode, und das Buch wird als radikale Zivilisations- und Materialismuskritik gelesen. »Das Schärfste, was gegen diesen Kontinent in der heutigen Zeit zu finden ist«, urteilt Kurt Tucholsky.

Warum Bertha Eckstein-Diener sich nach diesem erfolgreichen Beginn – bereits 1922 liegen die *Kegelschnitte* in der 10. Auflage vor – von der Belletristik völlig abwendet, bleibt offen. Da sie allerdings als Weltkriegsfolge ihr ererbtes Vermögen verloren hat, muß sie nun vom Schreiben leben und verdient ihr Geld als Sachbuchautorin, Übersetzerin und Essayistin. Bis zu ihrem Tod wohnt sie 38 Jahre lang je nach ihrer finanziellen Lage in Luxushotels oder christlichen Hospizen, seit 1920 hauptsächlich in der Schweiz, zunächst bei Montreux und später in Genf. Zu ihrem Sohn Percy, der ebenfalls Übersetzer, Romancier und Inhaber einer Literaturagentur ist, hat sie ein enges Verhältnis und arbeitet mit ihm zusammen. Die Wohnung von Bruder und Schwägerin in der Wiener Berggasse 21 dient zeitlebens als postalische Daueradresse.

Ein sonderbares Pamphlet erscheint 1925 unter dem Titel *Idiotenführer durch die Russische Literatur*, in dem Sir Galahad auf höchst polemische, aber auch reaktionäre Art und Weise ihre Abneigung gegen die russische Literatur, vor allem gegen Tolstoi und Dostojewski ebenso kund tut wie gegen die russische Revolution und den Marxismus. Nach diesem zu Recht vergessenen Band wird sie 1932 mit ihrer nächsten Publikation berühmt: *Mütter und Amazonen. Ein Umriß weiblicher Reiche*, die erste weibliche Kulturgeschichte, die bis heute immer wieder aufgelegt wird.

In ihrer Vorrede zu dem Buch, in dem sie die zeitgenössische Matriarchatsforschung populärwissenschaftlich zu resümieren sucht, begründet sie ihre Parteilichkeit: »Sie bemüht sich, so einseitig wie möglich zu bleiben, auf jener Seite nämlich, deren plastische Durchgestaltung bisher gefehlt hat. (...) Entstellung des

Weltbildes durch das Vorurteil der Paternität kann im Bewußtsein der Menschheit zwanglos kompensiert werden, wenn ihr genügend reine Frauenreiche mit ihren matriarchalen Grundgesetzen aufs neue bildhaft von der Seele auferstehen. Und der Frau sollen sie die Tradition geben, auf daß sie sich mit dem, was sie auf einmal kann und tut, nicht abkunftslos erscheine.«
Jahrelang hat Bertha Eckstein-Diener in Bibliotheken Materialien gesammelt, sie versucht, sowohl einen Überblick über die mutterrechtlichen Kulturen zu geben als auch die verschiedenen kulturhistorischen Theorien und Mythen zu präsentieren, immer von der These ausgehend, daß die Frau das ursprünglich Gegebene ist, während der Mann erst der später Gewordene ist. Wie immer stilistisch eigenwillig und polemisch vermittelt sie einen Streifzug durch das Thema, von der Parthenogenese bis zu den Amazonen. Interessanterweise wird das oft eher irrational argumentierende Buch von der Frauenbewegung ebenso wie von konservativen Kritikern gelobt. Warum sie überzeugt ist, daß die »zeitlose Frau herauf an ihren Platz« kommt, bleibt angesichts ihrer eigenen Geschichte ebenso unverständlich wie die Wahl ihres männlichen Ritternamens.
Sir Galahad versteht sich zu keiner Zeit als politisch interessierte und engagierte Schriftstellerin. Noch im Winter 1934/35 reist sie nach München, um für ihr Buch *Byzanz* zu recherchieren, 1938 besucht sie ihren Sohn in Berlin und arbeitet anschließend in Frankfurt für ihre Kulturgeschichte der *Seide*. Für dieses Buch erhält sie sogar ein Stipendium der NS-Reichsschrifttumskammer, deren Mitglied sie seit dem »Anschluß« Österreichs ist, damit die Autorenhonorare in die Schweiz überwiesen werden können.
Wie ihre Biographin Sibylle Mulot-Deri betont, ist Bertha Eckstein-Diener weder Nationalsozialistin noch Antifaschistin: »Sie war kein in erster Linie politischer Mensch. Ihr Individualismus, ihr Unabhängigkeitsbedürfnis rebellierten angesichts behördlicher Schikane und Briefzensur.« So ist sie sorglos im Umgang mit problematischen Ideen, wie etwa ihre positive Bewertung der Rassentheorien von Lanz von Liebenfels zeigt. Auch ihr *Idiotenführer* und sogar die *Kegelschnitte* sind nicht frei von antisemitischen Ressentiments. Sie will offenbar ihre existentielle Grundlage nicht gefährden, lebt zwar in der Schweiz, ist aber zu

keiner öffentlichen Distanzierung vom Nationalsozialismus bereit. Zwei ihrer kulturhistorischen Bücher erscheinen im neugegründeten Leipziger Goten-Verlag. Ihren Roman über Richard Wagner, *Der glückliche Hügel* – ein Buch, das in die Wagnerverehrung des Nationalsozialismus durchaus paßt –, kann sie 1943 wieder im angesehenen Schweizer Atlantis-Verlag publizieren. Erst nach dem Krieg findet sie deutliche Worte: »Nazischweinerei«.

Bertha Eckstein-Diener bleibt ihr Leben lang kapriziös, eine individuelle Reisende in Bewegung, die sich nicht festlegen läßt. Nach dem Krieg erwägt sie noch einen Umzug zu ihrem Sohn Percy, der in Rom lebt. Doch am 20. Februar 1948 stirbt sie wenige Wochen nach einer Operation während der Arbeit an einem Buch über die Kulturgeschichte Englands in Genf. Sie ist keine Feministin und dennoch eine Frau, die um ihre Freiheit als Sir Galahad kämpft.

SIR GALAHAD

Aufruhr

Und gar Butz! Wie könnte Butz je auch nur so wässrig aufdunsen oder knotig vertrocknen wie Begräbnisweiber? Sie warf sich flach auf den Boden und betete Butz an. Es war eine lichte und festliche Andacht: lebendige Adoration, steigender als Fieber, tiefer als Schlaf, mit der alle bewunderte Bewegung in den eigenen Körper herübergesogen wurde. Denn sie hatte entdeckt: war man auch ein ganz alleines Ich, vermochte man doch Dinge in sich hereinzulieben nach Wahl, denn da war eine Welt von außen nach innen und eine von innen heraus; durch den feinhäutigen, zartherzigen Kinderkörper osmosierten sie hindurch und man meinte, einmal müßten sie sich zueinander küssen.

Jetzt war Butz dran, hereingeliebt zu werden. Bald hatte der Kater den Schwanz um sich getan, saß mitten in ihm wie ein Turm mit Ringmauer, sah ganz oben aus zwei grünen Scheinwerfern in Lichtkegeln um sich; bald strich er, schmäler wie sein Schnurrbart, durch Türspalten, schwanzhoch, lässig und einsam. Oder man nahm ihn auf den Schoß, streichelte sich die Herrlichkeiten seines Lebens hinein.

Andern Tags ergab es sich dann richtig, daß man den deutschen Aufsatz total vergessen hatte mit seinen zwei Themen zur Wahl: „Hausmütterchen, der Sonnenstrahl im Elternhaus« oder »Kleopatra« (Richtlinie: schade, daß in einem so schönen Körper nicht eine ebenso schöne Seele wohnte) und auch in der Geschichtsstunde dem Faktum, daß durch Margarete Maultasch Tirol an das Erzhaus gefallen war, eher fremd, um nicht zu sagen lieblos, gegenüberstand.

Bald hieß es: »Dieses ewige Herumschmieren mit den Tieren im Garten muß aufhören. Es lenkt zu sehr ab.« Schien ein

System: bei allem Erhabenen, Hinreißenden, Holden, es verbieten unter der Devise: »es lenkt ab«.

»Unverstand in idealem Zusammenfluß mit Malevolenz«, wie sie ein paar Jahre später diese Bestrebungen innerlich zusammenfaßte. Zeigte man Freude an etwas, ward es zu Erpressungen ausgenutzt, seine Entziehung angedroht; verbarg man deshalb seine Neigungen, hieß es: »pfui, ein Kind und schon so blasiert«.

»Warum spielst Du nicht mit dem schönen, teuren Spielzeug?« fragte Mama. »Andre Kinder wären froh und dankbar ...« Hinter diesem schönen, teuren Spielzeug aber lauerte endlos und heimtückisch das Aufräumen. Gar noch zum Schluß, wenn man jedes Stück schon so satt hatte. Butz und Iblis bekam man nie satt, und sie räumten sich selber auf. Oh, nur rasch groß sein, erwachsen sein, frei sein. Nicht mehr bis in seine Spiele hinein gezwungen werden, die verkappte Plage waren. Diese Großen aber sagten:

»Sei froh, daß Du noch ein Kind bist, immer sorglos und glücklich.«

Und wie war das mit der Margarete Maultasch, he? Und das früher: nicht mit den eingeschlafenen Beinen baumeln und nur gefragt reden dürfen? Und gar jenes andre, von dem man nicht sprechen mochte, nein, lieber sterben! Jenes: in der hohlen Nacht schiefgekauert vor Grauen, ganz allein im Schwarzen liegen, wenn es sich in den Ecken ballt ohne Gegenstand und man es anfleht, nur nichts zu werden! Wo man die übermüden Augen immer wieder aufreißt, denn sie sind das letzte, mit dem man das in den Ecken noch bändigen kann. Ist man aber eben eingenickt, sofort wieder zitternd heraus müssen im Winterdunkel, mit Nebel im Magen, um übel vor Hast zur Schule zu stürzen, übernächtig in Angstschweiß ... jeden Tag und jeden Tag, Jahr um Jahr.

Selber wußten sie allerdings kümmerlich wenig anzufangen mit der unermeßlichen Macht und Wonne ihrer Erwachsenheit, diese Wesen, überzogen mit Trübe, Zähe und Verdruß. Taten immer so, als täten sie: unausdenkbar Wichtiges. Dabei war es gar nichts. Lauter schäbige, träge, unreine, störende, überflüssige Dinge. Warum wedelte Mama, zerzaust und verzerrt, mit einem

widerlichen Lappen in der Hand, den halben Tag zwischen den
Möbeln herum, wo doch das Stubenmädchen und der Diener
dazu da waren? Eine böse und schweißige Märtyrerin des
schönen Hauses, statt lieber durch die weiten, hellen Räume
oder den Garten zu galoppieren und Reif zu schlagen. Warum
hieß es »Ernst des Lebens«, wenn Papa am Kontorofen lehnte,
die Zeitung las und rauchte, während genau dasselbe vor dem
Speisezimmerofen getan »Erholung« hieß?
Einmal geschah etwas zum Zittern Ekles. Nie zu Vergessendes:
während die Köchin appetitlich dasaß, in grünweißer Schüssel
reizende rote Radieschen wusch, griff Mama mit ihrer Hand –
der eigenen nackten Hand – griff sie ganz von selber, ohne daß
sie doch mußte, einem blutigen Hühnerkadaver von unten in
den klaffenden Steiß hinein, ganz tief bis in die violetten, stank-
geschwollenen Eingeweide, riß an den glitschigen, daß sie
heraus'spritzten. Oh, wie es dann unter ihren Nägeln aussah!
Das Kind ballte die Fäuste. »Wer das über sich bringt, ist keine
Dame mehr.« Und fast weinend vor empörter Reinlichkeit:
»nein, lieber verhungern.« Papa war dabei gewesen, hatte es
auch gesehen und doch begann er ihr nach Tisch mit jener
reuigen Gedrücktheit schmatzend die Hände abzuküssen,
wie immer, wenn sie zerlechzt dasaß und in schweißiger
Überbürdung schwelgte, denn beide schätzten Szenen sehr.
Seither war er für seine kleine Tochter nie mehr derselbe, war
irgendwie herabgekommen. Sie fühlte dunkel: es gibt Hände
zum Hühnerausnehmen und Hände zum Küssen. Beides, nein!
Schmiegte sich von nun an seltener in seine Arme und aß
Hühner überhaupt nicht mehr, erbrach sich schweigend im-
mer wieder, wenn man sie dazu zwingen wollte. Hatte Mama
etwas geahnt? Sich hinter Papa gesteckt? Plötzlich hieß es:
»Du bist jetzt groß genug, es wäre Zeit, der armen Mama
ein bißchen in Haus und Küche an die Hand zu gehen.«
Sie fühlte die schmutzige Schlinge. Mit zusammengebissenen
Zähnen, gefrorenen Mord im Gesicht:
»Dazu sind die vier Dienstleute da, überdies Gärtners- und
Portiersfrau.«
Man nahm ihr die Geige weg, verbot Latein und Griechisch,
die sie privat betrieb. Auftritt über Auftritt. Mama stülpte

polternd Keller und Bodengerümpel um, sank dann erschöpft in Sessel, rückte eine ausgearbeitete rechte Hand mit zerbrochenem Zeigefingernagel anklagend in den Augpunkt töchterlichen Mitleids, während Papa dräuendes Düster aus knochenüberhangenen Augen hervorschoß, bis schließlich alles zu einem latenten Dauervorwurf gerann.
Oh, wie sie Szenen haßte! Szenen deckten ja alles auf, und es hieß doch schon so genug vertuschen, damit es nicht herauskam, wie minder sich die Großen benahmen. Das aber sollte nie offenbar werden. Lieber warf sie sich mit ausgebreiteten Unarten rechtzeitig dazwischen, um eine auftauchende Hemmungslosigkeit, unvornehmes Gehaben der Eltern vor Fremden ins Erklärliche zu rücken. Fühlte sich irgendwie für diese Eltern verantwortlich aus ihrem Tiefsten heraus: dein Drang nach Reinheit. Wollte wie aus klarem Bade gestiegen sein. Setzte sich darum oft vor sich selber knirschend ins Unrecht; keineswegs aus Liebe oder Güte. Von letzterer hielt sie vorläufig nicht viel. War noch zu jung, vertrug die Dummheit nicht, die vom Guten zweiten Ranges ausstrahlt, verwechselte Güte noch mit Sentimentalität.
Einmal galt es, nicht nur Unrecht – bitterer noch: das Odium des Ungeschmacks fälschlich auf sich zu nehmen. Es war am zwölften Geburtstag, als Mama das mit der neuen Zimmereinrichtung verdrehte.
»Du kannst sie dir selbst wählen, heuer zum Geschenk«, hieß es. Kühne Pläne wurden geschmiedet. In der Tanzstunde riet die gedunsene Valerie:
»Nimm Eiche mit Goblins.«
»Nein, blaue Seide mit weißem Lack, auch ein Bidet aus weißem Lack mit Goldknöpfen dazu«, drängte Olga, die den finnigen Teint hatte vom vielen Käseessen.
Das beneidete Geburtstagskind aber hüllte sich in seliges Geheimnis: »Nein, etwas ganz Neues, ganz anderes, ihr sollt sehen. Und zu mir passen muß es wie das Haus zum Schneck.«
Mama sah die Entwürfe. Ja, aber auf dem Boden liege noch ein bedruckter Kreton, der müsse für die Möbel verwendet werden, auch zwei Vorzimmerschränke sollten herein. Schließlich ergab es sich, daß alles schon bestimmt war, lauter vorhandene

Reste. Nur die Form der Sesselgestelle unter dem scheußlichen Blümchenkreton blieb ihrer freien Wahl überlassen. Sie hörte gar nicht mehr zu, was der Tapezierer schwatzte. Aus. Kein Kompromiß. Mochten sie machen, was sie wollten. Alles oder nichts ... natürlich wurde es dann immer »nichts«.
Zum Geburtstag kamen die aus der Tanzstunde mit Buketts, rümpften die Nasen. Jetzt Zähne zusammen und Kopf hoch; dann leichthin: »So sei es gerade recht, so müsse es sein.«
Und sie warf sich vor diesen Kreton, vor diese Vorzimmerschränke, als wären es elterliche Mängel.
Abends aber hieß es in ihre verdunkelte und freudlose Miene hinein:
»Nicht einmal bedankt hast Du Dich noch bei der armen Mama und hat doch solche Mühe gehabt mit Deinem neuen Zimmer, hat sogar da wieder alles allein machen müssen.«

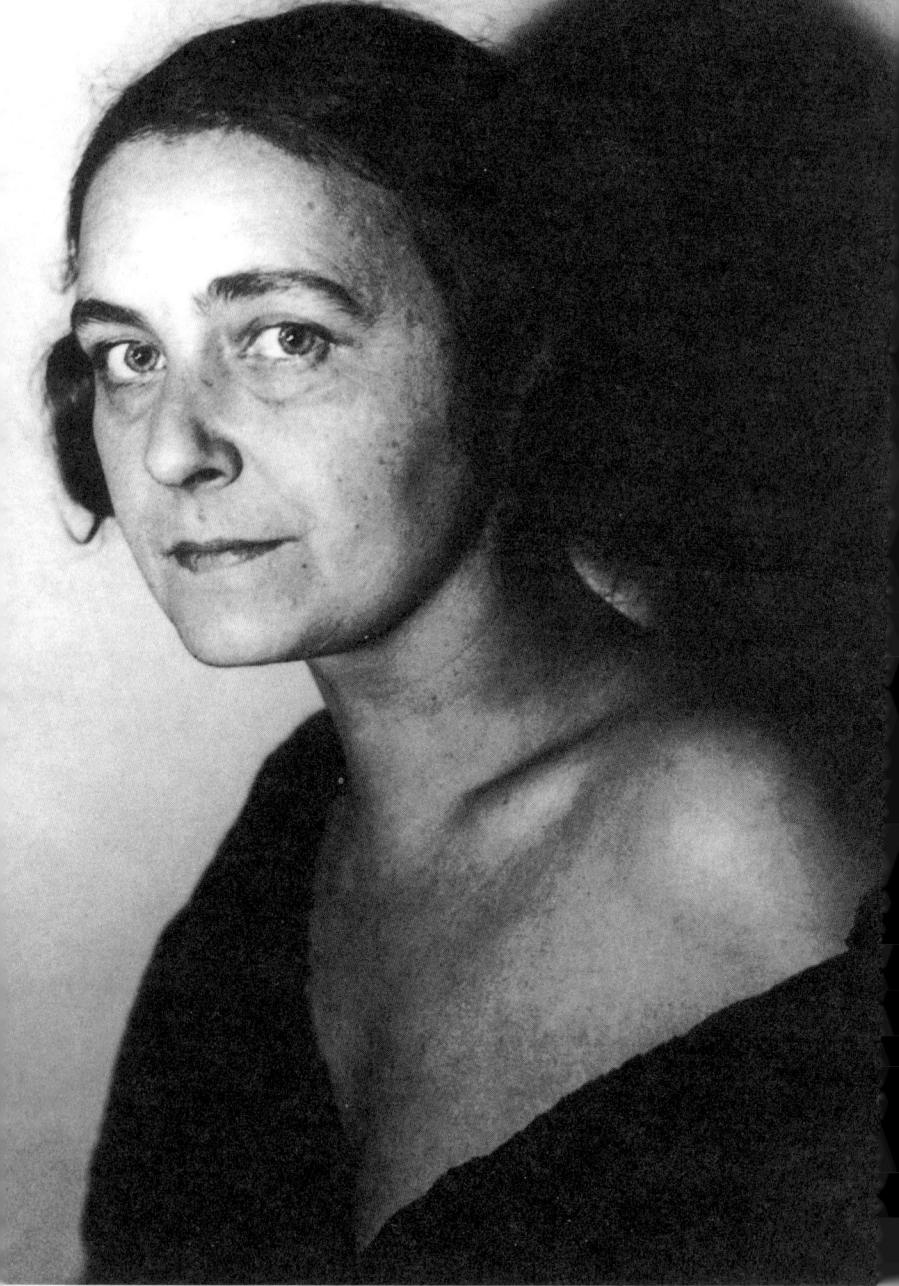

*Jetzt, am Ende meines Lebens, verstehe ich
den Anfang meines Lebens, dazwischen liegt
eine immer unerfüllt gebliebene Sehnsucht,
und jetzt ist es zu spät ... Nein, es ist nie zu spät!*

Lina Loos
1882 – 1950

LINA LOOS

Als Freundin bedeutender Männer wie Peter Altenberg, Egon Friedell und Franz Theodor Csokor und als erste Ehefrau von Adolf Loos wurde Lina Loos gesehen, als Schauspielerin und Schriftstellerin wurde sie übersehen und erst Jahrzehnte nach ihrem Tod wiederentdeckt. Daß Lina Loos nicht nur eine äußerst attraktive und bewunderte Muse der Wiener Moderne war, sondern eine sehr selbständig denkende und lebende Frau, wird erst hinter den Imaginationen und Bildern sichtbar, die Männer von ihr gezeichnet haben.
Nach dem Krieg schrieb die über Sechzigjährige für die *Stimme der Frau*, das Organ des »Bundes demokratischer Frauen«, wohl auch aus eigener leidvoller Erfahrung überaus kämpferisch: »Es ist Aufgabe jeder Frau, sich zu kümmern um das, was vorgeht, vor allem, was mit ihr geschieht. Oder hat der Frau die Stellung, die ihr der verflossene Herrenmenschenstaat zugewiesen hat, gefallen? Da stand in der Zeitung: ›Männer dürfen nicht mehr in Bedürfnisanstalten beschäftigt werden – der Abortpinsel gehört in die Hand der Frau!‹ Ja, so weit kann es kommen, wenn Frauen sich nicht dafür interessieren, was mit ihnen geschieht!« So parteilich und kämpferisch war Lina Loos nicht immer gewesen. Sie hatte sich vor dem Krieg weder der Frauenbewegung noch anderen politischen Bewegungen zugehörig gefühlt, sehr wohl aber für die Entfaltung des Individuums eingesetzt und ihre eigenen Lebensentwürfe zu verwirklichen gesucht.
Am 9. Oktober 1882 wurde Caroline Obertimpfler als jüngstes von drei Kindern eines Kaufmannehepaares in Wien geboren. Die aus der Provinz in die Hauptstadt gezogene Familie betrieb zunächst ein gutgehendes Geschäft, ehe sie in den neunziger Jahren verarmte und in eine Parterrewohnung am Donaukanal ziehen mußte, was die Kinder nicht besonders störte. 1899 war Carl Obertimpfler schließlich Kaffeesieder im »Casa Piccola« in

der Mariahilfer Straße. Das Café war Treffpunkt von Künstlern und Literaten wie Gustav Klimt, Oskar Kokoschka, Peter Altenberg, und im Obergeschoß befand sich der exklusive Modesalon der Schwestern Flöge. Das Ehepaar führte dieses Lokal in den folgenden Jahren gemeinsam und engagiert, bis es am Ende des Ersten Weltkriegs das Café verkaufen mußte. Carl Obertimpfler, ein origineller und rühriger Cafétier, hatte seine gesamten Ersparnisse in Kriegsanleihen investiert und alles verloren. Seiner eigenen Frau und der Familie gegenüber verhielt sich der »alte Obertimpfler« nicht sehr liebenswürdig. Er galt als egoistischer Tyrann, der seine Frau in späteren Jahren damit bestrafte, daß er mit ihr nur mehr brieflich verkehrte.

Die Kinder erfüllten nicht ganz die Erwartungen eines bürgerlichen Elternhauses, der Sohn machte unter dem Namen Carl Forest eine Karriere als Schauspieler, die ältere Tochter verheiratete sich zwar standesgemäß, begann aber zu schreiben und verkehrte in Künstlerkreisen, bis sie 1908 spurlos verschwand – wahrscheinlich ging sie in die Donau. Auch die jüngste Tochter Lina setzte ihren Willen durch und absolvierte eine Schauspielausbildung am Konservatorium der Stadt Wien.

Während Lina noch die Schauspielschule besuchte, nahm sie ihre Schwester mit an den Peter-Altenberg-Stammtisch des Löwenbräus, wo Adolf Loos, Karl Kraus und Egon Friedell verkehrten. Sie war jung und schön und entsprach dem Bild der Kindfrau, das die Künstler der Jahrhundertwende liebten, weil sie diese Mädchenfrauen umschwärmen und anbeten konnten, ohne daß sie ihnen gefährlich wurden – das hofften sie zumindest. Ironisch wird Lina Loos später in einem Aphorismus dieses Balzverhalten denunzieren: »Die Frau: Ich möchte dich glücklich machen, auf welche Weise auch immer! Der Mann: Ich möchte mich glücklich machen, auf welche Art immer! So beginnen die Sexualverbrechen des Mannes!«

In einem ihrer Feuilletons erzählt sie die Geschichte ihrer Begegnung mit Adolf Loos, die, wenn nicht wahr, doch gut erfunden ist. Lina Obertimpfler greift zur Zigarettendose von Adolf Loos, zerbricht sie und fragt ihn, was sie zur Wiedergutmachung tun könne. Er antwortet: »Heiraten Sie mich«, was sie akzeptiert, und ein halbes Jahr später ist es so weit. Sie ist zwanzig Jahre alt, als sie 1902 den zwölf Jahre älteren Architekten Adolf Loos heiratet, nicht nur, weil er sie beeindruckt, sondern vor allem, weil sie der elterlichen Ehehölle entfliehen will. Und sie tut es gegen den Willen der Eltern wie schon einmal, als sie ihren Berufswunsch durchsetzt.

Doch wie ihre Biographin Lisa Fischer schreibt, sollte diese Heirat »für sie ein Zwischenspiel bleiben. Lina Loos wird einen Weg gehen, der sie nicht zur Selbstaufgabe, sondern zur Selbstverwirklichung führen wird.« *Wie man wird, was man ist* heißt ein Theaterstück, in dem sie ihre Eheerfahrungen thematisiert und das erst 1996 in der Regie von Eva Dité im Looshaus am Michaelerplatz im Rahmen der Wiener Festwochen uraufgeführt wurde.

Adolf Loos richtete eine Wohnung nach seinen Vorstellungen ein, Glanzstück ist »Das Schlafzimmer meiner Frau«, das in der von Peter Altenberg herausgegebenen Zeitschrift *Kunst* abgebildet wird. Die Farbe Weiß dominiert den Raum vom Bett bis zu den Vorhängen und symbolisiert eine Erotik, die Reinheit und Überhöhung signalisiert. Daß der gegen jedes Ornament schreibende Loos seine Frau das »Mädili« nannte, zeigt zumindest, daß er in ihr nicht gerade eine emanzipierte Frau sah und im privaten Bereich durchaus sprachliche Ornamente benutzte. Die Ehe wurde 1905 geschieden. Bis zu seinem Tod lebte er allerdings in der Wohnung, die mit ihrem Geld erworben worden war. So ist es nicht verwunderlich, daß sie im Artikel *Wir Frauen* Jahrzehnte später schreibt: »Wir werden darauf bestehen, daß Frauen, welche Möbel und Wohnung mitbringen, wenn sie heiraten, eine solche Wohnung auf ihren Namen schreiben lassen, so daß sie bei einer eventuellen Scheidung nicht einfach vor die Tür gesetzt werden können.«

Die finanzielle Situation des Paares gestaltete sich während der Ehe schwierig, seine Architekturaufträge kamen unregelmäßig. Adolf Loos lebte über seine Verhältnisse, und Lina Loos mußte die oftmals prekäre Lage lösen, meist mit Unterstützung ihrer Eltern. Sie verkehrten in Wiener Künstlerkreisen wie im Haus von Marie Lang, die einen Salon führte und aktiv war in der Settlement- und Frauenbewegung. Dort verliebte sich Lina Loos 1903 in Marie Langs neunzehnjährigen Sohn Heinz, und beide wagten die Affäre. Das von Loos eingerichtete Schlafzimmer

wurde entgegen der Erwartung des Architekten und ohne daß er es ahnte, zum »Schauplatz einer heftigen Leidenschaft zu einem anderen Mann«, wie Lisa Fischer ausführt.
Die Beziehung zwischen Adolf und Lina Loos wurde immer schwieriger. Sie beichtete ihrem Mann das Verhältnis, und er gab sie frei. Bei einem Kuraufenthalt entschied sich Lina Loos allerdings, beide Männer zu verlassen. Ihr Geliebter Heinz Lang beging während seines Englandaufenthaltes Selbstmord, kurz nachdem er den Abschiedsbrief erhalten hatte. Während Adolf Loos noch zweimal um etwa dreißig Jahre jüngere Frauen heiratete, war das Kapitel Ehe für Lina abgeschlossen.
Lina Loos besuchte zunächst Laura Beer in der Schweizer »Villa Karma«, die Adolf Loos für Theodor Beer, den Geliebten von Sir Galahad, gebaut hatte, und begann anschließend ihre Wanderjahre als Schauspielerin, Diseuse und Rezitatorin in Kabaretts in Amerika und Europa, wo sie unter verschiedenen Pseudonymen auftrat. Im Jänner 1905 verließ sie Europa auf der »S.S. Deutschland« und debütierte unter dem Namen »Carry Lind« als Luise am 15. März in New Haven am Irving Place Theatre in Schillers *Kabale und Liebe*. Doch schon im Mai kehrte sie wieder nach Europa zurück, 1906 hatte sie Engagements in St. Petersburg und Leipzig, 1907 war sie unter dem Künstlerinnennamen »Lina Vetter« bei der Eröffnung des Wiener Kabaretts *Fledermaus* dabei, in den folgenden Jahren trat sie auch in München, Frankfurt und Berlin auf.
Peter Altenberg, der bereits in die junge Lina verliebt gewesen war, spielte bis zu seinem Tod 1919 eine nicht unbedeutende Rolle für sie. Er war Hausautor der *Fledermaus*, und gleichzeitig schrieb er in der Presse über das Kabarett positive Kritiken, warb also für diese neue Institution. Konfliktreich gestaltete sich in den folgenden Jahren die Beziehung zu Egon Friedell, für den sie zur Muse wurde. Für sie blieb er ein wichtiger Freund, aber kein Liebhaber. Er umwarb sie, während sie sich mit Dr. Herbert Fries verlobte, der allerdings in den ersten Kriegstagen in Rußland fiel.
Schon 1909 mietete Lina Loos eine kleine Wohnung in Wien-Sievering, die ihr Adolf Loos einrichtete und von der sie über die Dächer in die Weingärten sah – dieses 60 qm große Domizil blieb bis zu ihrem Lebensende Wohn- und Rückzugsraum. Sie

selbst wurde im Weindorf immer als Fremde gesehen, eine Rolle, die Lina Loos entsprach.

Durch den Verkauf des elterlichen Cafés vor Kriegsende verlor Lina Loos eine wichtige finanzielle Absicherung und war nun völlig auf ihre eigenen Einkünfte angewiesen. Das war auch aus gesundheitlichen Gründen für die selbstbewußte Frau nicht einfach, denn ein chronisches Lungenleiden machte immer wieder Arbeitsunterbrechungen notwendig. 1907 weilte sie mehrere Monate in einem Sanatorium im Schwarzwald, 1914 in Davos. 1939 kam zu ihrem Lungenleiden noch eine Nierenkrankheit hinzu.

Als Schauspielerin wurde sie 1921 Mitglied des Deutschen Volkstheaters in Wien und spielte dort, im Raimundtheater und an der »Scala« bis 1938 meist kleinere Rollen – alle drei Bühnen wurden von Rudolf Beer geleitet. Nicht nur wegen ihres Lampenfiebers blieb Lina Loos eine Ensembleschauspielerin, ohne das Ziel, eine Starschauspielerin zu werden. Am 8. März 1921, dem »Internationalen Frauentag«, wurde am Volkstheater das einaktige Stück *Mutter* von Lina Loos uraufgeführt. Ende der zwanziger Jahre verband Lina Loos eine Freundschaft mit der jungen Schauspielerin Margarete Köppke, die jedoch 1930 Selbstmord beging. Der freiwillige Tod befreundeter Menschen begleitete auf bestürzende Weise das Leben von Lina Loos. Der Selbstmord war allerdings – nicht zuletzt durch die politischen Verhältnisse der beiden Weltkriege – in Kreisen engagierter und bedrohter Menschen keine Ausnahme. Eine lebenslange Freundschaft pflegte Lina Loos auch mit Kerstin Strindberg, der Tochter von August Strindberg aus der Ehe mit der österreichischen Schriftstellerin Frieda Uhl.

In der Zwischenkriegszeit entwickelte sich die Beziehung zwischen Lina Loos und Franz Theodor Csokor zu einem Liebesverhältnis, aus dem eine lebenslange Freundschaft werden sollte – für ihn blieb sie sein »Lebensmensch«. Friedell, Csokor und Loos probierten eine besondere Balance eines Dreiecksverhältnisses, verbrachten Arbeits- und Freizeit miteinander. So war in Friedells Sommerresidenz in Kufstein ein Zimmer für Lina reserviert. Doch 1938 trennten sich die Lebenswege: Egon Friedell beging Selbstmord, stürzte sich aus dem Fenster, Franz Theodor Csokor

emigrierte zunächst nach Polen und gelangte nach einigen Zwischenstationen nach Süditalien. Lina Loos blieb in Wien und zog sich in die »innere Emigration« zurück.
Seit 1904 schrieb Lina Loos Gedichte, Feuilletons, Aphorismen, Theaterstücke, Prosa, Essays. Nicht ganz freiwillig gestaltete sich ihr schriftstellerisches Debüt, denn Adolf Loos hatte einen Brief von ihr im *Neuen Wiener Tagblatt* drucken lassen, ein Plädoyer gegen die Verzierung und Verhübschung ganz im Sinne des Ehegatten. Nach dem Ersten Weltkrieg wurden ihre Feuilletons in verschiedenen Zeitungen und Zeitschriften gedruckt, u.a. *Wiener Woche*, *Prager Tagblatt*, *Arbeiter-Zeitung*, *Neues Wiener Journal*, *Die Dame*, *Neues Wiener Tagblatt*.
Die knappe und kleine Form des kritischen Kommentars zu Alltagsproblemen, die ironische und bisweilen sogar zynische Auseinandersetzung mit sozialen und geschlechtsspezifischen Ungerechtigkeiten sind ihre literarische Stärke. Zugespitzt und aufs äußerste verknappt lesen sich ihre Aphorismen noch heute mit großem Genuß. Ihre subtile Kritik an männlichen Verhaltensweisen – wohl aus eigener Erfahrung mit den auch frauenverachtenden Männern in ihrer unmittelbaren Umgebung geprägt – zeugt vom großen Selbstbewußtsein der Frau in der Lebensmitte, die für die Befriedigung weiblicher sexueller Bedürfnisse plädiert.
Lina Loos war eine moderne und unabhängige Frau, lebte allein, verkehrte in den verschiedenen Wiener Kaffeehausrunden und Salons und fiel durch ihr Wissen und ihre Intelligenz ebenso auf wie durch ihre Erscheinung, modisch gekleidet, aber nie auffallend. Ihre Literatur können wir als die weibliche und durchaus feministische Seite der Wiener Kaffeehausliteratur charakterisieren. Denn mit Peter Altenberg und anderen teilt sie zwar ihre Vorliebe für Kurzprosa, Feuilleton und Aphorismen, nicht aber deren Verständnis der Geschlechterrollen.
So sind auch ihre Theaterstücke Auseinandersetzungen mit den herrschenden Männer- und Frauenbildern wie in dem hier abgedruckten Stück *Sirene*, böse ironische Demaskierungen von männlichen Weiblichkeitsimaginationen. Nicht selten gewinnen ihre Texte ihre Tragikomik aus dem Zusammenprall verschiedener Diskursebenen, von männlicher Phantasie und weiblichem Realismus. So kann weiblicher Schmerz schon einmal davon

herrühren, daß der Mann nicht ihre Gefühle und ihr Herz verletzt, sondern ihr die Türe auf den Arm geschlagen hat. Oder sie entwirft ein *Wichtiges Formular eines Briefes*, das in jedem *Liebesbriefsteller* fehlt: »Lieber Mann! Du frägst mich, wieso meine Liebe so rasch vergehen konnte? Schau –! Im Mai, als alle Knospen sprangen, ist meine Gebärmutter auf Suche ausgegangen! Jetzt haben wir Ende Juli! Servus!«

Lakonisch und kämpferisch, ironisch, manchmal auch satirisch sind viele ihrer Texte, die Partei für die Frauen ergreifen. Und oftmals ist ihr Blick distanziert und scheinbar unbeteiligt, auch wenn Lina Loos mittendrin steht. Groß ist die Zahl von Texten, die nie publiziert wurden und die erst im Nachlaß aufgetaucht sind. Ihr nicht allzu großer Ehrgeiz hat wohl dazu beigetragen, daß die ständig für andere Menschen sorgende und ihre eigene Kreativität an andere Künstler verschwendende Lina Loos zu wenig an die Vermarktung des eigenen Werkes dachte, ja vielleicht überhaupt an das eigene Werk. Für andere dazusein war ihr immer wichtig. Auf den Aspekt der Kommunikation verweisen auch die zahlreichen Briefwechsel, die Lina Loos geführt hat, und so erstaunt es nicht einmal sehr, daß Franz Theodor Csokor und Leopoldine Rüther, die Vertraute und Begleiterin der letzten Lebensjahre, 1966 unter dem Titel *Du silberne Dame Du. Briefe von und an Lina Loos* herausgaben. Der Blick auf das literarische Werk blieb damit allerdings weiterhin verstellt.

In den dreißiger Jahren verschlechterten sich die Publikationsmöglichkeiten durch die veränderten politischen Verhältnisse einerseits, und andererseits erzwangen ihre Krankheiten Arbeitspausen. Zusammen mit dem bekannten Schauspieler Rudolf Forster wagte sie sich 1937 an ein ausführliches Treatment für einen Tonfilm: *Schau in die Ewigkeit (Legende vom inneren Licht)*. Doch aus dem Manuskript wurde nie ein Film, obwohl sich Lina Loos primär aus ökonomischen Gründen diesem modernen Genre zugewandt hatte.

Erst nach dem Krieg erschien 1947 – abgesehen vom Theaterstück *Mutter* – ihr einziges Buch bezeichnenderweise als *Das Buch ohne Titel*, illustriert von Le(opoldine) Rüther. Es enthält eine Sammlung von Feuilletons, Essays und Erinnerungen – fast alle bereits in verschiedenen Zeitungen publiziert – und zum Zeitpunkt des Erscheinens fast so etwas wie eine nostalgische Verklärung von Lebenswelten, die vernichtet worden sind: Familien-, Theater-, Tier- und Sieveringer Geschichten, Erinnerungen an Freunde, Verwandte und Bekannte und zuletzt ein Kapitel mit der Überschrift *Eine Frau, die schreibt, was sie will!* Über vierzig Jahre dauert es nach ihrem Tod, bis der von Adolf Opel herausgegebene Band *Wie man wird, was man ist* im Jahr 1994 durch die Publikation vieler unveröffentlichter Nachlaßtexte die Entdeckung der »anderen« Lina Loos, die »schreibt, was sie will«, wirklich ermöglicht.

1938 verlor die sechsundfünfzigjährige Schauspielerin ihr Engagement am Deutschen Volkstheater, in der Josefstadt wollte sie nicht spielen, da damit ein Bekenntnis zum Nationalsozialismus verbunden gewesen wäre. In der Reichskristallnacht deklarierte sich Lina Loos auf der Straße angesichts der Ausschreitungen an jedem Schauplatz immer wieder mit den Worten: »Ich bin Zeuge!« Sie wurde nicht verhaftet. Lina Loos kämpfte um eine Pension und erhielt im November 1938 den Bescheid, daß ihr eine Rente von 81,90 RM zugesprochen wurde. Selbst schwer krank kümmerte sie sich noch um ihren kranken und mittellosen Bruder, der schließlich während eines Aufenthaltes in Lainz 1944 Opfer der Euthanasie wurde.

Von Leopoldine Rüther betreut – sie wurde von Lina Loos als Universalerbin und Nachlaßverwalterin eingesetzt –, von Theodor Csokor aus dem Ausland immer wieder finanziell und durch Pakete unterstützt, lebte sie während der Kriegsjahre sehr zurückgezogen in Sievering. Sie arbeitete an dem philosophischen Werk *Primitive Vorstellungen einer Frau vom Uranfang bis zum Ende allen irdischen Geschehens*, einer Art Collage von Bildern, Zeichnungen, Erzählungen, Reflexionen über die verschiedenen Aspekte von Sein und Sinn. Der Entwurf blieb Fragment, und sie selbst verbarg dieses Denkgebäude vor ihrer Umgebung. Ihr Widerstands- und Kampfgeist schien aber ungebrochen, neben der Verzweiflung gab es die Hoffnung auf ein Danach.

Im April 1945 begrüßte sie die Sowjetsoldaten mit Salz und Brot und erreichte damit angeblich, daß es zu keinen Übergriffen in ihrem Wohnbezirk kam. Ihre Wohnung wurde dennoch geplündert, aber nicht nur von den Soldaten: »So wie nicht alles Gold ist, was glänzt, so ist nicht alles von fremden Soldaten genommen, was genommen ist. Aber als gute Patriotin freut es mich doch, bestimmt zu wissen, es bleibt mehr in Österreich als man glaubt – wenigstens von meinen Sachen.«

Lina Loos zählte zu jenen Künstlern und Künstlerinnen, die nach dem Krieg bei Viktor Matejka am Wiener Kulturamt Schlange um eine Unterstützung standen. Sie begann im Alter tatsächlich noch etwas Neues, publizierte wieder und engagierte sich erstmals politisch. Die Individualistin schloß sich einer Frauenorganisation an, die der kommunistischen Partei nahestand und ihr später angehörte. Sie veröffentlichte im *Österreichischen Tagebuch* und in der *Stimme der Frau*, der Zeitschrift des »Bundes demokratischer Frauen«, dessen Vorsitzende sie neben der Architektin Margarete Schütte-Lihotzky wurde. Lina Loos wurde auch im Österreichischen Friedensrat aktiv und 1948 Mitglied im wiedergegründeten österreichischen PEN-Club.

In einer Erinnerung an die eigene Kindheit schreibt sie 1949: »Jetzt, am Ende meines Lebens, verstehe ich den Anfang meines Lebens, dazwischen liegt eine immer unerfüllt gebliebene Sehnsucht, und jetzt ist es zu spät (...) Nein, es ist nie zu spät.« Das paßte für viele nicht zum Bild der Kindfrau und Muse der Jahrhundertwende, verweist aber auf den Weg, den Lina Loos gegangen ist: »Es ist Aufgabe jeder Frau, sich zu kümmern um das, was vorgeht, vor allem, was mit ihr geschieht.« Am 6. Juni 1950 starb Lina Loos qualvoll im Wiener Allgemeinen Krankenhaus an den Folgen eines Krebsleidens – ihren Körper gab sie zur Obduktion frei.

LINA LOOS

Sirene
(ein Fragment)

Glatte weiße Wände, schräg nach hinten abfallende Glasdecke. In der Mitte der Bühne ein Podium, auf dem ein großer, mächtiger Sessel mit hoher Rückenlehne steht. Eine an die Wand gestellte Staffelei deutet ein Atelier an.
Im Hintergrund eine Tür, die halb offen steht.
SIE steht auf dem Podium vor dem Sessel, hoch aufgerichtet, gespannt horchend. Sie sieht aus wie ein Tier vor dem Sprung, ihr Kleid ist eng anliegend, dekolletiert und hat eine lange, schmale, glitzernde Schleppe.
Wenn der Vorhang aufgeht, steht sie lange so unbeweglich, dem Zuschauer zugekehrt.
SIE (*leise*): Schließ die Türe!

(*Pause*)

(*Die Türe wird von außen ruhig, ohne Zusammenhang mit den von ihr gesprochenen Worten, geschlossen.*)
SIE (*mühsam ihren Triumph verbergend*): Ich wußte ja, daß Du bleiben würdest.
(*Ihr Gesicht entspannt sich.*) Ich danke Dir. (*rasch*)
Komm nicht her zu mir! Bleibe wo Du bist. Ich will mit Dir sprechen – ohne Dich zu sehen.
(*Sie setzt sich.*) Ich will ganz aufrichtig mit Dir sprechen. Deine Augen, die immer bitten, immer nur dasselbe bitten, reizen mich – machen mich unwahr – aus Haß bin ich dann so, wie Du mich haben möchtest.

(*Sie streicht sich über die Stirne.*) Ich habe Dich heute wieder den ganzen Tag gequält – ich weiß es –, aber ich weiß nicht, warum ich es tue. Das will keine Entschuldigung sein. Irgend etwas bringt mich dazu, irgend etwas zu erproben. Kein Mittel ist mir zu niedrig, keines zu gefährlich – und ich weiß nicht einmal, um was es geht.
Will ich Deine Liebeskraft erproben? Oder meine eigene Liebesfähigkeit erkennen? Oder handelt es sich um etwas ganz anderes? Ich weiß es nicht.
Aber es ist schön, sich selbst abzuschießen wie einen Pfeil, man weiß nicht, wohin es geht, kennt nicht das Ziel – man saust durch die Luft, das ist schön und so süß gefährlich!
(*Sie besinnt sich.*) Und Du? Ja, Du – verzeih, ich vergesse ganz auf Dich. (*lächelnd*) Du? Ja – Dir bin ich dankbar, weil Du bei mir bleibst – weil Du still hältst – weil Du irgendwie an mich glaubst, mehr als ich selbst. Weil Du so selbstverständlich bei mir bleibst – weil Du mir überlegen zusiehst – weil Du Respekt hast vor dieser Kraft, die mich treibt.
Du bist klüger als ich. (*Sie steht auf.*) Ich beuge mich vor Deiner Klugheit ... Nein, nein, komm nicht her – noch nicht, noch nicht. Wenn Du gegangen wärst?
(*mit ganz bösem Gesichtsausdruck*) Wenn Du gegangen wärst! (*drohend*) Wenn Du gegangen wärst!
(*Sie breitet die Arme aus, ganz verklärt.*) Wenn Du gegangen wärst ... (*Sie besinnt sich, setzt sich zaghaft in den Sessel.*) Verzeih, manchmal verwirrt sich auf einmal alles so ...
Ich spreche ganz aufrichtig mit Dir, glaube mir, ganz aufrichtig. Aber es wird plötzlich immer ganz etwas anderes.
Wenn ich Dir sage, daß ich Dich liebe, weil Du bei mir bleibst – so ist es wahr. Und wenn ich sage, daß ich Dich erst lieben könnte, wenn Du gehst – so ist das ebenso wahr.
Und wenn ich sage, daß ich Dich quäle, weil ich Deine Liebe erproben will, so ist das wahr. Und wenn ich dann dabei auf Dich vergesse, so ist das ebenso wahr. Alles ist wahr und nichts scheint richtig zu sein.

(*Pause*)

Und wenn ich jetzt sage: »Mach all dem ein Ende – schlag mich nieder wie ein Tier, skrupellos wie ein Tier, das Dir ans Leben geht« – so wünsch ich das wirklich! Hörst Du mich? – So wünsche ich das wirklich ...

(*Pause*)

Du tust es nicht? Warum nicht? Ahnst Du, daß mein letztes Gefühl, über meinen Wunsch hinweg, doch nur Verachtung dafür wäre ...?
(*Sie setzt sich.*)
(*ganz klein und arm*) Ich bin so müde – so müde.
Du bist so gut zu mir – noch nie warst Du so gut zu mir wie jetzt. Ich danke Dir so, ich danke Dir so. Komm her zu mir! Ich will mich ausruhen, in Deinen Armen und schlafen – ich bin so müde.
Komm her zu mir, streichle mein Haar.
(*Sie streckt die Arme nach hinten, ohne sich umzudrehen.*) So komm doch ...
Bist Du gekränkt?
(*lächelnd*) Soll ich zu Dir kommen? O ja, ich komme ... heute komm' ich zu Dir. (*Sie steht auf.*) Verstehst Du mich? (*Sie bleibt erwartungsvoll stehen. Öffnet die Arme und schließt die Augen.*)

(*Pause*)

(*Sie öffnet die Augen, steigt langsam die Stufe herunter, dreht sich rasch um, geht um den Sessel, kommt wieder nach vorne. Ihr Gesicht hat den Ausdruck eines Kindes, das zu denken versucht. Sie setzt sich ganz langsam und mechanisch auf die niedrige Stufe des Podiums.*
Sie streicht sich das Haar aus der Stirne, legt Ringe, Armbänder und Kopfschmuck ab; im Vorzimmer ein Geräusch.
Sie hebt den Kopf wieder ganz elastisch, schleicht zur Türe und sperrt sie ab. Dann setzt sie sich auf dem Sessel zurecht.)
Achtung, das Spiel geht weiter.
(*Die Türklinke wird vorsichtig niedergedrückt. Sie sieht es und lächelt. Nach einer Pause steht sie auf, stellt sich hinter den Sessel*

und legt ihre Arme über die Lehne.) Du willst, ich soll Deine Haare streicheln? (*Sie markiert es.*) Deine lieben, lieben Haare, ich will sie streicheln – stundenlang, bis Du willenlos und zahm wirst. Du erwartest ja doch Hilfe von mir. Helfen kann ich Dir nicht – alles kann nur aus Dir selber kommen. Sei die, die Du bist – aber streicheln kann ich Dich!
(*Es wird an der Türe gerüttelt. Sie sieht zur Türe, lächelt, setzt sich wieder in den Sessel, wirft die Arme nach hinten, als stünde jetzt der Mann wieder hinter ihr.*)
Ja, Du bist klug – klüger als ich, weiser als ich ... (*laut*) Dich liebe ich, nur Dich!
(*Es fällt draußen ein Schuß.*
Sie läuft zur Türe, hat nicht den Mut, sie zu öffnen. Sie läuft nach vorne, dann wieder zur Türe, horcht, bricht dann an der Türe in die Knie.) Das habe ich nicht gewollt – das nicht ...!
(*Sie will zaghaft die Türe öffnen – doch in diesem Moment wird die Türe aufgerissen, sie erhält einen Schlag: ER stürzt herein, läuft mit dem Revolver in der Hand durch das Zimmer.*)
ER: Wo ist er?
SIE (*hat sich vollkommen gefaßt*): Wer?
ER: Mit wem hast Du gesprochen?
SIE (*lächelt*): Mit wem? Mit Dir?
ER: Mit mir? Ich war doch nicht hier.
SIE: Doch. (*Sie geht auf ihn zu, schaut ihm in das Gesicht.*) Oder bist Du ein Anderer?
ER: Laß es genug sein, ich bitte Dich. Ich bin am Ende meiner Kraft.
SIE: Das ist nicht meine Schuld.
ER: Ich hasse Dich.
SIE: Warum? Weil Du Dir nicht zu helfen weißt? Siehst Du noch immer nicht, daß die alten Mittel nichts mehr taugen? Warum erfindest Du keine neuen? Soll ich sie Dir suchen helfen?
ER: Laß es genug sein für heute – sonst geschieht noch ein Unglück!
SIE: Ich fürchte mich nicht! Genug für heute? Und morgen? Und übermorgen? Nein, so geht es nicht weiter. Warum soll ich sein – gerade, wie Du mich haben willst? Du – ein Einzelner. Du – wer bist Du denn?
Wie willst Du mich? Sag, wie?

(*Pause*)

Du weißt es nicht? Nicht einmal das weißt Du? So will ich es Dir zeigen.
(*ganz verändert*) Du hast mir vorher so weh getan.
ER (*ganz verändert*): Habe ich Dir weh getan – kann man Dir überhaupt weh tun? Kann ich Dir weh tun? Dann ist ja alles gut. (*Er geht auf sie zu, sie legt den Kopf an seine Brust.*) Hast Du also doch ein Herz, Du Armes, Liebes, Gutes! Womit habe ich Dir weh getan?
SIE (*verlogen*): Mit der Tür – hier, am Arm – so weh ...
ER (*stößt sie von sich*): Du – Du – Du–!
SIE: Willst Du kein schutzbedürftiges, hilfloses Kindchen? Das Du verzärteln und verwöhnen kannst? Schade – das ist so leicht zu spielen, das hat schon meine Großmutter gekonnt.
ER (*greift nach dem Revolver*): Gib acht.
SIE: Es mag sein, daß Du der einen oder anderen Köchin in dieser Stellung noch imponieren kannst. Soll ich mich fürchten??
ER (*läßt den Revolver fallen*): Ich bete Dich an. Trotz allem ...
SIE: Also das ist direkt langweilig! Was sollte an mir anbetungswürdig sein?

(*Pause*)

(*Sie hebt den Revolver auf, spielerisch zielt sie damit auf ihn.*)

Ein Mann mit einem Revolver – das ist doch nur wie eine Frau, die ihr schönes Haar in der Hand hält ...

LINA LOOS

Ein Duell

Sehr geehrter Herr!

Ich liebe Sie – nein – ich liebe Sie nicht!
Ich bin Ihnen eine Erklärung schuldig – nein – ich bin Ihnen gar nichts schuldig!
Der Anfang ist verteufelt schwer!
Also – ich möchte einmal ganz aufrichtig an einen Mann schreiben, nur um zu sehen, wie er sich dazu verhält. Wie weit überhaupt ein Mann Aufrichtigkeit von der Frau verträgt.
Ich fordere Sie heraus, mein Herr!
Weil ich Sie ---
Nein – dazu muß ich Ihnen erst erklären, was ich für Liebe halte: Denken Sie sich einen Baum, einen Obstbaum, den Sie selbst gepflanzt, mit dem Sie heranwachsen, den Sie betreuen und der die Liebe ist an und für sich.
Mit welcher Zärtlichkeit, mit welcher vielleicht übertriebenen Aufregung werden Sie die ersten grünen Blätter betrachten. Dieses zarte, wundervolle Gelbgrün – gegen den blauen Himmel – gegen das satte Braun des kleinen Stammes, diese noch schwachen, hilflosen Blättchen, die, wehrlos jedem Wetter preisgegeben, vor Kälte zitternd, auf die ersten Sonnenstrahlen warten. Kälte, Sturm, Hagel, jetzt lauter persönliche Feinde Ihnen. Dann nach jahrelangem Warten eine Blütenknospe, das erste Zeichen von Mannbarkeit.
Später liegen Sie in der Blütezeit unter einem ungeheuren weißen in den Himmel ragenden Blütenbukett und träumen ---
Träumen – von der Wurzel aufgesaugt – voll quälender Süße durch Stamm, Äste und Ästchen gesogen zu werden, um

endlich an der höchsten empfindsamsten Blütenspitze als
berauschender Duft auszuströmen in das unendliche Weltall ---
So träumen Sie – und währenddessen bildet sich oben schon
das erste winzige Birnlein.
(Wir wollen einen Birnbaum annehmen.)
Jetzt steht der Baum voll tieferfülltem Wohlbehagen – jedes
Blatt glänzt voll Sattheit – verschwunden alle Blütezeiterregung.
Und Sie schlafen in seinem kühlen Schatten, mitbetreut von
der ruhigen Mütterlichkeit dieses starken Baumes, bis überreife,
schwer zur Erde fallende Früchte, berstend vor Süßigkeit, Sie
erwecken zu einem neuen Leben.
Der erste kühle Herbstwind findet unseren Baum voll Farbenfreude. Er blüht noch einmal auf, in Rot und Grün, Gelb und
Braun, dann schüttelt er sich und geht zur Ruhe.
Über und über glitzernd steht er im Rauhreif, ein Kristall
gewordenes Wunder, schwer mit Schnee beladen steht er,
seine Glieder weit ausbreitend, den langen Winter voll seliger
Erwartung ---
So wie dieser Baum ist die Liebe – sie hofft alles, sie duldet
alles, sie ist Alles!!!
Immer anders, immer neu und immer ein Wunder ---
Ich liebe Sie nicht, mein Herr – aber ---
Vor einiger Zeit wurde in meiner Gegenwart von Ihnen und
Ihren Arbeiten gesprochen. Ich fand die Sachen, die Sie schreiben,
schlecht – alles von Eitelkeit triefend, eine Atmosphäre von
dümmster Begrenztheit, ich fand, daß selbst Ihr gedruckter
Name mit einer Selbstgefälligkeit dasteht, die jede höhere
Menschlichkeit ausschließt.
Gestern lernte ich Sie kennen, wir reichten uns die Hände –
die bloßen Hände, dies ist wichtig – und sprachen irgendwelche
Worte – nur so Worte – weil sich unsere Hände nicht trennen
konnten.
Ich war erstaunt ---
Ich fand auf einmal Ihre Dummheit rührend, Ihre Eitelkeit sah
ich als Hilflosigkeit, der Ausdruck Ihres Gesichtes erschien mir
kindlich unbeholfen, und Ihr Name bekam Klang und Leben ---
Nun glauben Sie, ich habe meine Ansicht über Sie geändert?
Keine Spur.

Ich habe Ihnen von allen Wundern und Seligkeiten, die der Baum zu spenden vermag, gesprochen – nur von dem Genuß des Birnenessens habe ich nichts gesagt – es war mir zu belanglos.
Aber auf Sie – mein Herr – hätte ich Lust wie auf ein Pfund reifer Birnen.
Ich erwarte Genuß, aber keine Wunder!
Sie finden mich schamlos, mein Herr? Ja, vielleicht, es ist mir klar, daß ich mir ein Recht nehme, das bisher ausschließlich dem Mann vorbehalten war.
Also ich fordere Sie heraus, ich bin blank geschliffen mit Aufrichtigkeit – geben Sie acht – nehmen Sie an?

                                                Eine Frau

Gnädige!

Ich gebe gerne zu, daß das Essen von Birnen an und für sich auch ein Vergnügen ist – aber Birnen haben dabei unbedingt den Mund zu halten ---
Wir Männer sind gewöhnt, Obst zu kaufen – zu essen und zu verdauen – es ist keine Affäre für uns –
        Bei aller Hochachtung – nein!

                                                Ein Mann

Geehrter Herr!

Ich erkläre mich für geschlagen! Ich will weiter auf die Liebe warten – auch wenn sie nie mehr kommt.
Ich danke Ihnen für Ihre Anständigkeit.
Seit ich weiß, was Sie für eine gute Verdauung haben, verstehe ich auch, warum Sie kein Dichter geworden sind, wie es vielleicht Gott von Ihnen erwartet hat.
Verzeihen Sie diesen ganz unnotwendigen letzten Stich einer Frau, die ein ganz klein wenig gekränkt ist, weil sie nicht ein einziges Mal dümmer sein durfte, als sie in Wirklichkeit ist.

Eine Frau

Ich als Österreicherin würde Landesverrat begehen, wenn ich das Dritte Reich nicht bekämpfte.

Hermynia Zur Mühlen
1883 – 1951

HERMYNIA ZUR MÜHLEN

Die Frau mit dem ungewöhnlichen Namen wurde am 12. Dezember 1883 als Hermine Maria Isabella Folliot de Crenneville geboren, und zwar in eine Familie des österreichisch-ungarischen Hochadels. Daß sie statt kaiserliche Palast-Dame Mitglied der Kommunistischen Partei geworden ist, war bei ihrer Geburt noch nicht vorauszusehen. Allerdings war bereits ihr Vater in seiner Jugend den Familienverpflichtungen entflohen und hatte sich in den USA seinen Lebensunterhalt eine Zeitlang selbst verdient, bevor er wieder nach Österreich-Ungarn zurückkehrte und die für ihn vorgesehene Laufbahn als k.u.k. Kämmerer, Diplomat und einige Zeit auch als bevollmächtigter Minister einnahm. Er heiratete 1882, durchaus standesgemäß, mit 35 Jahren die zwanzigjährige Isabella Louise Alexandrina Maria von Wydenbruck, ein Jahr später wurde die einzige Tochter Hermine geboren.

Das Verhältnis der Mutter zur Tochter war schlecht; die Mutter wollte ihre gesellschaftliche Rolle als attraktive und begehrenswerte junge Frau spielen, sodaß Hermynia ihre Kindheit vor allem bei der Großmutter mütterlicherseits in Gmunden verbrachte. Diese stammte aus dem britischen Adel, aus der Familie St. John Blacker of Carrickblacker, und vertrat entschieden liberale Ideen. Wieso diese Frau, die von Hermynia Zur Mühlen verehrt wurde und der sie viele ihrer fortschrittlichen Ideen verdankte, bei der Erziehung der eigenen Tochter offenbar versagt hatte, ist nicht mehr nachzuvollziehen. Denn beim Sohn Christoph Anton Maria Graf von Wydenbruck hatte diese Erziehung einen ähnlichen Erfolg wie bei der Enkelin, er war – wiewohl Minister – als der »rote Graf« bekannt, genauso wie später Hermynia den Beinamen die »rote Gräfin« erhielt. Daß er ihr Lieblingsonkel war, verwundert nicht.

Das Verhältnis zum Vater war gut, wenn er auch ziemlich selten anwesend war. Er sorgte für eine ausgezeichnete Erziehung und scheint versucht zu haben, die Tochter möglichst häufig auf Reisen und Auslandsaufenthalte mitzunehmen. Um die Ablehnung der Mutter zu überbrücken, die auch deshalb die Tochter ablehnte, weil durch sie ihr eigenes Alter ersichtlich war, führte er Hermynia als seine Tochter aus erster Ehe ein, obwohl es diese Ehe nicht gab. Er fuhr mit der Siebenjährigen nach Venedig, ein Jahr später nach Lissabon und Madeira, im nächsten Jahr, 1892, nach London. Den Winter 1897/98 verbrachte Hermine gemeinsam mit der Großmutter und den Eltern in Algier. Das Kind empfand diese Reisen offenbar stark ambivalent, da diese sie aus der Ruhe im Haus der Großmutter in Gmunden herausrissen und in immer neue, zwar interessante, aber auch beunruhigende Umgebungen brachten; der Vater forderte von seiner Tochter tadelloses Betragen und absolute Disziplin, ihr Wissen wurde einer strengen Kontrolle unterworfen, von einer »kindgerechten« Atmosphäre konnte nicht die Rede sein. Diese frühen Reisen führten allerdings sicher zu einer Erweiterung ihres Horizonts, zu guten Sprachkenntnissen und zu Offenheit gegenüber allem Fremden, Neuen, und erfüllten so die Intentionen des Vaters, der befürchtete, daß das Kind in der spießigen Kleinstadt Gmunden zu einer borniertenAdeligen wie einige ihrer Tanten heranwachsen würde.

Diese Angst war überflüssig. Als die geliebte Großmutter 1900 im 71. Lebensjahr starb, war Hermine de Crenneville sechzehn Jahre alt und beschloß, daß sie nun, allein in der Welt stehend – dies war ihre subjektive Empfindung – einen Beruf erlernen müsse. Sie absolvierte in Gmunden eine Ausbildung als Volksschullehrerin und verzichtete dabei im katholischen Internat auf den Luxus, den sie gewöhnt war, verbrachte die Wochenenden aber in der vertrauten »Villa Wydenbruck«. Die Ausbildung wurde von der Familie toleriert, nicht jedoch ihr Wunsch, diesen Beruf auch auszuüben – das war »unstandesgemäß« und kam nicht in Frage.

Immer dringender wurde das Problem einer sinnvollen und doch standesgemäßen Beschäftigung für die junge Frau. Wieder sollten Reisen einen Ausweg bieten – Kairo, Beirut, Istanbul, aber auch Deutschland bildeten Stationen des Reiselebens. Der Versuch des Ausbruchs in die Liebe – eine heimliche Verlobung mit einem Maler – wurde von der Familie unterbunden. Als sie vierundzwanzig Jahre alt und damit nach der damaligen Gesetzeslage volljährig wurde, benutzte sie die erste sich bietende Gelegenheit zum Ausbruch. Sie verliebte sich in einen jungen baltischen Adeligen, Victor von Zur Mühlen, den sie auch umgehend – gegen den Willen ihrer Familie – heiratete.

Die Ehe wurde eine Katastrophe: Der Ehemann war ein klassischer Junker, politisch extrem konservativ, der sich nur für die Jagd, für Pferde und Hunde interessierte. Da das Gut siebzig Kilometer von der nächsten Bahnstation und fünf Kutschenstunden von der nächsten Kleinstadt entfernt war, die Familie und die Nachbarn für Hermynias kulturelle Bedürfnisse keinerlei Verständnis hatten, ist ihr Gefühl, in ein Gefängnis geraten zu sein, durchaus nachvollziehbar. Ihre durch die Lektüre russischer Literatur inspirierten Vorstellungen, auf dem Gut sozialreformerisch tätig zu sein – sie versuchte eine Schule für die Kinder der Landarbeiter einzurichten –, scheiterten. Eine Fehlgeburt verschlechterte ihre Stellung in der Familie und ihre Gesundheit noch weiter. Zwar fand sie – noblesse oblige – zu einem lebbaren Arrangement mit ihrem Ehemann, mit dem sie immerhin die Liebe zu Hunden verband, doch die politischen Differenzen wurden immer heftiger, sodaß Hermynia Zur Mühlen die Flucht in die Krankheit antrat – 1913 wurde sie mit der Diagnose Tuberkulose nach Davos geschickt, wo sie bis 1919 bleiben sollte. Ihre Ehe wurde in dieser Zeit geschieden. Die Nachricht von der russischen Revolution beschließt nicht nur ihre autobiographischen Erinnerungen, sondern sie markiert auch den endgültigen Bruch mit ihrer Familie, mit der ihres Mannes und mit ihrer eigenen.

In Davos lernte sie den sechs Jahre jüngeren Übersetzer Stefan Klein kennen, der in Wien geboren, in Ungarn aufgewachsen ist, und begann auch selber zu übersetzen – aus dem Russischen, Englischen und Französischen. Diese Tätigkeit bildete während des gemeinsamen Lebens mit Stefan Klein die Basis ihrer finanziellen Existenz. Am bekanntesten wurden ihre Übersetzungen der Romane Upton Sinclairs, den sie in Europa berühmt machte. Ihr Arbeitspensum war dabei, – denkt man noch dazu an die technischen Möglichkeiten, die ihr zur Verfügung standen – eine mechanische Schreibmaschine und Durchschlagpapier –, fast unvorstellbar: Die Bibliographie des Biographen Manfred Altner kann siebzig übersetzte Bücher und fünfundfünfzig Texte für Zeitschriften auflisten, die nur teilweise ident mit den Buchpublikationen sind. Wenn man bedenkt, daß diese Übersetzungen zum großen Teil keine Auftragsarbeiten waren, sondern daß sie sich selbst um die Publikationsmöglichkeiten kümmern mußte, daß sie für Upton Sinclair auch durchgehend die Abrechnung seiner Tantiemen besorgte, so würde dieses Übersetzer-Arbeitspensum für dreiunddreißig Jahre schriftstellerische Tätigkeit (von 1918 bis 1951) unter gesicherten, ruhigen Umständen mit einem Schnitt von mehr als zwei Romanübersetzungen pro Jahr durchaus beachtlich sein. Doch Hermynia Zur Mühlen bewältigte dieses Arbeitspensum bei angegriffener Gesundheit (ihre Tuberkulose war nie endgültig ausgeheilt) und trotz allen Fleißes unter schlechten materiellen Bedingungen, unter denen sie, die an Luxus gewöhnt war, besonders litt.

Die Beschreibung des Elends der Schriftstellergattin aus dem Roman *Ein Jahr im Schatten* dürfte auf eigenen Erfahrungen beruhen: »Wieder die Armut, wieder das Entbehren aller kleinen Freuden. (...) Und dann wieder die Pension, die schlechte Pension. Zwei Zimmer. Die ewige Unordnung in Clemmys Zimmer. Das schmutzige Tischtuch, mit dem man eine Woche lang auskommen muß. Der muffige Geruch. (...) Der Staub auf den Büchern. Und wieder heimlich die Wäsche waschen, weil es zu teuer kommt, sie aus dem Haus zu geben. Und bei verschlossenen Türen bügeln, als ob man ein Verbrechen begehen würde. Und das Essen, auf die Teller hingeworfen, wie für Hunde. Und die Tragödie, wenn Clemmy sich auf seinen Anzug einen Tintenfleck macht. Und den Bettlern nur einen Groschen geben können. Und die Fahrt in der Tram als einen Luxus betrachten. Und wissen: ich darf nicht zeigen, wie mir zumute ist. Und...«

Dennoch erinnern sich viele Freunde an die charmante Gastgeberin, die, kettenrauchend, umgeben von ihren geliebten Hunden, den Pensionszimmern in Frankfurt, Wien, Bratislava und London das Flair eines Salons zu geben verstand. Hermynia Zur Mühlen war aber nicht nur Übersetzerin, sie schrieb auch eigene Werke.

Sie begann mit Texten für Kinder, in der Überzeugung, daß die richtige Erziehung der nächsten Generation ausschlaggebend für die Umgestaltung der Gesellschaft sei. Sie schrieb Märchen mit linker Tendenz, die von der sozialistischen und kommunistischen Presse publiziert und in viele Sprachen übersetzt wurden. Sie verstand diese Werke durchaus als Tendenzliteratur im positiven Sinn. Das Buch *Schupomann Karl Müller* brachte sie 1926 wegen Hochverrats vor Gericht, denn, so die Anklage, »die Schrift dient der Zersetzung der Polizei. Sie will den Polizeibeamten, der aus dem Arbeiterstand hervorgegangen ist, in seiner Treue wankend machen und auf die Seite der revolutionären Arbeiter hinüberziehen.« Die Beschreibung von Inhalt und Intention trifft zwar zu, dennoch wird das Verfahren eingestellt, da ihr die Absicht, ein »hochverräterisches Unternehmen« vorbereitet zu haben, nicht nachgewiesen werden konnte und die bloße Beschreibung 1926 noch durch die Pressefreiheit geschützt ist. Aber Hermynia Zur Mühlen und ihr Lebensgefährte Klein standen in Frankfurt dauernd unter polizeilicher Observanz, was sie allerdings nicht besonders zu bekümmern schien. Sie war sich über ihre politischen Ansichten im klaren und verteidigte sie in ihren Büchern wie in ihrem Leben. Auffällig ist dabei, daß sie ihre linke soziale Botschaft häufig – wie ja auch Bert Brecht – in biblische Bilder kleidet, ganz deutlich in dem Novellenband *Der rote Heiland*.

1925 begann sie – zusätzlich zu ihren anderen Arbeiten – unter dem Pseudonym Lawrence H. Desbarry auch noch sozialkritische Kriminalromane zu publizieren. Neben ihrer sehr erfolgreichen Autobiographie *Ende und Anfang. Ein Lebensbuch* (1929), das bereits im folgenden Jahr in Amerika unter dem publikumswirksamen Titel *The Runaway Countess* erschien und ins Spanische übersetzt wurde, schrieb sie eine Reihe von Romanen, die in der Wiener Gesellschaft angesiedelt sind, von denen einige den Übergang der Bevölkerung zum Nationalsozialismus thematisieren (*Unsere Töchter, die Nazinen*, 1936, *Ein Jahr im Schatten*, 1935, *Als der Fremde kam*, 1946). Aber auch historische Romane aus der österreichischen Geschichte und eine Essaysammlung über österreichische Autoren gehören zu ihrem Werk. Daß sie dazu noch eine erfolgreiche Hörspielautorin war, verwundert nun kaum mehr, genauso wenig wie das Faktum, daß sie im englischen Exil dazu überging, ihre Werke in englischer Sprache zu schreiben.

Hermynia Zur Mühlens Werk überrascht sowohl durch seinen Umfang als auch durch seine Vielfalt. Umso zentraler ist die Frage, warum sie heute fast völlig vergessen ist. In ihrem Fall kommt zu den sonst in diesem Band immer wieder erwähnten Faktoren des weiblichen Geschlechts und des Exils noch ihre politische Haltung. Wie es im Detail zur Ausbildung ihrer Weltanschauung gekommen ist, darüber gibt auch ihre Autobiographie nur sehr unzulänglich Auskunft. Sie erzählt zwar, daß sie schon als Kind unter der beobachteten Ungerechtigkeit gelitten habe, unter dem Verbot, mit anderen Kindern, die nicht standesgemäß waren, zu spielen. Sie berichtet über die liberalen Ideen der Großmutter, über die christliche Nächstenliebe, die die bigotten Tanten mit absolutem Standesdünkel zu verbinden wußten: doch dieses Einflußmilieu hat eben auch zur Ausbildung des Charakters ihrer Mutter geführt oder zu dem ihres liberalen, aber durchaus grandseigneuralen, standesbewußten Onkels. Sicherlich haben die historischen Ereignisse zu ihren Ansichten beigetragen, immerhin erlebte sie die russische Revolution als baltische Adelige, wenn auch in Davos, mit, genauso wie das Ende der österreichisch-ungarischen Monarchie, das die Position ihrer Familie völlig veränderte. Dennoch ist der Bruch mit ihrer Jugend und mit ihrer Gesellschaftsschicht ungewöhnlich und fundamental. Bestechend ist die Konsequenz, mit der Hermynia Zur Mühlen ihre Weltanschauung vertritt. Zwar steht nicht genau fest, wann sie Mitglied der Kommunistischen Partei geworden ist, sie war aber jederzeit bereit, auf einen eigenen finanziellen Vorteil zugunsten ihrer Gesinnung zu verzichten. So entschied sie sich bei ihren Übersetzungen von Sinclair gegen den besser zahlenden und bekannteren Kurt-Wolff Verlag und für den jungen Malik-Verlag, da er die KPD offen unterstützte. Zwar lohnte ihr der Verlag diese Gesinnungstreue schlecht, denn Wieland Herzfelde entzog ihr 1927 – die Eigentumsstruktur hatte sich inzwischen verändert, die Personen waren aber gleich geblieben – die inzwischen lukrativen Sinclair-Übersetzungen und übertrug sie zuerst Peter Baudisch, dann Elias Canetti.

Kompromisse waren nicht ihre Sache. Als sie der Engelhorn-Verlag, der 1932 ihr Buch *Das Riesenrad* mit großem Erfolg herausgebracht hatte, bat, ihre Mitarbeit bei der von Klaus Mann herausgegebenen Exilzeitschrift *Die Sammlung* aus Rücksicht auf ihre Verkaufschancen auf dem deutschen Markt zurückzuziehen, da dies auch Thomas Mann, Stefan Zweig, Alfred Döblin und René Schickele getan hätten, schreibt sie an den Verlag und veröffentlicht den Brief in der Wiener *Arbeiter-Zeitung*: »Da ich Ihre Ansicht, das Dritte Reich sei mit Deutschland und die ›Führer‹ des Dritten Reiches seien mit dem deutschen Volke identisch, nicht teile, kann ich es weder mit meiner Überzeugung noch mit meinem Reinlichkeitsgefühl vereinbaren, dem unwürdigen Beispiel der von Ihnen angeführten vier Herren zu folgen, denen scheinbar mehr daran liegt, in den Zeitungen des Dritten Reiches, in dem sie nicht leben wollen, gedruckt und von den Buchhändlern des Dritten Reiches verkauft zu werden, als treu zu ihrer Vergangenheit und ihren Überzeugungen zu stehen. Ich ziehe dieser ›besten Gesellschaft‹ die Solidarität mit jenen vor, die im Dritten Reich um ihrer Überzeugung willen verfolgt, in Konzentrationslager gesperrt oder ›auf der Flucht erschossen‹ werden. (...) Was aber den Vorwurf des Landesverrats betrifft, wenn wir schon dieses pathetische Wort gebrauchen wollen, so würde ich als Österreicherin, nach dem Verhalten des Dritten Reiches Österreich gegenüber, dann Landesverrat begehen, wenn ich mit meinen bescheidenen Kräften das Dritte Reich nicht bekämpfen würde. Ich bitte Sie, diesen Brief an die Schriftleitung des Börsenblattes und an die Reichsstelle zur Förderung des deutschen Schrifttums weiterzuleiten.«

Diese Weiterleitung bedeutete natürlich das Verbot für alle ihre Werke und journalistischen Arbeiten, eine Konsequenz, die ihr völlig klar war und die sie in der Folge zu den Bitten um Unterstützung an Hubertus Prinz zu Löwenstein von der »American Guild for German Cultural Freedom« zwang. Wie kompromißlos »adelig« und »reinlich« sie unter extremen Bedingungen war, zeigt ihre Weigerung, sich gegenüber den NS-Behörden als »Arierin« auszuweisen. Nach dem Tod ihrer Mutter 1936 stand ihr eine Erbschaft zu, die bei der Rothschild Bank in Wien lag. Beim »Anschluß« Österreichs an Deutschland wurden die Gelder dieser Bank beschlagnahmt, und es gab nur die Möglichkeit, zu seinem Geld zu kommen, wenn man den Behörden nachwies, daß man »reinrassig arisch« war. Nun wäre es für Hermynia Zur Mühlen mit ihrem adeligen Stammbaum sehr leicht gewesen, diesen Nachweis zu erbringen. Sie weigerte sich aber, den NS-Behörden gegenüber die Unterscheidung in Arier und Nicht-Arier anzuerkennen, und verzichtete lieber auf ihr Geld, das sie zu diesem Zeitpunkt zur Flucht nach England dringend benötigt hätte.

Auf diesem Hintergrund sind die Aussagen ihres Mannes, daß Zur Mühlen bereits in den dreißiger Jahren, bei den ersten Prozessen Stalins, aus der KP ausgetreten sei, dies aber aus Gründen der antifaschistischen Solidarität nicht ausposaunt habe, durchaus glaubhaft, auch wenn weder genaue Daten über den Eintritt noch über den Austritt aus der KP bekannt sind. Aus den überlieferten Briefen und Texten geht klar hervor, daß sie in den zwanziger und dreißiger Jahren Parteimitglied war, aber schon in den dreißiger Jahren versuchte, von der reinen Partei-Presse und den reinen Partei-Verlagen zu »linken christlichen« Blättern zu wechseln.

Im Jahr 1938 heirateten Hermynia Zur Mühlen und Stefan Klein in der Tschechoslowakei, wodurch Hermynia, von Geburt Österreicherin, durch ihre erste Heirat Russin, nun tschechoslowakische Staatsbürgerin wurde. Nach einigen Monaten in der Tschechoslowakei und einer Station in Budapest kamen Hermynia und Stefan am 19. Juni 1939 in London an. Das Exil in England war von finanziellen Schwierigkeiten geprägt, in der Exil-Szene, speziell in London, ist Hermynia Zur Mühlen aber eine angesehene Persönlichkeit. Zu ihrem 60. Geburtstag veranstalteten der tschechoslowakische und der österreichische PEN-Club in London eine Feier, die größte Ehrung, die ihr in ihrem ganzen arbeitsamen Leben zuteil wurde. Dennoch lebte sie, trotz eifrigster Arbeit, von der Hand in den Mund. Die durch ihre Kränklichkeit steigenden Arztkosten waren kaum aufzubringen, ihr Mann wird sich bis an sein Lebensende mit dem Gedanken quälen, daß ein näher wohnender, aber teurerer Arzt ihren Tod hätte verhindern können. Sie starb am 20. März 1951 in Radlett in Hertfordshire, in der Nähe von London.

Sie hat zwar, wie viele Emigranten, nach 1945 mit dem Gedanken an eine Rückkehr nach Österreich gespielt, aber trotz ihrer guten persönlichen Beziehungen zu Viktor Matejka, dem Kulturstadtrat von Wien, der wohl für das offizielle Glückwunsch-Telegramm der Gemeinde Wien zu ihrem 60. Geburtstag verantwortlich gewesen sein dürfte, ergaben sich in Österreich keine Arbeits- und Veröffentlichungsmöglichkeiten. Zwar brachte der (kommunistische) Globus-Verlag einige ihrer Bücher heraus, in der DDR gab es einige Publikationen, die allerdings, wie Stefan Klein bitter bemerkt, nicht bezahlt wurden. Die eindeutige Zuordnung zur KP hat ihr wohl mehr geschadet als genützt. Aber Hermynia Zur Mühlen bekannte sich nicht mehr zum Kommunismus, dessen Weltanschauung eine Reihe ihrer Werke – keineswegs alle – verpflichtet waren, sie distanzierte sich aber auch nie spektakulär von der KP. Im restaurativen österreichischen Nachkriegsklima hätte ihr wohl nur eine Bekehrung zur Welt ihrer Kindheit die Chance einer Rückkehr geboten, eine Haltung, die für sie nicht in Frage kam.

HERMYNIA ZUR MÜHLEN

Das »Double«

Die junge Frau mit dem schmalen Gesicht und dem platinblond gefärbten Haar hatte den Beistand eines Rechtsanwaltes abgelehnt; sie wollte sich selbst verteidigen. Nun jedoch, da ihr Blick nervös von einem Geschworenen zum andern schweifte und sie die stumpfen oder feindseligen Gesichter sah, zuckte sie mit einer hoffnungslosen Gebärde die Schultern. Was auch immer sie sagen mochte, das Urteil stand in diesen Köpfen bereits fest. Dennoch wollte sie sich nicht kampflos ergeben. Das war nicht ihre Art. Sie legte die Hand auf die Bank, – die Finger waren blutlos und mager. Sie reckte den schlanken Körper hoch, und ihre weiche, etwas heisere Stimme tönte durch den Gerichtssaal:
»Der Richter«, begann sie, »hat mich gefragt, ob ich mich schuldig bekenne. Ja und nein. Ich habe eine Frau getötet, aber habe ich den berühmten Filmstar Lia Morris erschossen, oder habe ich die unbekannte Statistin, ihr Double, umgebracht? Ich weiß es nicht. Jedenfalls, meine Herren Geschworenen, will ich Ihnen erklären, wie es zu dieser Tat gekommen ist.«
Sie blickte abermals um sich. Augen, nichts als Augen, die sich in sie zu bohren schienen. Männeraugen. Helle, dunkle, lebhafte, gleichgültige. Die ganze Welt schien nur aus Augen zu bestehen.
Die junge Frau schauderte leicht, dann fuhr sie fort:
»Vor vier Jahren war ich niemand und nichts. Die unbekannte Frau eines arbeitslosen Angestellten, die Mutter eines zwei-

jährigen Kindes. Wir hungerten. Das ist nichts Außergewöhnliches. Mein Mann suchte verzweifelt nach Arbeit. Auch das ist etwas Alltägliches. Ich nähte und flickte für die Nachbarinnen, und wir wußten von einem Tag zum andern nicht, wie wir leben sollten. Bis dann das große Glück kam. Ich wurde entdeckt. Lia Morris brauchte ein Double, und der Zufall hat es gewollt, daß ich ihr ähnlich sah, wie eine Zwillingsschwester. Sie wissen, meine Herren Geschworenen, was ein Double ist: ein Mensch, der einspringt, wenn der Star auf eine größere Entfernung photographiert wird, oder wenn er nicht zu sprechen hat.
Das erste Stück, in dem ich auftrat, war ein Gesellschaftsdrama. Ich, die ich seit Jahren dasselbe, unzähligemal geflickte und hergerichtete Kleid trug, schlüpfte in Pariser Kreationen. Ich, die ich seit Jahren mit meinem Mann und dem Kleinen in einer Stube hauste, schritt durch schöne Räume. Ich, die ich nicht einmal mit der Straßenbahn fahren konnte, saß im Auto, als sei ich dazu geboren. Viele Stunden am Tage spielte ich die Rolle einer verwöhnten, reichen Frau, spielte sie so lange, bis mich, wenn ich heimkam, ein Gefühl des Staunens erfaßte: Was suche ich hier in diesem Armenviertel, in dieser jämmerlichen Stube, bei diesem schäbigen, fremden Mann?
Wenn Lia Morris in ihr Auto stieg, das sie nach ihrer Villa brachte, begriff ich nicht, wieso ich auf die Straßenbahn warten mußte. War ich nicht eben im Atelier sie gewesen? Hatte sie, die dermaßen an Bewunderung gewöhnt war, daß es sie langweilte, mich nicht vor einer halben Stunde in ihrer Garderobe unbekannte Verehrer und Verehrerinnen empfangen lassen? Hatten diese Menschen nicht mir Blumen und Bonbons gebracht? Die Blumen und Bonbons durfte ich behalten; den Schmuck und die wertvollen Nippes mußte ich abliefern. Gewiß, meine Gage half mir über das Ärgste hinweg, aber was war das schon im Vergleich zu Lia Morris, die für jeden Film, in dem sie auftrat, eine Summe erhielt, von der wir Jahrzehnte hätten leben können?
Doch all dies hätte ich noch ertragen. Was über meine Kraft ging, war die Tatsache, daß ich aufhörte, ein eigenes Leben zu haben, ich selbst zu sein. Ich war nur der Abklatsch des Stars. Und nicht bloß im Atelier, auch zu Hause. Mein Mann, der sehr

stolz auf mich war, begann mich, zuerst im Scherz und dann im Ernst, Lia zu nennen. Und die Bekannten folgten bald seinem Beispiel.
Lia Morris war eine gutmütige, etwas vulgäre Frau. Sie betrachtete mich als eine Art Schatten, vor dem man keine Geheimnisse zu haben brauchte. Sie erzählte mir ihre Liebesgeschichten, und mir war zumute, als seien es die meinen. Sie schenkte mir Kleider, und auf der Straße sprachen Fremde mich an und nannten mich Miß Morris. Bisweilen vergaß ich meinen wirklichen Namen. Einmal mußte ich bei einer Behörde etwas unterschreiben, und als ich die Unterschrift sah, merkte ich, daß ich nicht Jane Biggers, sondern Lia Morris geschrieben hatte. Damals erschrak ich darüber; später fand ich es ganz selbstverständlich. Jane Biggers hatte zu leben aufgehört, an ihre Stelle war Lia Morris getreten, eine Lia Morris, die durch einen geheimnisvollen Zufall jeden Abend in ein ihr fremd gewordenes Heim, zu einem fremden Mann und einem fremden Kind zurückkehrte. Es war nur natürlich, daß ich Lia Morris' Gebärden und Bewegungen annahm, aber nun, da ich sie gut kannte, dachte ich auch ihre Gedanken und empfand ihre Gefühle. Ihre Liebesgeschichten regten mich auf; als ein Freund sie plötzlich verließ, fühlte ich ehrliche Verzweiflung. Wenn sie verreiste, war mir zumute, als habe ich mich selbst verloren. Selbst ... Ich hatte ja kein Selbst mehr, ich war ein Schatten, der nur leben konnte, wenn die andere Frau da war. Und einmal, nach einer anstrengenden Probe, fuhr ich nicht, wie sonst, nach Hause. Ich hatte mein Heim völlig vergessen, meinen Mann, mein Kind. Ich nahm ein Taxi und fuhr nach Lia Morris' Villa. Nein, nach meiner Villa. Der Diener, der mich kannte, ließ mich ein. Ich betrat den leeren Salon. Aber ich war müde, verrauft, ich empfand den Wunsch, mich umzukleiden. Sobald der Diener mich allein ließ, ging ich ins Schlafzimmer. Und dort fand ich vor dem Spiegel eine fremde, halb angezogene Frau. Wie kam sie her? Wie wagte sie, sich in meinem Schlafzimmer umzuziehen?
Die Frau empfing mich ärgerlich.
›Was wollen Sie, Jane?‹ fragte sie.
Jane? Wo hatte ich diesen Namen gehört? Und wie kam die

fremde Frau, die sich in mein Haus eingeschlichen hatte, dazu, mich so zu nennen?
Ich weiß nicht mehr, was ich antwortete, weiß nur, daß wir nach wenigen Minuten heftig stritten. Daß schließlich die Frau drohte, mich durch die Dienerschaft hinauswerfen zu lassen. Sie streckte die Hand aus, um auf die Klingel zu drücken.
Mir wurde rot vor den Augen. Ich trug, weil unsere Gegend abends sehr unsicher war, immer einen kleinen Revolver bei mir. Ich erinnere mich nicht, daß ich ihn aus meiner Handtasche nahm. Ich weiß nur, daß ein Schuß knallte, und daß die fremde Frau, der Eindringling, zu Boden stürzte.
Dann klingelte ich und befahl dem tödlich erschrockenen Stubenmädchen:
›Lassen Sie die Leiche fortschaffen. Diese Frau ist bei mir eingedrungen. Wahrscheinlich wollte sie meinen Schmuck stehlen.‹
Alles andere wissen Sie, meine Herren Geschworenen, besser als ich. Sie werden vielleicht auch wissen, wer eigentlich tot ist: Jane Biggers oder Lia Morris. Sie werden vielleicht auch wissen, wer wen getötet hat. Ich weiß es nicht. Ich weiß nur, daß ich noch immer ein Schatten bin, der von nun ab ewig ein Schatten bleiben und sich nie mehr selbst finden wird. Sie, meine Herren Geschworenen, und alle, die mich jetzt von der Galerie mit ihren Augen durchbohren, sind wirklich. Ich beneide Sie darum. Sie wissen, wer Sie sind und wie Sie heißen. Sie sind nicht, wenn Sie heimkommen, von fremden Menschen umgeben. Sie sind nicht in zwei Teile zerrissen. Ich bereue meine Tat nicht, weil ich nicht weiß, was ich getan habe. Doch kann ich dieses Schattendasein nicht länger ertragen. Deshalb ...«
Die junge Frau verstummte. Sie hob die weiße Hand zu den blassen Lippen. Einen Augenblick später brach sie zusammen.
»Zyankali«, stellte der Gerichtsarzt trocken fest.
Auf der Galerie fiel eine Frau in Ohnmacht. Ein Mann schrie auf. Ein Reporter fluchte.
»Was ist denn los?« fragte sein Kollege.
Der Reporter strich hastig eine Zeile in seinem Notizbuch aus.
»Ich hatte mich geirrt«, sagte er ärgerlich. »Hatte geschrieben: Lia Morris vergiftet sich im Gerichtssaal. Wenn ich es nicht

rechtzeitig bemerkt hätte, es hätte mich meine Stellung kosten können.«
Er spielte nervös mit seiner Füllfeder.
»Wie heißt sie eigentlich?« fragte er etwas verwirrt.
Der Kollege starrte ihn an.
»Bei Gott, jetzt ist mir der Name entfallen«, erwiderte er und blickte mit erschrockenen Augen nach dem Ausgang, durch den eben zwei Männer die reglose, schlanke Gestalt trugen, deren langes, platinblond gefärbtes, durch viele Filme berühmt gewordenes Haar sich gelöst hatte und fast bis zum Boden niederhing.

HERMYNIA ZUR MÜHLEN

Die Mangel

Es ist bereits spät, allmählich verlöschen die Lichter in dem kleinen Hotel dritten Ranges, die Lärmenden auf dem Korridor verstummen, die Gäste schlafen.
Draußen vor meiner Tür hebt ein widerliches, schrilles Ächzen an: regelmäßige, klägliche Töne. Das ist die Mangel; fast täglich ist sie die letzte Stimme, die durch das Haus klingt.
Unzählige Male habe ich sie bereits gehört und mich über den sinnlosen Lärm geärgert, heute jedoch deucht mich, die Töne klängen anders, wären stammelnde Laute, die sich allmählich zu Worten, zu einem wehmütigen Lied verdichten. Und die Mangel singt: »Es ist spät, sehr spät, gleich wird die Kirchturmuhr Mitternacht schlagen. Aber du, Mädchen, das du an mir stehst und die Kurbel drehst, darfst noch nicht schlafen gehen, noch liegt ein Berg Wäsche vor dir, der gerollt werden muß. Weißt du aber auch, daß nicht nur die Wäsche unter der pressenden, würgenden Walze erdrückt wird? Auch deine Jugend wird es, du Mädchen mit dem blassen Gesicht und den ewig unausgeschlafenen Augen. Überharte Arbeit preßt dir die Kräfte aus, schwächt deinen Leib, lähmt dein Gehirn. Wann bist du heute morgen aufgestanden? Um sechs, und dann bist du eilig in die Küche gelaufen, hast dort geholfen, hast dann die Frühstückstabletts durchs Haus getragen, treppauf, treppab. Dann mußtest du die Zimmer machen, bis zum Mittag, der neue Arbeit brachte.

Wo ist der Nachmittag hingekommen? Du weißt es selbst nicht; hier ist eine Arbeit, dort ist eine Arbeit, immer wieder hat dich jemand gerufen, so ging's bis zum Abendbrot. Wieviel Geschirr gibt es noch zum Aufwaschen; kaum wird man damit fertig. Und wenn endlich alles erledigt ist, wartet noch die Wäsche auf dich.
So geht es Tag um Tag. Wo ist deine Jugend? Du bist zwanzig und schaust, nach fünf Jahren dieses Lebens, wie dreißig aus. Und was bekommst du dafür?
Zwanzig Mark im Monat und die Trinkgelder, die in einem Hotel dritten Ranges nicht hoch ausfallen.
Zwischen zwei Seufzern der Müdigkeit – einem des Morgens, wenn du aufstehst, einem des Abends, wenn du dich ins Bett schleppst – vergeht dein Leben. Du bist jung und weißt es kaum. Hast du denn Zeit, froh zu sein? Hast ja nicht einmal Zeit, über dein elendes Leben zu trauern. Und wenn du es wagen solltest, von dem Gesetz zu sprechen, das dir etliche freie Stunden gewährt, so würde der Wirt dir bloß sagen, du könntest gehen, er fände unzählige andere, die bereitwillig an deine Stelle treten. Denn der Wirt ist ein großer Herr, gehört er doch zum Stand der Revolutionsgewinnler, der jetzigen Herrn des Landes – der Kleinbürger.
So wie du stand wohl auch deine Mutter schon an der Mangel – vielleicht auch deren Mutter –, verlor Jugend, Kraft, Leben und Glücksmöglichkeit in harter, schlechtbezahlter Fron. Wurde alt vor der Zeit, ausgebeutet.
Sollen auch die, die nach dir kommen, das gleiche Los erdulden? Es muß nicht sein: siehst du, Mädchen, jetzt drehe ich mich nicht mehr, du hast zu viel Wäschestücke untergelegt, die Rolle vermag mit ihnen nicht fertig zu werden. Du bist nicht die einzige, es gibt eurer Unzählige in allen Städten und Dörfern. Hieltet ihr zusammen, wäret ihr eins, die Walze, die euch unterdrückt, müßte stehen bleiben.«
Die Mangel verstummt, stöhnt bloß noch etliche Male klagend: »Es ist spät, es ist spät!«

*Bahnhof ist etwas Merkwürdiges in meinem Leben,
schon als Kind, wenn wir vom Bahnhof lernten,
dachte ich daran wie an ein großes Rätsel. Ein
Riesengebäude, von dem aus man wegfahren kann.
Und was ist, wenn man wegfuhr? Da lernte man
andre, ganz neue Dinge kennen. Aber was ist am
Schluß aller dieser neuen Dinge? Ach, nichts.*

Else Feldmann
1884–1942

ELSE FELDMANN

»Wieder Bahnhof. Bahnhof ist etwas Merkwürdiges in meinem Leben, schon als Kind, wenn wir vom Bahnhof lernten, dachte ich daran wie an ein großes Rätsel. Ein Riesengebäude, von dem aus man wegfahren kann. Und was ist, wenn man wegfuhr? Da lernte man andre, ganz neue Dinge kennen. Aber was ist am Schluß aller dieser neuen Dinge? Ach, nichts.«
Mit diesen perspektivlosen Zeilen bricht die neunundsiebzigste Folge des in der Wiener *Arbeiter-Zeitung* in Fortsetzungen erschienenen Romans *Martha und Antonia* in der Ausgabe vom 11. Februar 1934 ab. Der 12. Februar 1934 – der Beginn des Bürgerkriegs in Österreich – bedeutet das vorläufige Ende der Zeitung. Die letzten Kapitel des Romans sind bis heute verschollen, und so beenden diese lakonischen Sätze der Ich-Erzählerin Martha das Romanfragment und vermitteln gleichzeitig etwas von der Perspektivlosigkeit des Lebensfragments von Else Feldmann. Mit dem Verbot der Zeitung verliert sie ihre Publikationsmöglichkeit und somit ihre existentielle Grundlage.
Die Phantasie der Leser und Leserinnen muß sich den weiteren Lebensweg Marthas ausmalen, die nach ihrer einzigen Reise, einem gemeinsamen Kuraufenthalt mit ihrer Schwester Antonia in Meran, in ihre bedrückende Alltagsrealität als Prostituierte zurückkehrt. Am Ende wartet sie auf dem Bahnhof auf die glücklichere Schwester, die in Meran einen Mann gefunden hat und ihr lediges Kind aus dem Wiener Kinderheim abholen möchte. Doch ein wirklich glückliches Ende ist nicht in Sicht in diesem Panorama von hoffungslosen Lebensversuchen, die Else Feldmann erbarmungslos schildert.
Der Roman, der erst im Jahr 1997 in Buchform erscheint, spielt wie die anderen Texte von Else Feldmann im untersten Wiener Vorstadtmilieu. In der *Arbeiter-Zeitung* wird der Abdruck des

Romans am 18. November 1933 für den nächsten Tag angekündigt: »Wir glauben, unseren Lesern mit diesem Wiener Roman aus dem Proletariat eine sozialistisch ernstzunehmende und lebensechte Lektüre zu bieten.« Psychologisch ungemein intensiv entwickelt Feldmann die Beziehung zweier ungleicher Schwestern, die beide exemplarisch weibliche Lebensmuster der Unterschicht zwischen Mutterschaft und Prostitution, Hunger, Geldnot und Krankheit verkörpern. Während Antonia möglicherweise ihr Familienglück leben kann, bleibt dies Martha versagt. Auch sie verliebt sich zwar, kann aber ihr Vorleben als Prostituierte schließlich nicht verbergen. Das Zusammenbrechen aller Hoffnungen Marthas spiegelt die gesellschaftliche Unmöglichkeit, den einmal eingeschlagenen Weg wieder zu verlassen.

Else Feldmann kannte die ärmlichen Verhältnisse, über die sie schrieb, aus eigener Erfahrung. Sie wurde am 25. Februar 1884 als Tochter von Ignatz und Fanny Feldmann in Wien geboren, der Vater stammte aus Ungarn, die Mutter aus dem burgenländischen Deutschkreuz, beide waren jüdischer Herkunft. Ob Else zweisprachig erzogen wurde, wissen wir nicht – es scheint aber durchaus denkbar. Else wuchs in einer Familie mit sechs Geschwistern auf, wahrscheinlich aus finanziellen Gründen wechselten die Wohnadressen mehrmals im 2. und 20. Wiener Bezirk, wie auch die Berufe, die der Vater ausübte: Handelsmann, Kassier, Kaufmann, Agent. Else berichtete später in einigen Texten und vor allem in ihrem autobiographisch gefärbten ersten Roman *Löwenzahn. Eine Kindheit* (1921) von tristen Kindheits- und Jugendjahren. Nur kurze Zeit hatte die »Armenschülerin« als Sechzehnjährige eine Seminarschule besucht, um sich als Lehrerin ausbilden zu lassen. Sie mußte die Ausbildung abbrechen und begann in einer Fabrik, die Eisenfedern für Korsette erzeugte, zu arbeiten: »Das war in der Zeit, da der Vater seine Stelle verlor und wir ganz verarmten und in einer elenden, dunklen Behausung leben mußten.«

Seit dem Juni 1998 befindet sich am Haus Staudingerstraße 9 im 20. Bezirk, Brigittenau, in dem die Familie Feldmann hinter der Tür 10 gewohnt hatte, immerhin eine Tafel, die auf diese wichtige literarische Stimme der Zwischenkriegszeit hinweist. Und 1994 wurde im 21. Bezirk eine Gasse nach ihr benannt, aber bis heute wurde kein Foto entdeckt, das an diese Frau erinnert.

Else Feldmann, die *Löwenzahn* ihren Eltern widmete, lernte früh, wo ihr Platz war, in den dunklen Bassena-Wohnungen, auf Hausfluren, in den Hinterhöfen, auf der Straße, wo zwischen den Pflastersteinen immerhin die Großstadtblume sproß. Die Ich-Erzählerin Marianne pflückt diese Blumen, um sie dem Dienstmädchen zu schenken: »Pfui, das sind keine Blumen, das ist Unkraut. So ein Unkraut wie ihr – ihr seid ja unter die Gassenkinder gegangen.
Aber es sind ja Blumen, sagte ich.
Das pflückt man nicht. Es ist Löwenzahn, wirf es weg.
Und sie nahm den lieben, lieben Löwenzahn und warf ihn aus dem Fenster in den Lichthof zu Drotschke.«
Während der Vater im Roman die Familie mit diversen Handelsgeschäften zu ernähren versucht, aber wochen- und monatelang ohne Einkommen ist, muß die Mutter mit Näharbeiten den Lebensunterhalt bestreiten. Solange die Eltern beschäftigt sind, werden die Kinder dem in der sozialen Hierarchie zuunterst stehenden Dienstmädchen anvertraut oder treiben sich mit andern Gassenkindern herum. Johanna – deren Name und Schicksal mit der älteren Schwester Else Feldmanns ident ist – leidet an einer Lungenkrankheit, und trotz eines Genesungsaufenthaltes im Süden und einer anschließenden Operation kann sie nicht gerettet werden. Ihr setzt Else Feldmann in diesem Großstadtroman ein berührendes literarisches Denkmal.
Felix Salten lobt das Buch in der *Neuen Freien Presse* (15.1.1922) geradezu hymnisch: »Und das ist nun so außerordentlich an diesem Buche, daß Else Feldmann diese ganze enge und in all ihrer Enge so lebensvolle, figurenreiche Welt durchwegs aus der Kinderperspektive ansieht, durchwegs aus der Kinderseele darstellt. (...) Außerordentlich ist die Fülle von Gestalten, die da vorübergleitet, frappant die Lebendigkeit, mit der sie unvergeßlich dastehen.«
Im Klappentext zur Neuauflage des Buches 1993, das zur Wiederentdeckung Else Feldmanns beigetragen hat, schreibt Siglinde Bolbecher über die Erzählperspektive der Autorin in diesem Buch und charakterisiert damit sehr treffend das Gesamtwerk: »Es ist eine Welt der Frauen und Mädchen, in die man tritt: Löwenzahn-Frauen, Mütter, Familienerhalterinnen, Nachtarbeiterinnen,

Lehrerinnen, Hausbesorgerinnen, alleinstehende Witwen, Hausmädchen, Prostituierte und die Generation der Töchter. Die Männer stehen schläfrig-niedergedrückt im Leben, oder, mit gefärbtem Haar, zu irgend etwas fähig. Manchmal sind sie schön, doch unbekannt oder fremd geworden, wie der eigene Bruder.«

Am Ende des weiblichen Entwicklungsromans von Else Feldmann, erzählt mit der ihr eigenen lakonischen Stimme ohne Pathos, reicht die Protagonistin Marianne ihrer Freundin ein von ihr geschriebenes Gedicht – die eigene literarische Stimme erscheint als Zukunftsperspektive. Eine Emanzipation aus dem proletarischen Milieu ist möglich, und es gilt, daran zu arbeiten, daß ein Frühling auf einer grünen Wiese in einem Park – wie der Augarten für Else Feldmann – »einmal allen Menschen gehören, daß alle Kinder auf grünen Wiesen spielen, alle müden Menschen im Sommer nach der Arbeit im Schatten der Bäume ruhen werden!«

In einem Artikel über Käthe Kollwitz und ihr künstlerisches Credo spiegelt sich auch Else Feldmanns eigene Kunstauffassung: »Käthe Kollwitz hat keinen Lichtstrahl in ihrer Kunst; sie ist erbarmungslos in der Wiedergabe der Dinge, die sie gesehen hat. Nur Große dürfen sich das erlauben. Die Kleineren mögen immer das versöhnende Moment in Elendsbilder legen – dem, der die WAHRHEIT sucht, ist das verboten!«

Else Feldmanns erste Publikation ist 1912 nachweisbar, es ist der Artikel *Sederabend im Allgemeinen Krankenhaus*. Diese Information über das Werk von Else Feldmann verdanken wir ebenso wie die genau recherchierten Daten der freilich spärlichen Lebensspuren den Nachforschungen von Herbert Exenberger, Bibliothekar des Dokumentationsarchivs des österreichischen Widerstands. Er hat auch das Typoskript jenes Stücks ausfindig gemacht, mit dem Else Feldmann 1916 an der Wiener Volksbühne debütierte: *Der Schrei, den niemand hört. Ein Bericht aus dem Ghetto.*

Arthur Schnitzler, dem sie schon 1914 ihr Stück zur Beurteilung übersandte, weil sie ihn sehr schätzte, notierte anläßlich der Uraufführung in seinem Tagebuch: »Frl. Feldmann, ›Der Schrei, den niemand hört‹, ein Ghettostück, ein paar gut gesehene Figuren.« Über ein Jahrzehnt später erschien ihr – hier abgedruckter – Entwurf für ein Tanztheater: *Ballett der Straße. Ein Ent-*

wurf für Jazzmusik. Schon damals ohne Chance auf eine Bühnenrealisierung, verweist der Text dennoch darauf, daß Else Feldmann sich für neue und avantgardistische Kunstformen interessierte.
Aus dem Brief an den verehrten Kollegen Arthur Schnitzler spricht eine bereits sehr selbstbewußte Schriftstellerin, die von ihrer eigenen Arbeit überzeugt ist: »Ich schreibe durchaus nicht in einer seelischen Ratlosigkeit und Verzagtheit an Sie. Vielmehr bin ich mir vollkommen sicher (soweit es in menschlicher Möglichkeit liegt), des Weges, den ich zu gehen habe.« Und mit großer Konsequenz ging Else Feldmann ihren literarischen Weg, zunächst durchaus erfolgreich, doch dann jäh gestoppt durch die politischen Veränderungen. Wie viele andere Schriftsteller versuchte sie finanziell durch Arbeiten für verschiedene Zeitungen ihr Überleben zu sichern. Die Klagen über die geringe Bezahlung und die Säumigkeit der Zeitungen zählen zu den Konstanten in den Biographien von Schriftstellern, und das nicht nur in der Zwischenkriegszeit.
Von 1916 bis 1918, also noch während des Ersten Weltkriegs, schrieb Else Feldmann Feuilletons und Rezensionen für die linksorientierte Zeitschrift *Abend*, wo sie in der Serie *Bilder vom Jugendgericht* von Verhandlungen über straffällig gewordene Kinder und Jugendliche berichtete, die aus Gründen der Not in den Kriegsjahren zu Dieben wurden. Sie benannte die Ursachen und verlangte statt Gefängnisstrafen Erziehungsheime nach schwedischem Vorbild. Als nach Kriegsende in Judenau bei Tulln dank einer Privatinitiative ein solches Jugendheim entstand, in dem die Jugendlichen resozialisiert werden sollten, verbrachte sie einige Wochen dort, um anschließend begeistert in der *Neuen Freien Presse* für dieses gelungene Projekt zu werben.
Erst 1919 wurde Else Feldmann österreichische Staatsbürgerin, vorher war sie nach ihrem Vater Ungarin. 1921 erschienen ihr erster Roman *Löwenzahn* im leider nur kurzlebigen Rikola-Verlag und das gemeinsam mit der befreundeten Anna Nussbaum herausgegebene Werk *Das Reisebuch des Wiener Kindes*, eine Sammlung von Briefen, Aufsätzen und Zeichnungen von Wiener Schulkindern, die nach den Kriegsjahren im Rahmen von ausländischen humanitären Aktionen in den Ferien nach Dänemark, Holland und in die Schweiz zur Erholung fahren durften.

Ihr erster Roman erschien 1930 nochmals in einer zweiten Auflage, allerdings unter dem Titel *Melodie in Moll*.

Else Feldmann publizierte in den zwanziger und frühen dreißiger Jahren vor allem in der Wiener *Arbeiter-Zeitung*, deren regelmäßige Mitarbeiterin sie war, aber auch in anderen Blättern im Umfeld der Sozialistischen Partei. Ihre Sozialreportagen zählen zu den beeindruckendsten Beispielen eines anteilnehmenden und parteilichen Journalismus. Sie berichtete über das Wiener Kinderelend, Wärmestuben und Volksküchen und vom Sterben im Spital. Ihre ebenfalls in verschiedenen Zeitschriften abgedruckten Erzählungen erschienen 1928 unter dem Titel *Liebe ohne Hoffnung*. Im »Roten Wien« war Else Feldmann eine bekannte Journalistin und Schriftstellerin. In einem *Gedenkblatt* für einen früh verstorbenen Dichter, in den sie verliebt war, schrieb sie nicht ohne Selbstironie: »Ich muß gestehen, daß mein Gefühlsleben damals die Anfänge jener schwärmerischen Eigentümlichkeiten zeigte, die mir bis heute geblieben ist, und die von robusten Naturen als Anomalie bezeichnet wird: diese heftige Hingezogenheit für Unglückliche und Leidende.«

Zwischen dem 23. März und dem 5. Mai 1924 erschien ihr zweiter Roman *Der Leib der Mutter* in Fortsetzungen in der *Arbeiter-Zeitung*, 24 Folgen enthielten Illustrationen vom Wiener Maler und Graphiker Carry Hauser. Die Buchpublikation folgte zunächst in ungarischer Sprache in einem Budapester Verlag und erst 1931 im deutschsprachigen Prager Verlag. Am 31. Dezember 1938 wurde der Roman auf die Liste des »schädlichen und unerwünschten Schrifttums« gesetzt.

Protagonist des Romans ist Absalon Laich, ein jüdischer Journalist aus dem Osten der Monarchie, der in die Großstadt Wien kommt, um seinen Traum vom engagierten und freien Schreiben zu erfüllen, und es läßt sich vermuten, daß diese Figur auch ein wenig als Alter Ego der Autorin zu interpretieren ist. Der im wahrsten Sinne hilflose Helfer und Idealist Absalon Laich, der sich mit den Opfern und Unterprivilegierten identifiziert, gerät selber immer tiefer in das beschriebene Milieu und wird schließlich von einem Zuhälter erschlagen. Für seine Hilfe erntet er bei den Hilflosen Spott und Gelächter; sein Mitleid ermöglicht es ihm schließlich nicht mehr, seinem Beruf nachzugehen.

Der Leib der Mutter ist ein Großstadtroman, der nicht am Zentrum, sondern an den Rändern interessiert ist. Else Feldmann zeichnet darin eine Topographie des Elends der Vorstädte, wo in einzelnen Mietshäusern mehr Menschen hausen als in manchem kleinen Dorf. Verschiedene zeithistorische Bezüge und der expressionistische Stil verweisen darauf, daß der Roman wahrscheinlich schon vor *Löwenzahn* entstanden ist.

Auch in *Der Leib der Mutter* beschreibt Else Feldmann vor allem weibliche Lebensmuster. Der Titel des Romans bezieht sich auf das tragische und zugleich exemplarische Schicksal von Marie Miczek, die nach mehrfachen Schwangerschaften und Geburten schließlich nach einer selber vorgenommenen Abtreibung an Sepsis erkrankt im Spital liegt und als Forschungsobjekt für die Medizinstudenten dient: »Was Sie hier sehen, meine Herren«, sagte der Professor, »ist nichts Geringeres als der Leib der Mutter. Hier, in diesem Teil, den Sie auf der Zeichnung sehen, vollzieht sich das Geschehen der Menschwerdung. Wir haben hier wieder Gelegenheit, an der vierunddreißigjährigen Fabrikarbeiterin die fortschreitende Sepsis zu beobachten. Wir werden diesmal die Sepsis bis zum letalen Ausgang durchnehmen.« Else Feldmanns Darstellung »ihrer« Wahrheit der Mutterschaft deckte sich nicht mit den von konservativen Ideologien propagierten Bildern der heilen Familie.

Bei einem Preisausschreiben der *Arbeiter-Zeitung* in der Weihnachtsausgabe 1932 gewann Else Feldmann den 3. Preis mit ihrer Erzählung *Letzte Küsse*, die im März 1933 veröffentlicht wurde. Den zweiten Preis erhielt die unter dem Pseudonym Veza Magd publizierende Veza Canetti – doch es gibt keine Hinweise darauf, daß sich die Kolleginnen persönlich kannten.

Bereits 1922 war Else Feldmann Mitbegründerin einer Gruppe Wien der von Henri Barbusse ins Leben gerufenen internationalen Vereinigung »Clarté« gegen den Krieg, zu der auch Alfred Adler, Josef Luitpold Stern, Otto Neurath und Anna Nussbaum zählten. Im Jahr 1933 war sie Gründungsmitglied der »Vereinigung sozialistischer Schriftsteller«, die sich am 22. Jänner konstituierte. Gemeinsam mit Marie Jahoda und Adolf Unger wurde sie in die Kontrolle gewählt. Im Februar 1934 wurde diese Organisation ebenso verboten wie die *Arbeiter-Zeitung* und andere Publikationsorgane.

In den folgenden Jahren schränkten sich die Veröffentlichungsmöglichkeiten immer stärker ein, die finanzielle Situation der unverheirateten Else Feldmann wurde immer bedrohlicher. Über ihr Privatleben – sieht man von ihren Jugenderinnerungen ab – schrieb sie nichts. Seit ihrem dreißigsten Lebensjahr sind vierzehn Wohnadressen bekannt, ehe sie 1928 eine Gemeindewohnung in Wien 18, Währingerstraße 169, beziehen konnte, die sie zehn Jahre später wieder verliert. Im Kündigungsantrag an die Magistratsabteilung heißt es: »Partei ist schon seit ungefähr 1 Jahr eine säumige Zinszahlerin, war bereits zweimal gekündigt und hat nur unter dem Zwang der Kündigung das Zinsgeld aufgebracht. Trotz Mahnung und Ratenvereinbarung ist Bezahlung des Mietzinses nicht zu erreichen. Mieterin ist Volljüdin.«

Sie suchte aus Gründen der Mittellosigkeit um einen Wohnungstausch beim städtischen Wohnungsamt an, im Juni wurde sie zwangsweise delogiert und wohnte in den folgenden Jahren in diversen Unterkünften. Ein von Herbert Exenberger aufgefundenes Dokument vermittelt eindrucksvoll ihre Lage: »Else Feldmann (Jüdin) hat laut gesehenem Pfründebuch des Fürsorge-Amtes Innere Stadt eine mtl. Pfründe von RM 12,– und ein Fürsorgebuch Buchstabe A. Sie erhält von der Israelitischen Kultusgemeinde fallweise kleine Unterstützungen, da sie wegen Krankheit arbeitsunfähig ist. Sie bewohnt mit ihrer (...) Mutter, die eine Pfründe von RM 32,– mtl. von der Gemeinde Wien erhält, 1 Zimmer und 1 Kabinett in Untermiete, wofür sie RM 30,– mtl. Zins bezahlt. Die beiden Wohnräume sind mangelhaft eingerichtet, weshalb nach h.ä. Ansicht eine Exekution derzeit aussichtslos ist.«

Fanny Feldmann starb 1940 im Altersheim der Israelitischen Kultusgemeinde, der Vater war bereits 1935 gestorben, ein Jahr später wurde ein Bruder von Else Feldmann nach Riga verschickt, eine Schwester war offenbar in Steinhof interniert und wurde in Hartheim ermordet.

Am 14. Juni 1942 wurde Else Feldmann abgeholt und in einem Lastwagen zum Aspangbahnhof gebracht. Der Transport Nr. 27 mit 996 Deportierten fuhr um 19.08 Uhr ab und traf am 17. Juni um 8.15 Uhr im Vernichtungslager Sobibór ein, wo sie am gleichen Tag ermordet wurde.

ELSE FELDMANN

Ballett der Straße. Ein Entwurf für Jazzmusik

Schauplatz: die Opernkreuzung. An einem frostigen Herbstabend zwischen neun und zehn Uhr.
Man sieht eine Kaffeehausecke mit Oberstock, rot und grün beleuchtet, mit Tanzpaaren. Daneben ein Kino mit reißerischen Plakaten, vor dem Eingang ein Ausrufer. In der Mitte der Straße ein Photographenkiosk – eine andere Ecke: ein Obststand mit Karbidbeleuchtung, etwas weiter entfernt eine alte Blumenverkäuferin, Krüppel und Hausierer sitzen und stehen herum. (Die Jazzmusik begleitet leise alles, sie scheint aus einem Lautsprecher zu kommen, der in dem Café aufgestellt ist, und versetzt die Menschen auf der Straße in eine Art Tanzraserei.)
Die vorübergehenden jungen Mädchen, seien sie noch so tugendhaft, sind nicht zu halten – trotz der kalten Nacht setzen sich einige Gäste auf die Terrasse, die Kellner kommen sofort und bedienen. Die Straße dringt ein, Krach. Es wird still – man hört nur Autohupen, Signale der Straßenbahn – eine junge Stimme ruft Zeitungen aus. Das Bild ändert sich mit einem Male. An einem Baum sind Zeitungen befestigt, der Baum ersetzt den Laden, eine niedrige Kiste dient als Sitzgelegenheit, dort hockt die Zeitungsverkäuferin. Sie ist ein sehr schönes, junges Mädchen, aber durch häßliche Kleider ganz vermummt, in großen Stiefeln, einem langen weiten, schäbigen Rock, einer dunklen, abscheulichen Jacke, als Kopftuch ein alter Sack. Sie verkauft an Vorübergehende Zeitungen. Augenblicklich ist nicht viel zu tun. Da kommen ihre beiden Liebhaber. Einer weiß vom anderen nichts, sie versteht es, die

beiden voneinander fernzuhalten. Die zwei Strolche leben
von dem, was das Mädchen mit Zeitungsverkauf verdient. Mit
beiden hat sie einen fortwährenden Kampf. Sie braucht den
Nervenreiz des Kampfes wie ein Morphinist das Morphium.
Die zwei Burschen haben die moderne Strolchtracht: Knicker-
bocker, karierte Strümpfe, braune Halbschuhe – braune Woll-
sweater, Kappen – sie sehen wie Zwillinge aus. Sie sind immer
da, doch nie zu gleicher Zeit in der Nähe des Mädchens, so daß
einer mit dem anderen nicht in Berührung kommt. Während
das Mädchen an Passanten Zeitungen verkauft, hat sie Mühe,
die Liebhaber abzuwehren, die sie werbend und drohend um-
tanzen; sie tut, als ob es sich um Augenblicksbekanntschaften
handle, schließlich nimmt jeder von den Strolchen ihr einen
Teil der Losung ab, um dafür bummeln zu gehen. Das Mädchen
bleibt ohne einen Groschen allein zurück. Sie lehnt den Kopf
an den Rollbalken eines Geschäftsladens, schließt erschöpft
die Augen. Die alte Blumenverkäuferin, die in der Nähe hockt
und soeben das letzte Sträußchen einem Straßenmädchen
geschenkt hat, bringt ihr eine Schale heißen Tee, gießt aus
einer Flasche, die sie bei sich trägt, Rum hinein, das Mädchen
trinkt, sinkt in Schlaf zusammen, während sie einschlummert,
stehlen ihr Vorübergehende die Zeitungen, die ihr übriggeblie-
ben sind. Im Schlaf löst sich, durch unruhige Bewegungen,
der Sack von ihrem Kopf, die schönen blonden Locken werden
sichtbar, auch ihr Gesicht ist mehr und mehr zu sehen, ein
Stiefel löst sich von ihrem Fuß, dann der andere, sie streckt
ihre schönen, schlanken Beine aus. Nun merken die Passanten,
daß die vermummte häßliche Alte ein schönes junges
Mädchen ist.
Ein Herr kommt mit großer Gesellschaft vorbei – er ist Chef
eines großen Modellhauses –, als er das Mädchen sieht, engagiert er es sofort als Reklamemodell gegen gute Bezahlung.
Schon will sie annehmen, da tauchen in einiger Entfernung
die Schatten ihrer beiden Liebhaber auf, und so wagt sie es
nicht. Der Chef des Modellhauses weiß sich indes zu helfen,
er fingiert, daß an ihm ein Taschendiebstahl begangen
worden ist, und verdächtigt die zwei Burschen. Es gibt einen
Skandal, Schutzleute kommen – als sie den Chef des Modell-

hauses erkennen, verbeugen sie sich bis zur Erde, die Strolche werden als Diebe arretiert.
Inzwischen hat ein fixer Reklamechef, der sich stets in Gesellschaft des Modellhausbesitzers befindet, alles besorgt. Das Mädchen, das jetzt von ihren Liebhabern befreit ist, nimmt den Antrag an. Rasch geschieht folgendes: eine Lichtschrift erscheint:
IN ZEHN MINUTEN WIRD DAS SCHÖNSTE MÄDCHEN DER STADT ÜBER DIE RINGSTRASSE GEHEN.
Gleich darauf wird ein Ankleidezelt auf der Straße errichtet. Drei Wände, ein Ankleidespiegel, ein paar Lehnstühle, auf denen prächtige Kleider ausgebreitet werden.
Abermals erscheint die Lichtschrift:
UND WIRD DIE KLEIDER DES MODELLHAUSES
M. DANIELS UND BRUDER TRAGEN.
Leute stauen sich, Männer machen Zukunftspläne, sagen sich binnen fünf Minuten von ihren Gattinnen und Geliebten los, es entsteht Skandal, eine Keilerei, Schutzleute kommen von allen Seiten zu Fuß und zu Pferde, die Oper ist aus, Kavaliere in Frackmänteln machen sich von ihren Damen frei, alles wartet, schaut.
Zu gleicher Zeit tritt das Mädchen in das Zelt ein; wirft das abscheuliche Gewand ab, legt ein herrliches Brokatkleid an. Geht zuerst langsam und feierlich, wird immer mehr vom Abenteuer mitgerissen, verfällt in einen rasenden Tanz – Männer jeden Alters, jeden Standes, wie sie zufällig die Straße vorbeiziehen läßt, stürzen wie toll zu Füßen des Mädchens; da ergreift es auch die anderen Frauen, es macht sie toll, daß alle Männer nur für das eine Mädchen da sein sollen, und sie veranstalten einen Werbetanz um die am Boden kauernden Männer, wobei alle Temperamente vertreten sind, vom lautesten bis zum rasendsten. Aber alles nützt nichts, die Männer sind behext von dem Mädchen. Da stürzen sich die rasenden Frauen auf das Mädchen, reißen ihr die Kleider vom Leib, tragen in äußerster Wildheit die Fetzen davon; wie nun das Mädchen fast nackt dasteht, erscheint ein schöner Malerjüngling, großer Hut, Radmantel – deckt den Mantel über sie. –
Mitten im Pfeifen und Schreien erscheinen wieder Schutzleute,

die die Ansammlung vertreiben. Reitende Schutzleute (Pferde aus Papiermaché) traben in die Menge. Geschrei. – Da erscheint ein kommandierender Oberinspektor, drängt alle Leute fort, wer nicht geht, soll erschossen werden. – Die Leute sind endlich vertrieben. Der Kommandierende befiehlt, die Straßenbeleuchtung zu verlöschen. In der Dunkelheit bemerkt der Oberinspektor, von seiner Blendlaterne beleuchtet, den Maler, der das Mädchen umfangen hält. Da will er auf den Maler anlegen, da erkennt er mit einem Fluch, daß er keine Waffen, sondern nur ein Pfeiferl bei sich hat; er pfeift, aber niemand kommt, der Platz ist ganz leer. Plötzlich kommen die beiden Liebhaber in Sträflingskleidern, die aus dem Polizeiarrest ausgebrochen sind und den Pfiff gehört haben, in großen Sprüngen daher, ergreifen den Inspektor und zwingen ihn, sich auszuziehen und mit den Kleidern eines der Strolche zu tauschen. Das geschieht; der Eifersüchtige legt die Polizistenkleider an und steht Wache vor dem Mädchen; der wirkliche Polizist zieht die Sträflingskleider an, wird vom zweiten Strolch fortgezogen, und an der Ecke werden beide vom Schutzmann festgenommen. Indessen will der als Polizist verkleidete Strolch den Maler verhaften, um wieder mit dem Mädchen beisammen zu sein. Der Maler umtanzt ihn mit geladenem Revolver. Da beginnt die Uniform automatisch zu funktionieren – der Strolch weiß nicht mehr, ist er Strolch oder Polizist, entreißt dem Maler den Revolver, legt auf ihn an – der Maler fällt, noch ehe ihn ein Schuß trifft, um.
Ein Pfaffe geht vorüber, beanstandet das entkleidete Mädchen – der Strolch als Polizist macht ihm Beine. Dieser ist nur mehr Amtsperson, die Uniform funktioniert von selber – er macht nun vollständig den Eindruck eines Automaten; wer vorübergeht, den verhaftet er, zuerst den Pfaffen, der rechts, das Mädchen, das links vom Strolch-Polizisten steht. Jeder Passant wird von der *Uniform* verhaftet, die gutgekleideten Herren und Damen schließen sich wie von selbst rechts dem Pfaffen an, die ärmlichen Gestalten dem Mädchen. Nachdem sie ein paarmal im Trott den Platz umtanzt haben, löst sich der Knäuel um den Pfaffen herum und sie kneifen aus mit Selbstverständlichkeit, die ärmlichen Gestalten mit dem Mädchen

bilden eine Kette, sie werden eskortiert, gehen wie besoffen, verschwinden in die Nacht.
Der Platz ist finster, leer, man hört nur ein paar Autohupen, ein paar Betrunkene grölen, ein furchtbarer Schrei, der in einem Stöhnen endet. Aus der Dunkelheit kommen Maler und Mädchen heraus, sie tanzen in Selbstvergessenheit unter den Sternen, bis sie auf ein Stück Rasen erschöpft niedersinken.
Schlußbild wie am Anfang:
Das schöne Mädchen, das an dem Rollbalken lehnt, ist eingeschlafen – die Teeschale in der Hand, hinter ihr steht die alte Blumenverkäuferin, wartet, daß sie ausgetrunken hat, um die leere Schale fortzunehmen. In der Lebhaftigkeit des Traumes hat sich der Sack von ihrem Kopf verschoben – man sieht ihr schönes, junges Gesicht von blonden Locken bedeckt.
Ein Pfiff – sie fährt erschreckt auf.
Es ist alles, wie es war.

ELSE FELDMANN

Die Frau auf dem Markte

Will man Großstadttragödien im Vorübergehen erlauschen, so braucht man nur einen Markt zu besuchen. Hier spielt sich ein eigenartiges Stück Leben der Frau ab. Ungeborene Dramen und Komödien suchen einen Autor.
Die Frauen, die zu Markte gehen, sind häusliche Frauen; sie gehören dem sogenannten Mittelstand an. Bourgeoisfrauen erhalten alles geliefert; die Proletarierin kauft beim Greißler ein.
Vor einem Orangenstand am Markt – ich schlendere dort gern umher und beobachte – steht – Einkaufstasche am Arm – eine Frau – groß, hager, zerknittertes Gesicht, rote Wangen – wie zornrot – funkelnde Augen – blickt suchend umher; man merkt ihr gierige Redelust an.
Die Marktverkäuferin spricht: »Das sind kalifornische, andere Orangen hab' ich nicht; die andern, die billiger sind, gibt es noch nicht.«
Die Frau geht unschlüssig ein paar Schritte weiter. Sie friert in ihrem dünnen Mantel, den Zwirnhandschuhen, ein grüner, ganz alter, breitkrempiger Filzhut sitzt auf der altmodischen Schopffrisur – mit einer Nadel befestigt – die ganze Person Modell: Vorkriegszeit.
Endlich weiten sich ihre Pupillen, ihre Blicke erstrahlen: So rasch es die Körperfülle erlaubt, kommt durch Marktgewühl, Buttenträger – mitten im Geschrei der Händler – eine behäbige, ältere Frau angesegelt. Ihr galten die freudigen Blicke der Hageren. Die beiden stellen sich ein wenig zur Seite – und die Hagere beginnt nach kurzem Austausch von Begrüßungsworten:

»Heut hab' ich schon etwas erlebt. Ja, das möchten Sie mir nicht ansehen, was ich heute schon hinter mir hab'. Also – mein Dienstmädel, eine hysterische Person – gestern früh – ich komme in die Küche – sie steht da – fertig angezogen – zum Fortgehen bereit. Ich frag' sie: Was haben Sie? Sie geht fort, sie geht fort. – Ja, was heißt das: Sie gehen fort? – Sie geht fort, sie geht fort, sie hält's nicht mehr aus. – Ah, das gibt's nicht – sage ich –, wie können Sie sich unterstehen? Wo Sie wissen, daß ich vermietet habe. – Nein – nein – sie hält's nicht aus. – Und sieht wirklich aus, als ob sie in die Donau wollte – ganz verstört. Also ich sag': Jetzt weggehen, meine Liebe – da steht das ganze Geschirr von gestern – erst waschen Sie das Geschirr auf – und geh' ins Zimmer. Wie ich wieder nachschauen komme, ist das Geschirr gewaschen, sie ist fort. Um neun Uhr abends kam sie zurück. Und heute frühmorgens vor sechs Uhr merk' ich plötzlich Gasgeruch in der Wohnung. Ich lauf' in die Küche zum Herd, finde alle Gashähne offen, sie sitzt daneben, rasch hab' ich abgedreht, es war ihr noch nichts geschehen. Ich habe sie sofort weggeschickt. Eine solche Person kann man doch nicht im Hause behalten. Wer weiß, wo sie jetzt schon im Wasser liegt. Man hätte vielleicht die Anzeige machen sollen – was weiß ich. Sie war ja hysterisch – vielleicht wegen des Kindes. Ein zweijähriges Kind hat sie im Kloster. Von einem Studenten aus Deutschland, der sich nicht um sie kümmert. Was weiß ich. Ich bin noch ganz hin von dieser Sache. Da steh' ich jetzt mit der großen Wohnung ohne Mädchen.«
Die behäbige Frau mit der Einkaufstasche hat gleichmütig zugehört, zu all dem mit dem Kopf genickt – oder damit geschüttelt – je nachdem.
Jetzt blinzelt sie auf den Blumenkohlstand, neben dem sie steht, nimmt ein Stück in die Hand, fragt nach dem Preis. Die Hagere, die ersichtlich aufatmet, erleichtert seufzt – nachdem der Redeschwall ihrem Mund entwichen – sagt noch: »Ich wollte Orangen kaufen, man bekommt nur kalifornische, und die sind teuer – aber ich werde doch drei Stück nehmen; nachmittag kommt meine Schwägerin mit ihrer Schwester zu mir; ich habe sie gebeten zu kommen – weil ich noch ganz entsetzt davon bin – so etwas.« –

Ich stelle mir in der Phantasie den behaglichen Tratsch vor, den es am Nachmittag im angenehm durchwärmten Wohnzimmer bei Kaffee und Gebäck – nachher kalifornische Orangen – geben wird – während das arme Mädchen wer weiß wo –
Und nichts ist für mich mehr erschütternd als die Erkenntnis, daß der Mensch in Not und Unglück von seinen Mitmenschen abgeschieden ist, als lebte er nicht dieses Dasein, sondern ein anderes, unbekanntes – wie auf einem andern Stern.

Mach keine Dummheiten, mein liebster Junge!
Gott wird mir beistehen, wenn ich nicht gleich
schreibe, denke nicht gleich an das Ärgste.

Alma Johanna Koenig
1887–1942?

ALMA JOHANNA KOENIG

»**Mein Junge!** Im Wirbel von rasenden Menschen völlig ruhig und – Du wirst es nicht glauben: Fröhlich gehe ich. Morgen fahre ich ab. Ich bin, seit die Kuh aus dem Stall ist, so völlig ruhig, daß ich gottlob andere beruhige in diesem Gehenna. Mein ganzes Herz – sorge Dich nicht. Ich fühle Gottes Willen, und freudig will ich, daß er geschehe. Mach keine Dummheiten, mein liebster Junge! Gott wird mir beistehen, wenn ich nicht gleich schreibe, denke nicht gleich an das Ärgste. Du weißt, wie das eben ist. Ich kann Dir nicht sagen, wie gesund und jung ich mir ›en comparaison‹ vorkomme. Glaube, daß Gott, der so viele Wunder für mich getan hat, auch dieses tun wird ... Lebe für Dich, hörst Du? Laß die Kraft Dir zurückströmen. Grüße alle! Meine einzige Sorge bist Du. Dir alles, was ich an Liebe habe! Ich habe mich nie so gefunden wie jetzt.«

Diese und andere ähnliche Zeilen von Alma Johanna Koenig erreichten mit Hilfe des jüdischen Ärztepersonals, das sie aus dem Sammellager schwindelte, den Gefährten, an den sie gerichtet waren. Es sind die letzten Dokumente eines Lebens, dessen abschließendes Martyrium im Dunklen bleibt. Am nächsten Morgen, dem 27. Mai 1942, fuhr der Zug in Richtung Minsk ab. Der Gefährte war zu diesem Zeitpunkt achtundzwanzig, die Dichterin fünfundfünfzig Jahre alt.

Erst fünfzig Jahre später veröffentlichte Oskar Jan Tauschinski diese persönlichen Zeugnisse einer Liebe in seinem *Kaddisch für eine Dichterin*. Gleich nach dem Krieg bemühte er sich um die Publikation ihres Werkes. »Außer einigen persönlichen guten Freunden gab es niemanden, der dabei geholfen hätte. Die offiziellen Kulturämter des Staates und der Gemeinde haben weiterhin den Großen der Naziliteratur bis zu deren Tod Beistand geleistet und für die Ermordeten sowie für die erste Generation der österreichischen Nachkriegsdichter gar kein Interesse gezeigt.« Diese Erfahrung hat nicht nur er gemacht, sondern auch alle anderen, die sich um jene Schriftsteller bemühten, die Opfer des Holocaust waren, und um jene, die im Exil überlebten.

Wie aber kann es dazu kommen, daß eine fünfundfünfzigjährige Dichterin solche Zeilen schreibt, daß sie nicht wissen will, wohin der Transport sie bringen wird, nichts ahnt? Oder es doch weiß? War es ihr unerschütterlicher Glaube an Gott? In ihrer poetischen Recherche *Der weibliche Name des Widerstands* denkt Marie-Thérèse Kerschbaumer darüber nach: »Wo war die alternde Dienstmagd, ja, Anna, ich rede von Anna. Man sagt, sie sei damals vorbeigekommen, man sagt, sie habe gewarnt, man erzählt, sie sei vorbeigehuscht am Morgen um fünf, Kind, was tust du noch hier, soll Anna gesagt haben, laß gut sein, Anna, ich hab niemandem etwas zuleide getan, bist du toll?« Aber Anna lebte damals gar nicht mehr. Wir wissen nicht, wie es gewesen ist, vielleicht so oder anders: »Schweigen ist Mitschuld, sagte die Taube, die Alte, die hoch unter dem Dach, so schwer es uns fällt, nicht blind sein, Anna, nicht taub sein, Anna, morgens um fünf hockt eine Dichterin mit ihrem Notizbuch auf gefalteten Knien, hat gewacht, hat gebetet, hat geschrieben die Nacht. War nie stumm.«

Die Recherchen über Alma Johanna Koenig verweisen uns immer wieder auf die Daten und Fakten, die Oskar Jan Tauschinski publiziert hat, darüber hinaus lassen sich kaum Spuren rekonstruieren. Geboren wurde die Dichterin am 18. August 1887 in Prag als spätes Kind von Susanne und Karl Koenig, beide über vierzig Jahre alt. Ihre wohlhabenden Eltern waren vom jüdischen Glauben zum Katholizismus konvertiert, doch die Karriere des Vaters in der Armee gestaltete sich dennoch nicht wie erwünscht. Er brachte es zwar bis zum Hauptmann, aber der Antisemitismus beim Militär verhinderte wohl weitere Beförderungen. Auf Drängen seiner herzleidenden Frau, die ein beträchtliches Vermögen in ihre zweite Ehe mitgebracht hatte, nahm Karl Koenig kurz nach Almas Geburt Abschied von der Armee und ging als k.u.k. Hauptmann in Pension. Die Familie, zu der noch die zehn

Jahre ältere Aurelie und der zwölf Jahre ältere Arthur zählten, übersiedelte von Prag nach Wien.

Beaufsichtigt von wechselnden Kindermädchen verbrachte Alma eine einsame Kindheit, ständig in Angst um die kranke Mutter und vor dem »kriegerischen Vater, der den Kasernenton, für den er nun keine bessere Verwendung fand, zu Hause einführte«. Sie ging in die Schule des Wiener Frauenerwerbsvereins, besuchte aber aus Krankheitsgründen oft monatelang keinen Unterricht und erwarb sich durch Lektüre selbst Kenntnisse in Geschichte, Literatur und Sprachen, während ihre naturwissenschaftlichen Fähigkeiten offenbar zu wünschen übrig ließen.

»Meine Kindheit war wie ein schwarzer Gang, /durch den ich gehetzt entlief. / Ich rannte die modrigen Mauern entlang, / und ich weinte vor Angst und rief...« schreibt sie später im Gedicht *Vergeltung*. Je älter sie wurde, desto bestimmender wurde die Krankheit der Mutter für das Leben der Tochter, denn diese verlangte von ihr die Übernahme der Pflege, und so mußte Alma tage- und nächtelang am Krankenbett der Mutter verbringen. Während des Sommeraufenthalts in Baden hatte sie täglich nur eine Stunde Ausgang im Kurpark. Sie durfte dann mit dem jungen Dichter Alfred Grünwald spazierengehen. Er war es auch, der sie zum Schreiben anregte und ihre ersten Gedichte und Erzählungen unter dem männlichen Pseudonym Johannes Herdan (dem Mädchennamen der Mutter) ohne Wissen der Eltern in verschiedenen Zeitschriften veröffentlichte.

So erstaunt es nicht, daß der Tod der Mutter 1913 von der Tochter als Befreiung empfunden wurde, die sich in der Folge den tyrannischen Anforderungen des Vaters nicht mehr beugte. Die Sechsundzwanzigjährige begann unter ihrem eigenen Namen zu veröffentlichen und machte die Bekanntschaft mit vielen in Wien lebenden Künstlern, lernte Stefan Zweig, Franz Karl Ginzkey, Jakob Wassermann, Felix Salten und andere kennen, freundete sich mit Felix und Käthe Braun, mit Emil Lucka und Helene Lahr an.

Der Erste Weltkrieg wurde für sie – und das ist für die Frauen dieser Generation durchaus exemplarisch – auch zu einer Befreiung von traditionellen Rollenbildern und Verhaltensmustern. Sie nahm an geselligen Veranstaltungen teil, spielte

Theater, konzipierte Programme für Abendunterhaltungen. Das Ende des Krieges besiegelte schließlich das Ende einer Staatsform und einer Gesellschaftsordnung. Im Jahr 1918 erschien im Wiener Amalthea-Verlag Alma Johanna Koenigs erster Gedichtband *Die Windsbraut*, dessen Lyrik noch stark geprägt ist vom Einfluß Rainer Maria Rilkes.

Fast gleichzeitig mit dem Tod ihres Vaters 1919 lernte Alma Johanna Koenig den mittellosen Baron Bernhard Ehrenfels kennen, den sie zwei Jahre später heiratete. Schon in dieser Liebesbeziehung war der Altersunterschied beträchtlich, der offenbar eher charakterlose Baron war elf Jahre jünger als die intellektuell gebildete Schriftstellerin. Sie liebte den körperlich attraktiven Mann abgöttisch, und er war stolz auf ihre literarischen Erfolge. »Ich seh dich an und lerne, sanft besiegt, / an Knabengötter alter Mythen glauben« schreibt sie in einem ihrer Liebesgedichte an ihn. Doch sie verdankte dieser Ehe nicht nur den Verlust ihres nicht unbeträchtlichen Vermögens, sondern auch die schmerzvolle Erkenntnis der sexuellen Abhängigkeit. Andererseits wurde diese persönlich für sie zerstörerische Beziehung literarisch außerordentlich produktiv, denn sie verarbeitete ihre Erfahrungen künstlerisch.

Das Genre des historischen Romans war in den zwanziger Jahren eine überaus beliebte Form, und Alma Johanna Koenig interessierte sich – so scheint es – manchmal mehr für die Vergangenheit als für die Gegenwart. Die Antike, vor allem das römische Kaiserreich, und die Mythen der Germanen waren jene Epochen, denen sie in ihren folgenden Werken ihre Aufmerksamkeit schenkte. *Die Lieder der Fausta* und der Roman *Der heilige Palast* stellen jeweils eine Kurtisane ins Zentrum. Fausta zeichnet in Form eines lyrischen Tagebuchs ihre erotischen Erlebnisse auf. Ihr Roman über Theodora, eine Zirkusdirne und spätere Gattin von Kaiser Justinian, wurde mit einer Auflage von 11.000 Stück zum Bestseller unter ihren Werken, doch weniger aus künstlerischen Gründen, sondern wegen seines erotischen Inhalts und seiner sinnlich dargestellten Liebesszenen, die das Buch fast zu einem Skandal machten.

Auch wenn sich Alma Johanna Koenig selbst nie als Frauenrechtlerin gesehen hat, zeigen alle ihre Texte ein besonderes

Interesse an der Situation der Frauen. Sie sind Protagonistinnen von Romanen, Kurztexten wie ihren Afrikaerzählungen und ihren Porträts (u.a. über Eleonora Duse, George Sand), die erst 1967 unter dem Titel *Schicksale in Bilderschrift* erschienen sind.

Für ihren zweiten Roman, bei dem sie inhaltlich zu den Wikingern wechselte, *Die Geschichte von Half dem Weibe*, erhielt sie 1925 den Preis der Stadt Wien zuerkannt. Sie erfand ohne psychologisierende Deutungen eine Islandsaga über den Streit zwischen Half, der für sein Volk und seinen Götterglauben gegen das vordringende Christentum kämpfte, und König Eirik Blutaxt. Nicht nur Oskar Jan Tauschinski wunderte sich aus dem zeitlichen Abstand »über die politische Ahnungslosigkeit einer Dichterin jüdischer Abstammung, die ein germanisches Heldenepos schrieb«, aber auch darüber, daß die Juroren ihr dafür einen Preis zusprachen. Ihr nächstes Buch war im Auftrag eines deutschen Volks- und Jugendbuchverlages eine sprachliche Neufassung der Gudrunsage: *Gudrun. Stolz und Treue* (1928).

Ihre Frauenraubgeschichte an der Nordseeküste entstand allerdings an einem Ort, der sich durch große Hitze und eine völlig andere Kultur auszeichnete, in Algier, wo sie seit 1925 mit ihrem Mann lebte. Er hatte in Wien das ganze Vermögen verloren und entzog sich weiteren Forderungen durch seine Übersiedlung nach Algier, wo er es als Baron sogar zum Titel eines Honorarkonsuls brachte. Ihr Aufenthalt gestaltete sich nicht nur finanziell, sondern auch aus Gründen einer akuten Lebererkrankung – einer Tropenkrankheit – immer schwieriger, und sie kehrte 1930 allein nach Wien zurück, krank, mittellos und enttäuscht. Die Scheidung erfolgte erst 1936.

Immerhin wurden ihre schwierigen Lebensverhältnisse wieder zum Auslöser für ein literarisches Werk. Ihr Roman *Leidenschaft in Algier* ist der einzige, der sich der Gegenwart stellt, und er erzählt die Tragödie einer österreichischen Chemikerin, die in Algier arbeitet und in die Abhängigkeit von einem schönen Hochstapler gerät. Der Erfolg des spannenden Buches beruhte sicherlich auch auf den Schilderungen des Alltagslebens der mondänen Hafenstadt Algier mit seiner Halbwelt. Ihre Novellen und Skizzen über Nordafrika publizierte sie in Zeitungen und Zeitschriften. Sie waren Ergebnisse ihrer Erkundungen in der

Sahara, die sie mit ihrer Freundin, der Saharaforscherin Julia Wagner-Jauregg, der Tochter des berühmten Nervenarztes, unternommen hatte. Der Roman erschien zunächst in Fortsetzungen in der *Neuen Freien Presse*, 1932 in Buchform, und versprach erfolgreich zu werden. Doch mit der Machtübernahme Hitlers 1933 wurden ihre Bücher in Deutschland verboten, ihre Mitarbeit bei Zeitungen und beim Rundfunk fand ein jähes Ende. Auch in Österreich verschlechterten sich die Arbeitsmöglichkeiten zusehends, nur mehr das *Neue Wiener Tagblatt* druckte noch manchmal einen Beitrag von ihr. Sie verdiente ihren Lebensunterhalt teilweise mit Vorträgen über historische Persönlichkeiten in privaten Kreisen, meistens vor Frauen, die ihre Bildung erweitern wollten. Alma Johanna Koenig lehnte das NS-Regime schon von Anfang an vor allem aus humanistischen Gründen ab, beteiligte sich aber weder an politischen Aktivitäten, noch verstand sie ihr Schreiben als Möglichkeit der direkten politischen Agitation.

Doch so schwierig sich die finanzielle Situation und die Möglichkeiten als Schriftstellerin zu arbeiten gestalteten, so positiv entwickelte sich ihr Privatleben, seit im Winter 1933/34 der junge Student Jan ihr Partner wurde. Ihr Gedichtzyklus *Sonette für Jan* ist – neben anderen Gedichten – beredtes literarisches Zeugnis dieser Liebe ihrer letzten Lebensjahre, in dem aber auch die leidvolle Seite der Liebe nicht ausgespart bleibt. So beklagt sie ihre Situation als ältere Frau. »Dein wartet Lust, sich Deiner Lust zu einen, – / – bestirnte Einsamkeit erwartet mich«, heißt es in einem der Sonette.

Warum sie in jenen Jahren bis 1938 zunächst nicht an Emigration dachte, wissen wir nicht, denn sie war mit Schriftstellern befreundet, die ebenso gefährdet waren wie sie. Schließlich war es zu spät, obwohl sie sich noch um eine Ausreise nach England, später nach Amerika bemüht hatte. Auch Tauschinski unternahm Anstrengungen, die Ausreise seiner Freundin zu ermöglichen. Er war allerdings als polnischer Staatsbürger von 1938 bis 1940 beim Militärdienst und geriet in deutsche Kriegsgefangenschaft.

Nach dem März 1938 verschlimmerte sich ihre persönliche Lage drastisch, sie verlor ihre Gemeindewohnung und mußte in den folgenden vier Jahren achtmal ihre Adresse wechseln, zumeist lebte sie mit anderen jüdischen Familien in überfüllten Wohnungen, zuletzt in einer winzigen Dienstbotenkammer. Robert Braun, der mit seiner Frau im schwedischen Exil lebte und mit dem sie bis zwei Monate vor ihrer Deportation Briefe wechselte, schreibt über ihre Situation: »Sie mußte ihn (den Raum) mit einer alten Frau teilen, deren Nerven begreiflicherweise am Ende waren: ständig murmelte sie, schnupfte, hustete, machte ihrer Angst und Verzweiflung Luft. Aber Alma Johanna Koenig saß oder lag auf ihrer Pritsche und arbeitete an dem letzen Roman – von Nero.« Und er erinnert sich, daß Alma Johanna Koenig die Greisin »die arme Schnurchel« nannte und bis zuletzt auf Gott vertraute. Auch von ihrer geliebten Katze mußte sie sich verabschieden, weil das Halten von Haustieren den jüdischen Bewohnern verboten worden war.

In ihrem letzten Brief nach Schweden 1942 schrieb sie mit »groteskem Humor«, wie Robert Braun formuliert, darüber, wie man die »Ausgesiedelten« für Arbeiten verwendete: »Dann kam mein Schneeschaufeldienst und darauf ein wilder Rheumaanfall (man ist doch nicht mehr so knusprig wie man war!) und jetzt das Beim-Arzt-Hocken, bei dem ich ›die große Tour‹ von 20 Injektionen bekomme. (...) Manchmal ist mir, als müßte ich vor lauter Bienenstichen schon selber summen und Honig machen. Aber: ich kann schon wieder aufstehen, wenn ich sitze!«

Alma Johanna Koenig mußte miterleben, wie ihre Freunde Selbstmord verübten, darunter ihr Jugendfreund Alfred Grünwald, die Selma-Lagerlöf-Übersetzerin Marie Franzos, Stefan Zweig, Erwin Rieger.

Unbeirrt, obwohl ohne jede Hoffnung auf eine Veröffentlichung, schrieb sie an ihrem Entwicklungsroman über Nero, den grausamen Despoten und Verfolger der Christen. Sie wollte zeigen, wie aus einem sensiblen und begabten Kind eine derartige Persönlichkeit werden kann. Diese Schreibhaltung klingt schon im Motto von Hebbel an: »Du sollst mich nicht entschuldigen, Du sollst nur sagen, wie es kam!« Präzise zeichnet sie nach, welche Faktoren zur Herausbildung eines diktatorischen Charakters führen.

Für dieses Buch hatte sie jahrelang recherchiert und alle einschlägigen Werke gelesen, doch ihr standen während der Arbeit keine Materialien mehr zur Verfügung. Oskar Jan Tauschinski, mit dem sie in den letzten Monaten vor ihrem Abtransport jeden Abend zusammenkam, erzählt: »Jetzt saß sie gebückt, in Decken gehüllt auf ihrem Bettrand, hatte ein Brettchen als Schreibunterlage auf den Knien und schrieb ohne eine einzige Quelle oder Gedächtnisstütze in unbeugsamer Disziplin, in eiserner Konzentration dieses Buch«. Am Wochenende kam sie in seine Wohnung und diktierte ihm in die Schreibmaschine, was sie in ihrer Kurrentschrift während der Woche aufgezeichnet hatte.

Warum, so drängt sich heute die Frage auf, wählt eine Schriftstellerin das Genre des historischen Romans, erzählt die Kindheits- und Jugendgeschichte des Kaisers Nero angesichts des Zweiten Weltkrieges und der Vernichtungsmaschinerie, deren Opfer sie selber werden sollte? Will eine verfolgte Frau, die den gelben Stern »mit Distinktion« – wie sie selber es ausdrückt – trägt, mit ihrem Schreiben ihre geistige Freiheit und Unabhängigkeit von diesem Regime bewahren? Sollen wir es als Weltfremdheit, innere Emigration oder Widerstand interpretieren? »...und manchmal, da holte die Wirklichkeit die Künstler heim oder ein« heißt es bei Marie-Thérèse Kerschbaumer.

Die Parallelen zwischen der römischen Antike und dem NS-Regime und zwischen Nero und Hitler sind unter der Oberflächenstruktur des Textes durchaus erkennbar. Stefan H. Kaszynski legt diese These in seinem Aufsatz überzeugend dar und resümiert: »Die Dichterin Alma Johanna Koenig hatte während des Krieges, wie manche ihrer regimekritischen Zeitgenossen in der Emigration, einen historischen Roman geschrieben. Auch sie wollte in ihrem Werk über die Mechanismen der Geschichte und der Machtausübung sprechen. Die grausamen Zeiten der Hitler-Diktatur, in der sie ihre letzten Lebensjahre verbrachte, gaben ihrem Romanwerk eine zusätzliche Dimension der Aktualität und Glaubwürdigkeit.«

Kurz nach Vollendung des Romans wurde Alma Johanna Koenig in der Nacht zum 22. Mai 1942 abgeholt und in das Sammellager in der Sperlinggasse im zweiten Bezirk eingewiesen. Fünf Tage später wurde sie mit einem Transport in das Konzentrationslager Minsk deportiert. Wann genau sie ermordet wurde, ist nicht mehr eruierbar.

Im Jahr 1947 erschien der Roman *Der dunkle Gott* im Wiener Zsolnay-Verlag und war immerhin bis in die neunziger Jahre lieferbar. Am Ende seines *Kaddisch für eine Dichterin* fragt Oskar Jan Tauschinski: »Soll man – trotz aller trüben Erfahrungen – die Hoffnung aussprechen, daß den Mördern ihre Absicht, nämlich mit dem Leben ihrer Opfer zugleich das Gedächtnis an sie auszulöschen, nicht ganz gelungen ist?«

ALMA JOHANNA KOENIG

Sonette für Jan

II

Sag' mir noch einmal Du, – daß Du mich liebst –
Der fremden Sprache slawisch weicher Laut
wird, wie dem Herzen, so dem Ohr vertraut,
wenn Du der Liebe fremde Namen gibst.

Vielleicht las meine Mutter einst als Braut
zärtliche Zeilen, wie auch Du sie schriebst.
Dies: »Ja Cie kocham!« dem Du Herold bliebst,
es hat ihr Glück, wie meines aufgebaut.

Hab' ich Dir früher Märchen je erzählt?
Jetzt will ich nur von Aschenbrödel hören.
Sie saß am Herde, traurig, ungestrählt?

Den Prinzen wollten Andere betören?
Und kam er doch? Und hat er sie erwählt?
O »Ja Cie kocham!« Du, ich kann es schwören.

XII

E v a
Grausamer Engel mit dem Flammenschwerte,
des kaltes Wort aus Himmeln mich verwies,
in zeitlos-grenzenlose Qual mich stieß
und mich den Urfluch des Geschlechtes lehrte.

Staub fraß ich seither, wie Dein Mund mich hieß.
Mein Herz war blitzgetroffen und es schwärte;
die in der Sühne noch nach Lust begehrte,
ich träumte Dich nur, nicht das Paradies!

Ich liege, ein verkohlter Haufen Leid,
Abschaum der Welt, vertiertes Ungesicht,
gestürzt in teilnahmslose Einsamkeit.

Selbst Flamme nicht mehr, nicht mehr Schwert noch Licht.
Und alles dies wär' mir noch Seligkeit,
wärst Du nur glücklich, Engel! – Du bist's nicht. –

XIV

Meuterndes Herz, – undienstbar dem Gebot
der furchtbarsten Beherrscherin, der Zeit,
wähnst Du allein von allen Dich gefeit
vor dem Vereisen, das so nah Dir droht?

Lohendes Herz, – ganz unbelehrt durch Leid,
unmüd vor Alter, – ungeschwächt von Not,
willst Du denn glühen bis zum nahen Tod
als ew'ges Licht vor Jugendgöttlichkeit?

Mein Fleisch zerbröckelt Qual, versehrt Beschwerde;
nur kurze Frist noch ist mir hier geliehn.
—— Liebst Du noch Herz, auch wenn ich sterben werde?

Vielleicht wird mir ob Deiner Glut verziehn.
Ein Engel nimmt Dich auf aus Schutt und Erde:
im Schattendunkel leuchtet ein Rubin.

XV

Frauen! Matronen! Seid von mir beschworen,
lügt mir nicht wie dem Feind, dem Manne, sprecht:
ist Eure Würde des Entsagens echt?
Wonach mich dürstet – gabt Ihr's leicht verloren?

O Frauen, Schwestern, dünkt es Euch gerecht,
daß uns allein zwiefacher Tod erkoren?
Denn vor dem Tod, der würgt, was da geboren,
droht furchtbar uns das Sterben im Geschlecht.

Ihr Mütter, hingebeugt von Eurem Los,
fühlt etwa Ihr Euch minder als Beraubte,
weil Jugend Ihr gebart aus stillem Schoß?

Ich, die wie Jovis nur gebar im Haupte,
vor mir ragt das Verlangen himmelsgroß
und Weisheit liegt zerscherbt, an die ich glaubte.

XVII

Ich weiß: es straft Dich einst die gleiche Qual,
wenn erst der Spiegel, statt Dich zu verwöhnen,
Dein Bild Dir zeigt, als wollt' er Dich verhöhnen,
wenn Dir die Zeit den ernsten Zauber stahl.

Dann kniest wie ich Du häßlich vor dem Schönen,
tragisch verkettet, Sklave ohne Wahl,
trunkenen Blicks, den Mund verzerrt und fahl
— zu stolz Dein ganzes Leiden auszustöhnen.

Mein blasser Schatten tritt dann bei Dir ein,
Erinnern wird die Jahre überbrücken,
unselig so wie ich, gedenkst Du mein.

Doch ich – ? Soll die Vergeltung mich beglücken?
Mein Kind, mein Alles, – soll dies Trost mir sein,
daß auch Dein Haupt einst blut'ge Dornen schmücken?

XIX

Du wähnest mich voll Eifersucht und Leid,
den Tag verweinend, der mich von Dir trennt;
doch wie Undine in ihr Element
glitt ich zurück in kühle Einsamkeit.

Ich, die sonst nach Dir hungert, nach Dir brennt,
ich hatte jählings für so vieles Zeit;
Zeit voll kristallener Besinnlichkeit,
voll hoher Kraft, wie sie Entsagung kennt.

Ich tausche diesen Tag nicht für den Deinen,
der dunkle Wunscherfüllung bot für Dich.
Und mählich dämmernd will es mir erscheinen,

als schlösse unsre Zukunft er in sich.
Dein wartet Lust, sich Deiner Lust zu einen, –
— bestirnte Einsamkeit erwartet mich.

Ich bin eine erstklassige Schriftstellerin zweiter Güte. Die Glühwürmchenillusionen von Unsterblichkeit sind mir fremd.

Vicki Baum
1888–1960

VICKI BAUM

»**Ich glaube, die Ausbildung** zum Berufsmusiker ist die beste Vorschule für einen künftigen Schriftsteller. Man lernt dabei Geduld und Genauigkeit. Bei einem Konzert kann man sich keine falschen Töne leisten. So auch keine falschen Wörter und ausgefallenen Wendungen. Man achtet auf jedes Komma genauso sorgfältig, wie man früher auf jedes Stakkatopünktchen geachtet hat, um jeder Note ihren richtigen rhythmischen Wert und Akzent zu geben. (...) Auch gibt einem das Musikstudium ein Gefühl für Form, Dynamik, Phrasierung – frei gestaltete Form. Es schärft jenen rational nicht faßbaren Instinkt, der hier einen Paukenschlag verlangt, dort eine Wiederholung oder ein kurzes lyrisches Zwischenspiel; den Sinn für Dur und Moll, für ein notwendiges Crescendo, ein Allegro, eine Pause, ein dramatisches Beschleunigen und Zurücknehmen wie in einer Stretta. Noch heute denke ich in musikalischen Begriffen; so sage ich vielleicht...›Heute habe ich gepatzt. Ich habe ein Kapitel als Rondo geschrieben – dabei schreit es nach der Form der Variation.‹«

Diese Charakterisierung des eigenen Schreibens stammt nicht von Thomas Mann, sondern von der Bestsellerautorin Vicki Baum, die tatsächlich am Wiener Konservatorium – der heutigen Universität für Musik und darstellende Kunst – von 1898 bis 1904 Harfe studiert und die Abschlußprüfung mit »vorzüglichem Erfolg« bestanden hat. Bis zu ihrer Heirat mit dem Dirigenten Richard Lert 1916 hat sie zuerst in Wien, dann im Hoforchester in Darmstadt als Harfenistin gearbeitet. Nach ihrer Heirat ist sie – auf Wunsch ihres Mannes – nur mehr als Solistin aufgetreten, bis sie schließlich 1920 endgültig von der Musik zur Literatur gewechselt hat.

Dieser anspruchsvollen und technisch-handwerklichen Beschreibung muß eine andere an die Seite gestellt werden: »Frauen, so scheint mir, denken in ethischen, moralischen und ideellen Fragen anders als Männer. Nichts fällt ihnen leichter, als in künstlerischen Dingen, wenn es der Familie, dem Haushalt, den Kindern, den Freunden zugute kommt, Kompromisse zu schließen. Dank unserer Natur und unserer biologischen Bestimmung sind wir Frauen anpassungsfähig und realistisch. Jedesmal, wenn ich unbedingt Geld verdienen mußte, habe ich Bücher geschrieben, die nicht mehr sein wollten als gut lesbar und unterhaltsam – Entspannungslektüre. Nie aber habe ich dabei geschludert. Ich habe auch diese leichte Lektüre immer so gewissenhaft und sorgfältig wie nur möglich gearbeitet. Übrigens ist es schwieriger, so zu schreiben, daß es einem breiten Lesepublikum gefällt, als so, wie man's selbst mag. Gut lesbare Erzählungen verfassen ist eine Frage handwerklichen Könnens, was die Franzosen le métier nennen«, schreibt sie – bescheiden und selbstbewußt zugleich, wenn sie sich mit Graham Greene, Georges Simenon und Ernest Hemingway vergleicht: »Ich weiß, was ich wert bin; ich bin eine erstklassige Schriftstellerin zweiter Güte. Die Glühwürmchenillusionen von Unsterblichkeit sind mit fremd. Ich habe mir nie eingebildet, eine erstklassige Schriftstellerin erster Güte zu sein und daß meine Bücher überleben werden. Was diese nebulare Vorstellung von der Unsterblichkeit angeht, so wollen wir doch nur einmal fünfhundert Jährchen warten und dann sehen, wessen Bücher noch gelesen werden.«

All diese Sätze stammen aus ihrer Autobiographie *Es war alles ganz anders*, die sie 1960, mit zweiundsiebzig Jahren, knapp vor ihrem Tod geschrieben hat. Und sie zeigen sehr deutlich die Ambivalenzen dieser Schriftstellerin, die sich in ihrem Lebensrückblick keine Sentimentalitäten erlaubt, deren Ehrgeiz und deren vor ihr selbst verborgene Träume aber in den Nachsätzen zu den vernünftigen, vertretbaren Äußerungen sich doch Ausdruck verschaffen – denn bei den »fünfhundert Jährchen« schwingt, bei aller Ironie, wohl doch ein klein wenig die Hoffnung mit, daß ihre Bücher auch dann noch gelesen werden.

Weiblichen Realismus nennt sie es, »Selbstdisziplin« ist wohl das treffendere Wort, das man über dieses von ihr selbst als glücklich bezeichnete Leben setzen muß. In ihrer Ablehnung von Psychotherapie manifestiert sich die erworbene Härte einer

Frau, die diese Hilfe bitter nötig gehabt hätte, die es aber allein geschafft hat. Denn die Kindheit der Hedwig Baum, die am 24. Jänner 1888 in Wien geboren wurde, ist geradezu ein Panoptikum von traumatisierenden Elementen.

Zwar lebt die Familie – der Vater ist Buchhalter bei einer großen Versicherung – in bürgerlichem Wohlstand, doch die Mutter ist schwer geisteskrank, wird von einer Pflegerin betreut, die die Drohung mit neuen Anfällen der Mutter als Erziehungsmittel gegenüber dem einzigen Kind verwendet. Der Vater, ein klassischer hypochondrischer Patriarch, pflegt bei Verschlechterung des Zustands seiner Frau bzw. bei Krankheiten seiner Tochter das Haus zu verlassen und zu seiner Mutter zu ziehen. Aus offensichtlicher Angst vor einer Vererbbarkeit der Krankheit seiner Frau unterbindet er bei der Tochter auch alle künstlerischen Tendenzen, versucht, sie mit Mathematik und praktischen Tätigkeiten der bürgerlichen Normalität zuzuführen. In diesem düsteren Milieu bildet der Großvater einen Lichtblick, der der Enkelin Liebe und Zärtlichkeit bietet. Allerdings stirbt er, als sie noch nicht fünf Jahre alt ist, während sie, an ihn gekuschelt, in seinem Bett schläft. Das Kind wird erst von den Totenklagen der Verwandten geweckt. Trotzdem betont sie in ihren Erinnerungen nicht die Tragik dieses Verlustes, sondern die Friedlichkeit seines Todes.

In ihrem sechsten Lebensjahr erkrankt sie lebensgefährlich an Scharlach; während dieser Krankheit wird die Mutter ins Sanatorium, die »Irrenanstalt«, nach Inzersdorf gebracht, wo sie über ein Jahr bleibt. Das Kind ist natürlich überzeugt davon, daß nun auch die Mutter gestorben ist und daß sie durch ihre Krankheit schuld am Tod der Mutter ist. Die Rückkehr der Mutter – sie erinnert sich an das Datum noch mehr als sechzig Jahre später genau – am 4. März 1896 bezeichnet Vicki Baum als das Ende ihrer Kindheit, denn nun wird sie, knapp achtjährig, wieder für den psychischen Zustand der Mutter verantwortlich gemacht, deren Krankheit in eine durch eine Pflegerin und Medikamente offensichtlich kontrollierbare Phase des manisch-depressiven Syndroms übergeleitet worden ist.

Einzige Lichtblicke in dieser trostlosen Kindheit, zu der noch regelmäßig aus erpresserischer Ursache inszenierte Todesszenen der Großmutter väterlicherseits gehören, sind – neben der verbotenen heimlichen Lektüre – die Wochenenden bei der befreundeten Familie des Ballettmeisters Hassreiter. Dort hört die Mutter von den guten Berufsaussichten von Harfenistinnen und setzt bei ihrem Mann durch, daß das musikalisch begabte Kind die Aufnahmeprüfung am Wiener Konservatorium machen und Harfe studieren darf. Das heißt für die Zehnjährige neben der Schule dreimal wöchentlich Unterricht am Konservatorium und täglich drei bis sechs Stunden üben; als das Klavier als zweites Instrument dazu kommt, erhöht sich dieses Arbeitspensum noch. Da sie offensichtlich begabt ist, beendet sie die Pflichtschule zum frühestmöglichen Zeitpunkt mit dreizehn Jahren und widmet sich ganz der Musikausbildung, denn schon bald beginnt sie in Wiener Salons als Harfenistin aufzutreten. Sie teilt also das Schicksal der Schriftstellerinnengeneration vor ihr, daß sie sich ihre Bildung – mit Ausnahme der Musik – autodidaktisch aneignen muß.

Ihre Zeit am Konservatorium erlebt sie, unter Verdrängung der Familiensituation, als ausgesprochen glücklich, sie ist mit jungen Leuten zusammen, die sich in ihrer Begeisterung für neue Musik, für den Operndirektor Mahler, für Bartók, für moderne Kunst einig sind, die sich auf den Stehplätzen der Oper treffen, in den Cafés heftig diskutieren. Die beginnenden sexuellen Regungen sublimiert sie in der Bewunderung für Sänger und Dirigenten, sie bleibt als Jüngste, Kleinste, Dünnste das Maskottchen des jeweiligen Kreises, »das Bäumchen«, ein neutrales Diminutiv.

Als sie achtzehn Jahre alt ist, bricht bei ihrer Mutter eine Krebserkrankung mit dem Befall des Rückenmarks aus, die ihr unerträgliche Schmerzen verursacht. Ein Jahr lang ist Vicki Baum Pflegerin der Mutter, verabreicht ihr die streng reglementierten Morphiumspritzen neben ihrer Berufstätigkeit. In dieser Zeit lernt sie Max Prels, einen Kaffeehausliteraten, kennen, der sie uneingeschränkt verehrt und ihr in dieser Zeit die einzige Hilfe und Zerstreuung ist. Die Mutter erwacht kurz vor ihrem Tod noch einmal aus ihrem Koma, erscheint völlig normal. Aber plötzlich beginnt sie zu sprechen, warnt ihre Tochter eindringlich vor der schmutzigen Sexualität, und beschreibt dabei, einem bekannten Krankheitsbild entsprechend, sexuelle Vorgänge und Perversitäten übelster Art in einem obszönen Wortschwall, mit

Wörtern, die sie bewußt eigentlich überhaupt nicht hat kennen können. »Der Terror und das Mitleid, die Mamas Schreckensvermächtnis mir eingeflößt hatten, wären sehr geeignet gewesen, mich für den Rest meines Lebens frigide zu machen. Glücklicherweise war es zu spät gekommen. Ich war diese lästige verwünschte Jungfräulichkeit schon Wochen vorher losgeworden. Es war das mindeste, was ich tun konnte, um Max meine dankbare Zärtlichkeit zu beweisen.«

Vor dem Schock – und vor der vorangegangenen Anstrengung der Pflege – flüchtet Vicki Baum wieder einmal in die Krankheit, ein Nervenfieber bringt sie an den Rand des Todes, und nur die hingebungsvolle Pflege von Max Prels läßt sie wieder gesunden. Aus Dankbarkeit – und um vor ihrem Vater zu flüchten, »dem einzigen wirklichen Feind, den ich in meinem Leben hatte« – heiratet sie 1906 Prels.

Die beiden führen eine typische Bohème-Ehe, mit einem großen Künstler-Freundes-Kreis im Kaffeehaus. Vicki Baum finanziert mit ihrem Harfenistinnen-Gehalt den Lebensunterhalt, der durch Prels' Zeitschriftenhonorare aufgebessert wird. Als jedoch Prels einen Financier für sein Projekt einer eigenen Zeitschrift findet – Gotfried, elegant, aus alter Familie, Erbe – ist dies kein Glück, sondern eine Katastrophe, denn die finanzielle Situation wird binnen kurzer Zeit unhaltbar. Gotfrieds Geld ist schnell verbraucht, alle drei sind bei Druckern und anderen Gläubigern total verschuldet. Da Prels unter Druck nicht arbeiten kann, beginnt Vicki Baum zuerst für die eigene Zeitschrift, später auch für andere Blätter zu schreiben, und Prels setzt seinen Namen unter ihre Texte.

Um die Schulden abzuzahlen, nimmt sie jede Menge Privatstunden an und ist wieder einmal nahe am Zusammenbruch. Die amikale Scheidung von Prels und Gotfrieds Wunsch nach einer Heirat komplizieren die Situation noch weiter, sodaß sie wieder einmal flieht und sich in Darmstadt um die Stelle einer Harfenistin bewirbt. Vier Jahre später wird sie 1916 den Dirigenten des dortigen Orchesters, Richard Lert, heiraten und mit ihm bis an ihr Lebensende – mit berufsbedingten Unterbrechungen, die die Ehe lebendig erhalten – zusammenleben. Ihre beiden Söhne stammen aus dieser Ehe.

Auch in Darmstadt verkehrt sie in Künstlerkreisen, die der Moderne, dem Expressionismus verpflichtet sind. Der Ausbruch des Weltkriegs – ihr Mann inszeniert gerade Wagner in Berlin – trifft sie völlig überraschend; Lert bleibt als Künstler von der Einberufung verschont. Mit seinen modernen Regie- und Musikauffassungen kommt er aber immer wieder in Konflikt mit dem konservativen Publikum und den Theaterdirektoren, er wechselt im Engagement nach Kiel, dann nach Hannover und schließlich nach Mannheim, wo sich Vicki Baum, ähnlich wie in Kiel, denkbar unwohl fühlt. Als es auch hier zu Reibereien mit der Intendanz kommt, beschließt sie, die materielle Sorge für die Familie selbst zu übernehmen.

Über Max Prels, ihren ersten Mann, wird der Kontakt zum damals führenden Ullstein-Unternehmen hergestellt, sie drucken einen Roman Baums in Fortsetzungen und halten sie für so talentiert, daß sie ihr einen Redakteursposten anbieten. Der Verlag Ullstein gibt damals neben der traditionellen Buchproduktion eine Reihe von Tages- und Wochenzeitungen sowie einige Zeitschriften – heute würde man sagen »Life-style-Blätter« – heraus, wie *Die Dame*, *Uhu*, *Ilus*, die jeweils spezifische Publikumssegmente abdecken. Die Verlagsphilosophie ist liberal, die Marketing-Strategien ausgesprochen modern: Die Romane werden mehrfach vermarktet, als Fortsetzung in den Tageszeitungen, als Vorabdrucke in den Magazinen, als Taschenbücher. Das Image der AutorInnen, Interviews, Lesereisen, riesige Reklamen sind ein integraler Bestandteil der diversen Verkaufskampagnen. Vicki Baum arbeitet als Redakteurin – zuerst als Mädchen für alles, bald primär als Spezialistin für das Verfassen von »Füllern« in letzter Minute – und schreibt daneben ihre Romane. Der Verlag baut ihr Image als »neue Frau« auf. Außerdem ist sie liebevolle Mutter ihrer zwei Söhne, Gattin eines Dirigenten, geht auf Lese- und Vortragstourneen und hält sich, entsprechend dem Typus der »neuen Frau«, den sie verkörpert, durch Schwimmen und durch Box-Training und Ausdruckstanz à la Mary Wigman körperlich fit. Wie sie dieses Tagespensum bewältigt hat, ist ihr selbst im Rückblick nicht mehr ganz nachvollziehbar, doch es waren die verrückten goldenen zwanziger Jahre in Berlin, und sie war jung und erfolgreich.

Der erste echte Bestseller gelingt ihr mit dem Roman *Stud. chem. Helene Willfüer*, ein Manuskript, das zunächst selbst der Verlag für zu gewagt gehalten hat. Eine junge Studentin hat sexuelle Beziehungen, wird schwanger, plant vergeblich eine Abtreibung, begeht mit ihrem Freund einen Selbstmordversuch (bei dem der Freund stirbt) und beschließt schließlich, die Kombination von Studium, beruflicher Karriere und Kind zu versuchen. Sie ist dabei – nach einer Periode des Elends – erfolgreich, entwickelt ein Verjüngungspräparat, wird reich und findet am Ende des Buchs auch noch den schon lange heimlich geliebten Professor als Ehemann. Was heute als etwas klischeehafter Entwurf einer starken Frau, die alle Hindernisse überwindet, anmutet, war für die Zeitgenossen offensichtlich – gerade auch in der Schilderung der Sexualität und der Abtreibungsproblematik – sehr riskant; bezeichnenderweise war der Roman in den USA ein Flop.

Das Buch, mit dem Vicki Baum bis an ihr Lebensende identifiziert wird, entsteht 1929: *Menschen im Hotel*. In diesem Roman werden typische – wenn man will – klischeehafte Großstadttypen in einem Hotel zusammengeführt: Der Hochstapler, der Kleinbürger aus der Provinz, der erfahren hat, daß er krebskrank ist, und der noch einmal etwas erleben will, die kleine Prostituierte u.a. Der Roman bietet offensichtlich vielfältige Identifikationsmöglichkeiten, formal kreiert er ein Sub-Genre des Unterhaltungsromans: Das Hotel (das Kreuzschiff, das Krankenhaus...), in dem Kurzerzählungen rein äußerlich durch den Handlungsort miteinander verbunden werden können und so Roman- oder Serien-Länge erreichen, ein Genre, das heute vor allem im Fernsehen sehr beliebt ist.

Dieser Text, der, wie alle Romane von Vicki Baum, bei Ullstein zuerst in Fortsetzungen erschienen ist, wird noch im Erscheinungsjahr von ihr selbst zu einem erfolgreichen Theaterstück verarbeitet. Es wird ins Englische übersetzt und ist der Hit der Broadway-Saison 1930/31; noch 1931 kommt die Filmversion mit Greta Garbo, Joan Crawford und John und Lionel Barrymore in die Kinos und gewinnt mehrere Oscars. Auch das Buch wird in den USA ein Bestseller; es wird außerdem als Radioserie vermarktet. 1945 gibt es ein Film-Remake mit Ginger Rogers, 1959 folgt ein deutsches Remake von Gottfried Reinhardt mit

Michèle Morgan, Gert Froebe und Sonja Ziemann, und das Musical-Remake erobert den Broadway 1989 und erlebt über 1000 Aufführungen (bis 1992).

Der Erfolg in den USA führt zu einer Einladung nach New York, wo sie als Stargast des Verlegers Doubleday, wie sie in ihren *Erinnerungen* berichtet, in alle möglichen Fettnäpfchen tritt, die es gibt. Trotzdem verlängert sie ihren Aufenthalt und kehrt nur mehr kurz nach Berlin zurück.

Der Aufenthalt in den USA hat ihren Blick geschärft. Obwohl sie immer betont, eine politisch völlig naive Frau gewesen zu sein, darf man solcher Selbststilisierung nicht unbedingt Glauben schenken. Denn sie entscheidet sich 1932, nach den Wahlen, bei denen Hitler noch einmal verloren hat, dazu, mit ihrer Familie Deutschland zu verlassen und in die USA zu gehen, und dies, obwohl das massive finanzielle Verluste mit sich bringt – ihre hohen Ersparnisse aus der erfolgreichen Ullstein-Zeit werden Opfer der Devisen-Ausfuhrbeschränkungen – und obwohl sie dadurch den geliebten Job bei Ullstein aufgibt und ihr Mann in eine absolut unsichere Zukunft geht. Es ist keineswegs Begeisterung für den American Way of Life, sondern schlichte Angst um die Zukunft ihrer (jüdischen) Kinder in einem Land wie Deutschland, die diesen Entschluß motivieren.

Daß sie keineswegs so unpolitisch ist, wie sie zu sein vorgibt, zeigt in der Folge, daß sie ihre Bücher beim Amsterdamer Exil-Verlag Querido erscheinen läßt, der seine Existenz nicht zuletzt den Tantiemen der erfolgreichen und vielfach übersetzten Bestsellerautorin Vicki Baum verdankt. Insofern hat die »erstklassige Schriftstellerin zweiter Güte« ganz wesentlich zum Überleben von erstklassigen Schriftstellern erster Güte im Exil beigetragen.

In den USA läßt sich Vicki Baum in Pasadena nieder, nach dem geplatzten Vertrag mit Paramount arbeitet sie zum halben Preis einige Zeit für MGM, doch merkt sie bald, daß ihr die Arbeit für den Film im Studio-System nicht liegt. Sie kehrt wieder zum Schreiben von Romanen zurück und lernt in kurzer Zeit die englische Sprache so gut, daß sie englisch schreibt.

Ihre Familie assimiliert sich in der neuen Heimat, ihr Mann wird Dirigent beim Pasadena City Orchestra, 1938 nimmt Vicki Baum die US-Staatsbürgerschaft an. Sie bleibt bis zu ihrem Tod in den

USA, hat nie mit einer Remigration geliebäugelt, obwohl sie in den USA nie ganz heimisch wird. Ihre *Erinnerungen* lassen manchmal eine nostalgische Sehnsucht nach der kulturellen Vielfältigkeit Europas aufblitzen, ein Gefühl, das sich die disziplinierte alte Dame aber immer sofort verbietet:

»Wir waren es, meine Generation, die der Frau zu ihren Rechten verhalf und die sexuelle Frage von alten Fesseln befreite; wir experimentierten als erste mit neuen psychologischen Begriffen, mit sozialen Ideen, die inzwischen längst selbstverständlich und alltäglich sind. Wir gaben uns nicht damit zufrieden, das Alte niederzureißen, wir taten gleichzeitig alles, was wir konnten, um etwas Besseres zu schaffen.« So faßt sie die Zeit ihrer Jugend selbstbewußt zusammen und nimmt den impliziten abwertenden Vergleich mit der Gegenwart gleich wieder zurück, denn er widerspricht ihrem Wahlspruch: »Nimm dich nicht so wichtig.«

Seit 1946 mehren sich in ihrer Korrespondenz die Klagen über ihren schlechten Gesundheitszustand, neben einer Herzschwäche und Arthrose leidet sie an einer schleichenden Leukämie. Ihre *Erinnerungen* müssen von ihrer Schwiegertochter Ruth Clark Lert fertiggestellt werden und erscheinen erst nach ihrem Tod. Die Asche der am 29. August 1960 in Hollywood verstorbenen Vicki Baum wird ihrem Wunsch gemäß über den Redwoods verstreut.

VICKI BAUM

Ich mache da nicht mit

Seit ich einen Rundgang durch die Modeateliers gemacht habe, gehe ich traurig und gereizt herum und bewege aufrührerische Gedanken in meinem Innern. Wenn ich allein es sage, nützt es natürlich nichts, deshalb wollte ich, daß ein paarmal hunderttausend Frauen es sagen würden: »Nein, danke, da machen wir nicht mit. Die Mode für die Saison 1929–30 lassen wir aus. Die *haute couture* mag immerhin ihre Kommandos geben. Wir wollen sie überhören und streiken.«

Was da im Gang ist, das ist ganz genau zu durchschauen. Die Mode ist den Industrien, die es angeht, zu stabil und zu billig geworden. Die Frauentracht war auf einen vernünftigen Punkt gekommen. Sie war organisch – was ein Synonym für schön sein dürfte –, man ließ den Stoffen ihren Fall und den Körpern ihren Umriß. Diese einfach und selbstverständlich gebauten Kleider konnte jeder kopieren, die Konfektion stellte sie billig her, und wer noch weniger Geld zur Verfügung hatte, schneiderte selber nach den einfachen Schnitten, die es überall gab. Das war ein durchaus gemäßer und entsprechender Zustand in einer Zeit, da die Frauen in breitesten Massen beruflich arbeiten, wenig Zeit haben, nett aussehen sollen und nicht viel dafür ausgeben können.

Damit räumt nun die neue Mode auf. Sie ist überaus kompliziert, sie zerschneidet den Stoff und damit die Linie des Körpers in viele, kleine Stückchen, die wieder zusammengesetzt, mit Rüschen bedeckt, mit Volants verkleistert werden. Es sind wahre Kleidergespenster, die da im Auferstehen sind. Alle die hübschen Mannequins, die mit Raffungen, Schleppchen, Schleifchen, Schwänzchen ausstaffiert an mir vorüberwiegten, erinnerten mich penetrant an meine alte Tante Aurelie, wie sie noch jung war – so um 1900 herum. Oder an die Zuschneidekurse meiner Kindheit, in denen man lernte, daß eine Taille (das bedenkliche Wort geistert ebenfalls durch die Mode 1930) aus elf Teilen zusammengesetzt sein muß. An der engsten Stelle haben diese neuen Kleider Haken und Ösen, schön hintenrum, daß man selber nicht hinkommen kann und jemand zum Zuhaken braucht wie Anno Jugendstil. Der Gegensatz zwischen uns Frauen, wie wir heute sind und leben, und diesen Kleidfassaden im Charakter verblichener Kurfürstenpracht sollte zum Himmel schreien. Nun gibt es zwar zur Beschwichtigung weiter die geraden Sport- und Jumperkleider für den Vormittag. Aber hier sitzt das große Aber –.

Die neue Mode ist von verdienenwollenden großen Schneidern für die kleine Kaste von saturierten Frauen erdacht. Für die, deren Tag aus einem Vormittag für Besorgungen (kurzes, einfaches Kleid), einem Nachmittag mit Tee, Klub, 5-Uhr-Tanz, Bridge (längeres, teures, beladenes Kleid) und einem Abend mit Theater, Gesellschaft, Ball besteht (ganz langes, ganz überladenes, ganz teures Kleid). Schön. Aber wir andern haben im ganzen großen immer Vormittag bis in den späten Abend. Büro, Geschäft, Laboratorium, Amt, Sprechstunde oder was sonst es ist, wo die Majorität der Frauen ihre Zeit zubringt, wenn sie nicht Hausfrau ist und in Marktgängen, Küche, Kinderzimmer und Flickwinkel ganz bestimmt kein kostspielig konstruiertes Zipfelkleid verwenden kann. Man hat nicht nur am Vormittag zu tun, sondern auch am Nachmittag und oft noch abends. Man rennt Autobussen nach, fährt Untergrundbahn, trifft sich für eine halbe Stunde im Kaffeehaus, wenn es hochkommt, man jagt vom Büro in Vorträge, mal auch ins Theater – wie soll man das machen, mit dem langen Schlurz untenrum, den die Mode für den Abend diktiert? Kinder, glaubt mir doch – das paßt ja nicht zu uns!

»Schön«, sagt die hohe Schneiderei. »Dann geht ihr eben in euren kleinen, einfachen Kleidern, und die feine Dame, die es sich leisten kann, wird man an den Volants, dem langen Rock und dem ganzen Drumrum erkennen.«

Ja, aber da sind wir ja auf einen Krebsweg gekommen, da schlittern wir zurück bis ins Rokoko, wo die höheren Stände den langen, großmächtigen Reifrock trugen und die Frauen aus dem vierten Stand das kurze Röckchen, in dem sich laufen und arbeiten ließ. Heute sind wir alle vierter Stand, mit wenigen Ausnahmen. Weder werden wir in Sänften getragen, noch steht jeder von uns ein Auto zur Verfügung. Die Demokratie der Zeit bedingt eine Demokratie der Mode.

Wenn die neuen Kleider von Meisterhänden geschneidert werden, Meisterhänden, die acht Meter Stoff zu 40 Mark in Schnippelchen zerschneiden, um ein Kleid daraus zusammenzusetzen, dann mag es noch erträglich aussehen. Aber Gott bewahre uns davor, diese Richtung in billig sehen und tragen zu müssen. Noch dazu mit der direkten Aussicht auf Korsett, Schleppe und falsche Locken. Man kann auf die Frau von 1930 nicht die Mode von 1900 pfropfen; ebensogut könnte man hingehen und auf unsere Autos gußeiserne Ornamente löten oder Gipsfassaden auf die neuen, glatten Häuserfronten kleben. Ich mache da nicht mit – wer noch?

VICKI BAUM

Die Mütter von morgen – die Backfische von heute

Als meine Mutter sich verlobte, war sie achtzehn Jahre alt. Es gibt noch ein Bild von ihr aus jener Zeit, da sitzt sie zart und großäugig und ganz steif vor Würde auf einem Stuhl mit vielen Troddelchen. Auf dem Kopf trägt sie eine Türmchenfrisur, an den Händen feine, lange Schweden-Handschuhe, unter der gespannten Seide des Leibchens hört man das Fischbein krachen, rückwärts rum gibt ein Cul etwas Figur und Schwung, und unten dran bammelt eine große Schleppe. Rechts von meiner Mutter lehnt an einer samtbezogenen Balustrade Tante Eugénie, links Tante Helene, die Sechzehn- und Siebzehnjährigen von damals. Alle drei starren mit dem gleichen unverständig-wohlerzogenen Blick in das Objektiv oder in ihre Zukunft als Gattinnen und Mütter – worunter sie sich ganz bestimmt nichts vorstellen konnten. Tante Eugénie beispielsweise glaubte bis kurz nach ihrer Verheiratung, daß die Wickelkinder gleich fertig verpackt, in Wäsche und Steckkissen, zur Welt kämen. Ich habe diese ihre unschuldsvolle Anschauung noch später oft rühmen hören, als das vorbildliche Resultat einer wirklich guten Erziehung. Ich schaue das Bild meiner achtzehnjährigen Mutter an: sie hat das Aussehen einer vierzigjährigen Frau und den Verstand und die Lebenskenntnis eines neunjährigen Mädchens von heute. Sie war bleichsüchtig und meistens traurig. Sie konnte

Chopin spielen und endlose Meterrollen einer feinen Hemdspitze häkeln. Meine Geburt kostete sie fast das Leben, ein Leben übrigens, dem sie auch sonst in keiner Weise gewachsen war, und das sie früh verließ.

Sie erzog mich, indem sie achtgab, daß ich keine nassen Füße bekam, mich nicht erhitzte, nicht erkältete, sie packte mich in viel warme Unterkleidung ein, kämpfte jahrelang mit Bürste und Nußöl gegen mein widerspenstiges, dickes und geradezu unpassendes Haar, steckte mir fünf schwere Zöpfe um den Kopf, denen ich alle Kopfwehqualen meiner Jugend verdankte, und warnte mich an meinem sechzehnten Geburtstag in dunklen, schamerfüllten und außerordentlich bitteren Worten vor den Schweinereien, die alle Männer ohne Ausnahme mit jungen Mädchen vorhatten. Wenn ich sie recht verstand, so ekelte sie sich nicht nur vor der unerlaubten Liebe, sondern auch vor der erlaubten Ehe und vor dem Leben überhaupt.

Arme Mütter von 1890! Eure Welt war so eng wie ein Kaninchenstall, auf allen Seiten mit Brettern vernagelt und ohne Lüftung. Wie haben wir euch erschreckt, als wir aus euren Wänden ausbrachen, wir jungen Mädchen von 1905, wir mit unserm Ibsen und Nietzsche, mit unserm Tristan-Fieber und unserer Rebellion gegen das Bürgerliche, wir mit der Forderung nach eigenen Wegen und Luft und Arbeit und dem Hunger nach wirklichem Leben ohne Verschleierungen und Fiktionen.

Jetzt also sind wir an der Reihe, Mütter zu sein, wir Dreißig-, Vierzigjährigen. Die Eierschalen des neunzehnten Jahrhunderts haben wir nach Möglichkeit abgestreift – manchmal klebt auch noch ein Stückchen davon fest an uns, ohne daß wir es wissen –, und nun versuchen wir mit unserer Brut Takt zu halten.

Erziehung sieht jetzt zum Beispiel so aus: Mein Junge sitzt oben auf dem Dach der Laube mit der Stoppuhr in der Hand, und ich muß unten Dauerlauf üben. 700 Meter, 1000 Meter, 1500 Meter. »Zuck-zuck!« schreit der Junge oben, wenn ich ziemlich atemlos meine dritte Runde vorbeistrample, »nicht abfallen! Nicht nachgeben!« Nein, wo werde ich denn nachgeben, Junge. Es kommt uns ja so sehr darauf an, uns nicht vor euch zu blamieren, das feine Gespinst der Kameradschaft nicht zu zerreißen, in das wir euch eingefangen haben. Respekt und Vertrauen ist eine Sache geworden, die Mütter sich täglich neu verdienen müssen. Verlangt wird von uns: Daß wir nett und nicht alt aussehen, aber doch wie Mütter aussehen, das heißt ohne Lippenstift und Haarfärbemittel und all die Dinge auskommen, die schon die Neunjährigen als Kitsch bezeichnen. Wir müssen gutgelaunt, großherzig und diskret sein. Wir müssen – falls wir Anspruch auf Bildung erheben – die wichtigsten Rekordzeiten, die Automarken, die Flugzeugkonstruktionen kennen. Am besten lernen wir diese Dinge heimlich nach, während die Kinder schlafen. Muskeln sind an uns erwünscht, Speckansätze werden mitleidig belächelt. Sehr gut für die Erziehung ist es, wenn unsere Drives beim Tennis stärker, unsere Kopfsprünge beim Schwimmen besser sind als die der Kinder. Eine Mutter, die beim Hundert-Meter-Lauf nur eine halbe Sekunde länger braucht als ihr Kind, dürfte es auch sonst ziemlich leicht haben. Niemand kann leugnen, daß uns Müttern diese Erziehung gut tut. Heimlich zwar haben wir ein wenig schlechtes Gewissen dabei, Idealistinnen und Ideologinnen wie wir von Jugend her sind. Heimlich versuchen wir, diesen strammen und wachen kleinen Tieren, die wir da heranziehen, ein wenig Geistiges einzuimpfen. Das gelingt häufiger, als man denkt. Die Leine, an der wir die nächste Generation laufen lassen, ist lang, dehnbar, fast unendlich. Trotzdem wird auch sie manchmal von den Jungen abgestreift, und sie galoppieren uns davon. Wir nehmen das nicht so tragisch, wie unsere Mütter das nahmen. Wir stehen nicht mehr ganz so verzweifelt da wie jene, mit dem sturen, unbegreifenden Blick von Muttertieren, die eine ganz artfremde Sorte von Nachwuchs ausgebrütet haben. Gut, denken wir, wenn die Kinder mit ihren dicken, etwas zu nüchternen Köpfen gegen eine Mauer rennen. Gut. Ihr habt so viel Freiheit, dann tragt auch ein wenig Verantwortung für euch. Im Tiefsten haben wir ja doch das Gefühl, daß sie viel sicherer und lebenstüchtiger sind als wir, diese Zwölfjährigen, Fünfzehnjährigen, Achtzehnjährigen.

»Weißt du, Mutter«, sagt mein Junge, »jetzt geht's mir ja noch gut, aber in zwei, drei Jahren wird alles anders, das hat mir Heinz erzählt (Heinz ist ein Sechzehnjähriger aus dem Sportklub). Wenn man fünfzehn wird, sagt Heinz, da wird alles auf einmal anders, man kriegt so eine Unruhe, man möchte fortrennen, zu Hause gefällt es einem nicht, die Eltern mag man gar nicht sehen, sie kommen einem ganz idiotisch vor, sagt Heinz, das ist sehr unangenehm. Das heißt die Pubertät, sagt Heinz, und da zeigt es sich, ob ein Junge Willen hat oder nicht, sagt Heinz, und ob er sich zusammenhalten kann zum Lernen und so.« Pause. Nachdenken. »Solange ich zur Schule mich zusammenhalten kann zum Lernen und so.« Pause. Nachdenken. »Solange ich zur Schule gehe, will ich keine Flamme haben«, sagt mein Junge. »Manche haben Flammen, aber sie werden auch ausgelacht dafür. Ist siebzehn Jahre überhaupt die richtige Zeit, für'ne Flamme zu haben? Nee, solange ich auf dem Gymnasium bin – weißt du, nachher kann ich ja bald heiraten. Wenn ich erst Geld verdiene –«

»Wen willst du denn heiraten?« frage ich vorsichtig.

»Vor allem muß sie gesund sein«, antwortet der Junge so prompt, daß ich verwundert merke, er habe sich's schon überlegt. »Gesund und lustig. Und Sport natürlich. Na, Sport treiben ja jetzt alle Mädels. Daß man mit ihr Ski fahren kann und paddeln und alles. Geld muß sie auch haben, wegen Auto. (Oh, ihr Ideale meiner Jugend! denke ich, leicht erschreckt.) Schoffieren wird sie ja wohl können, das lernt man bis dahin auf der Schule. Dumm darf sie nicht sein, dumme Mädels mag ich nicht. Und Sprachen, daß man mit ihr reisen kann. Und keinen Puder erlaube ich ihr oder Lippen schminken. Gibt's nicht. Und hübsche Haare, das gehört für Mädels. Eigentlich mögen wir alle keine Bubiköpfe, aber natürlich kann man nicht verlangen, daß sie lange Haare tragen, das ist zu unpraktisch. Aber doch so bißchen Haare. Und keine Geschichten mit Kleidern. Bis wir groß sind, werden ja doch alle Menschen nur im Turnanzug herumgehen und nur einen feinen Anzug haben für Sonntag oder so. Meine Kinder müssen überhaupt nur nackt laufen von Geburt an, damit sie stark und gesund werden und nicht so pimplich –«

Das wären so die Ansichten meines Jungen, während er neben mir herplaudert und mit seinen Kinderaugen in eine Zukunft blickt, die dicht mit meinen urwaldbraunen, splitternackten, unpimplichen Enkeln bevölkert ist ...
Ich habe mich daraufhin ein bißchen umgesehen unter den halbwüchsigen Mädchen von heute. Weiß Gott, genau so wachsen sie hinter uns her, wie die Jungens von heute sie wünschen: gesund und lustig, ohne Hysterie, ohne Blutarmut, ohne Nerven und Sentimentalitäten. Sie sind auf den Sportplätzen zu Hause und in den Laboratorien, sie arbeiten viel und machen kein großes Wesen aus jenen Gefühlen, die für uns damals so viel bedeuteten, weil sie halbversteckt, unterdrückt und verboten wucherten. Sie haben eine neue Art von Keuschheit, von Scham und von Stolz, diese kleinen, sechzehnjährigen Amazonen in ihren kurzen Trikots. Weil ihre Körper frei sind, bleiben ihre Seelen sauber und gerade. Ja, man muß euch liebhaben und euch vertrauen. Man kann sich an euch freuen, und man darf neugierig sein, wie ihr in zehn oder fünfzehn Jahren eure Sache machen werdet – ihr kleinen Mädchen von heute, ihr Mütter von morgen ...

*Die überdurchschnittlich begabte Frau hat
doch Emanzipation nie gebraucht.*

Grete von Urbanitzky
1891–1974

GRETE VON URBANITZKY

Grete von Urbanitzky, die Begründerin des österreichischen PEN-Clubs, gehört zu den schillerndsten Gestalten der österreichischen Literaturszene des 20. Jahrhunderts. Heute wird sie in den Literaturgeschichten, wenn überhaupt, nur mehr wegen ihrer unrühmlichen Rolle beim PEN-Kongreß in Ragusa im Jahr 1933 erwähnt. Dort schloß sie sich, als österreichische Delegierte, der Delegation von NS-Deutschland an, als diese aus Protest den Saal verließ, weil der internationale PEN-Kongreß die Bücherverbrennungen in Deutschland diskutieren wollte. Diese Aktion ist sicher unentschuldbar, doch ist es von Interesse, Erklärungsmöglichkeiten für diese Haltung zu suchen, vor allem, wenn man mitbedenkt, daß die Bücher von Urbanitzky 1941 ebenfalls verboten worden sind und sie Deutschland bereits 1934 verlassen hat; ab 1935 lebt sie in Paris, ab 1940 wohnt sie in der Schweiz, wo sie 1943 als politischer Flüchtling anerkannt wird.
Doch kehren wir zu den Anfängen zurück. Margarethe von Urbanitzky wird am 9. Juli 1891 in Linz geboren. Beide Eltern stammen aus dem Banat bzw. Siebenbürgen, der Vater aus Hermannstadt, die Mutter aus Arad, beide sind Angehörige der deutschsprachigen Minderheit. Der Vater ist Hochbauingenieur, die Familie wohlhabend, Grete ist die älteste von fünf Schwestern. Über die »rassische« Herkunft der Familie gibt es, je nach Zeitpunkt und Adressaten, verschiedene Angaben, die von »nur Deutsche« bis zu »typischer Cocktail« reichen. 1966 spricht sie in einem Brief von zwei französischen Großmüttern, von slawischem Blut und keinem deutschen (!).
Grete von Urbanitzky ist die Lieblingstochter des Vaters. Sie erfüllt das typische Muster, daß die älteste Tochter in Familien

ohne Sohn für den Vater zum Sohn-Ersatz und Partner wird – eine Situation, die Frauen oft den Zugang zur künstlerischen oder wissenschaftlichen Tätigkeit ermöglicht hat. Nach dem Lyzeum, das von Privatunterricht begleitet wird, kann Grete von Urbanitzky in Zürich das Gymnasium abschließen und ein Studium der Naturwissenschaften beginnen, das sie allerdings zugunsten der literarischen Karriere abbricht. Sie kehrt zur inzwischen nach Wien übersiedelten Familie zurück. Der Vater unterstützt die literarischen Bestrebungen der Tochter und akzeptiert offensichtlich ihr abgebrochenes Studium; was er aber nicht akzeptiert, ist die Heirat der Achtzehnjährigen mit einem jungen Offizier namens Ludwig Woloszcuk im Jahre 1911. Die Ehe hält nur zwei Jahre, sie scheitert angeblich daran, daß sich der Schwiegervater weigert, die Schulden des Offiziers zu bezahlen. Sieben Jahre später heiratet Urbanitzky ein zweites Mal, und zwar Peter Passini, aber auch diese Ehe wird geschieden.

1911 erscheint ihr erstes Buch, eine Sammlung von Novellen, 1913 folgt ein theoretischer Band, *Wenn die Weiber Menschen werden ... Gedanken einer Einsamen*, der sich direkt an Otto Weininger anlehnt. Der Hure und der Mutter stellt sie als dritten Typ die Ausnahmefrau, die Künstlerin zur Seite, die allerdings auf Mutterschaft und Liebe verzichten muß. Diese Konstruktion stellt ihren Versuch dar, für sich selbst und ihre Ambitionen in ihrem stark konservativen Weltbild einen Platz zu schaffen.

Seit 1913 ist eine umfangreiche Arbeit für Zeitungen und Zeitschriften belegt, Urbanitzky tritt auch mit Lesungen auf und betreibt eine eigene Literaturagentur. Auffällig dabei ist, daß sie nicht nur »schöngeistige«, sondern auch finanzpolitische Artikel schreibt, so ist sie 1917 regelmäßige Beiträgerin der *Österreichisch-Ungarischen Finanz-Presse*. Von 1925 bis 1928 ist sie Redakteurin der Kulturseite der Zeitschrift *Der Tag*, bis zum Jahr 1943 publiziert sie darüber hinaus 32 belletristische Bücher.

Neben diesem bemerkenswerten Arbeitspensum setzt sie aber auch kulturpolitische Aktivitäten und greift im Jahr 1924 den Aufruf der Engländerin Amy Dawson-Scott von 1921 zur Gründung von PEN-Zentren auf. Sie lädt Raoul Auernheimer, Arthur Schnitzler, Siegfried Trebitsch und den Verleger Ernst Peter Tal ein und gründet mit ihnen die österreichische Sektion des interna-

tionalen PEN-Clubs. Urbanitzky selbst wird zur Generalsekretärin gewählt, Arthur Schnitzler wird Ehrenpräsident.
Urbanitzkys Ruf als Schriftstellerin festigt sich zuerst im politisch konservativen Lager. *Das andere Blut*, erschienen 1920, behandelt die Opposition Deutsche – Juden, Blonde – Dunkelhaarige etc.. Die Autorin vertritt darin einen eindeutig rassistischen Standpunkt. Diese ideologisch klare Position wird allerdings durch die Handlung nicht bestätigt: Denn der gesunde, starke »deutsche« Protagonist begeht aus unglücklicher Liebe Selbstmord, während sein Gegenspieler, der schwache Mischling Bergen, die Liebe der blonden schwedischen Idealfrau Elga, Tochter eines Rassenforschers, erringt. Als Bergen erfahren muß, daß seine Mutter nicht nur Griechin, sondern auch Jüdin ist, wird ihm seine Ehe, und vor allem die Schwangerschaft seiner Frau zum Problem. Doch »glücklicherweise« verliert Elga das Kind und ist fortan unfruchtbar, sodaß sich Bergen getrost seiner individuellen Entwicklung zum vollen Germanentum widmen kann. Herrenmenschentum ist also nicht ausschließlich blutsbedingt, sondern kann auch durch persönliche Entscheidung und Leistung erworben werden. Wie schon bei der Auseinandersetzung mit Weiningers Frauenbild versucht Urbanitzky auch hier, in einem Weltbild, das auf klaren Oppositionen aufgebaut ist, die sie im Prinzip anerkennt, für sich selbst einen Platz zu schaffen, indem sie spezielle Rechte für »Ausnahmemenschen« – wohl durchaus in Anlehnung an Nietzsches »Übermenschen« – postuliert.
Mit dem Roman *Mirjams Sohn* (1926) verläßt Urbanitzky die zeitgenössischen Sujets und wendet sich überraschend einem Thema der jüdischen Geschichte zu, dem Auftreten einer religiöspolitischen Führerfigur im Amsterdamer Ghetto des 17. Jahrhunderts. Motive für diesen Wechsel sind nicht bekannt. Entgegen den Erwartungen, die die ersten Romane mit ihrem nationalistischen und rassistischen Gedankengut geweckt haben, handelt es sich bei *Mirjams Sohn* keineswegs um ein antisemitisches Pamphlet. Juden und Christen werden durchaus ähnlich differenziert dargestellt, auf beiden Seiten gibt es Gute und Böse, der rassische Gegensatz spielt, über die Beschreibung der historischen Position hinaus, auf der Ebene der impliziten Wertungen keine Rolle.

In ihrem nächsten Roman wechselt sie ihr Sujet wieder radikal und stellt lesbische Liebe – ein Thema, das sie persönlich betrifft – positiv dar, was in den zwanziger Jahren für breite Schichten provokativ war. Im Buch *Der wilde Garten* (1927) siedelt sie diese Beziehung zwar im Künstlerinnenmilieu an und evoziert mit der griechischen Bildhauerin als Protagonistin und der Mittelmeerinsel, wo es zur Erkenntnis und zum Vollzug dieser Beziehung kommt, das klassische Vorbild Sappho, aber die Partnerin in dieser Beziehung ist die aus einer deutschen Kleinstadt stammende Maturantin Gerti, die von der Bildhauerin in die weite Welt entführt, verführt und zur Tänzerin ausgebildet wird.

Mit diesem Roman begründet Grete von Urbanitzky ihren Ruf als »unmoralische« Schriftstellerin, die sich für »schlüpfrige«, sexuelle Themen interessiert. Dieser Vorwurf trifft auch auf die Romane *Zwischen Himmel und Hölle* und *Eine Frau erlebt die Welt* zu, bei dem sich die Rezeption zwischen Ablehnung und Lob als Schöpfung eines »weiblichen Faust« spaltet und in dem sie einen Mutter-Sohn-Inzest beschreibt.

In Karin und die Welt der Männer (1933) kommt es – ähnlich wie in *Eine Frau erlebt die Welt* – auf der ideologischen Ebene zu einer expliziten Stellungnahme für den Faschismus. Die Nationalsozialisten repräsentieren am Ende des Romans die Hoffnung, für sie arbeitet die Heldin, ihnen übergibt sie ihr Wissen und ihr Geld. Karin braucht keinen geheimnisvollen Gönner im Hintergrund mehr wie die Protagonistin von *Eine Frau erlebt die Welt*, sie schafft, trotz einer nicht besonders günstigen Ausgangsposition, den gesellschaftlichen Aufstieg allein. Von der Sekretärin, die in großen Hotels stundenweise für die Gäste arbeitet, wird sie zur Redakteurin eines Börsenratgebers und zur einflußreichen Beraterin und Mitspielerin im internationalen Börsengeschäft der dreißiger Jahre.

Der beruflich-politisch-kommerzielle Aufstieg der Heldin ist von einem etwas weniger linear verlaufenden privaten Liebesglück begleitet. Ihre Beziehung zu dem aus Jugoslawien stammenden Ivo scheitert zuerst einmal, da dieser weder für das Studium noch für den Südfrüchtehandel den notwendigen Ernst aufbringt. Dennoch repräsentiert er für Karin das »wahre« Leben; seine Verbindung zur Erde, zum Bauerntum, seine intakte

Familie und seine Beziehung zu seiner nationalen Identität führen dazu, daß Karin, schwanger, am Ende des Buches zu ihm und seiner Familie nach Jugoslawien zieht, um dort ihrem Kind eine echte Heimat und Familie zu bieten. Allerdings hat Ivo das letzte Wort: Er spricht davon, daß Karin aus der Ruhe dieses Lebens wohl wieder nach Deutschland zurückkehren werde, wenn sie eine neue Aufgabe rufe.

Auch in diesem Roman zeigt sich die für Urbanitzky offenbar typische Diskrepanz zwischen einer offenen, ja penetranten politischen Stellungnahme für nationalsozialistische Ideen und Organisationen und einer Handlungsführung, die diesen Ideen implizit widerspricht. Denn diese im internationalen Börsengeschäft erfolgreiche Karin kann nicht mehr mit dem NS-Frauen-Bild der »Kameradin« und des »Kumpels« in Einklang gebracht werden. Im Vergleich mit dem Mann Ivo scheinen die traditionellen Geschlechtertypologien, die die NS-Ideologie wieder aufgenommen hat, geradezu verkehrt: Ivo repräsentiert den Zusammenhang mit Erde, Natur, Landwirtschaft, kehrt in seine Heimat zurück, während Karin hinaus in die Welt geht und Geld und Position und politischen Einfluß erringt. Die »Bekehrung« Karins durch die Schwangerschaft am Ende wirkt eher aufgesetzt und wird durch Ivos Schlußworte noch zusätzlich relativiert.

Praktisch demonstriert Grete von Urbanitzky ihren »Anschluß« an die NS-Ideologie auf der Konferenz des internationalen PEN-Klubs in Ragusa, als sie als österreichische Delegierte gemeinsam mit der deutschen Delegation den Saal verläßt, um eine Diskussion der Bücherverbrennungen und der nationalsozialistischen Kulturpolitik zu verhindern.

Vor der heftigen Kritik in Wien weicht sie nach Berlin aus, wo sie aus ihrer Haltung Kapital bei den neuen Machthabern zu schlagen versucht. Doch aus nicht näher geklärten Ursachen stoßen ihre Aktivitäten in Berlin nicht auf die Sympathie der NS-Verantwortlichen. Ob für diesen Wechsel in der Gunst ihr persönliches Auftreten, das Gerücht, daß ihre Mutter Jüdin sei (Urbanitzky leugnet dies, erwähnt aber, daß ihr geschiedener Mann, und damit auch seine Schwester, die mit ihr in Berlin lebt, aus der Familie Mendelssohn-Bartholdy stammen), oder die inhaltlich für die Naziideologie untragbaren Romane *Der wilde Garten* mit seiner positiven Darstellung der lesbischen Liebe und *Mirjams Sohn* mit seinem Interesse für jüdische Kultur verantwortlich waren, ist nicht mehr aufklärbar. Fest steht auf jeden Fall, daß die beiden genannten Bücher bereits 1934 verboten werden und daß Grete von Urbanitzky und ihre Freundin Mia Passini, die Schwester ihres zweiten Mannes, 1934 – im Zusammenhang mit dem Röhm-Putsch – kurze Zeit in Gestapo-Haft waren. Gleichzeitig erlebt aber ihr Roman *Karin und die Welt der Männer* kontinuierlich neue Auflagen und erreicht 70.000 Exemplare.

Urbanitzky scheint auf jeden Fall ihre weiteren Berliner Möglichkeiten negativ beurteilt zu haben und begibt sich mit Mia Passini auf Reisen, zuerst nach Italien, dann nach Frankreich, wo sie Anfang 1936 in Paris eine Wohnung am Boulevard Montparnasse bezieht. Der Paris-Aufenthalt ist durch eine intensive Publikationstätigkeit gekennzeichnet. Neben der Arbeit an dem historischen Roman *Unsere liebe Frau von Paris*, den sie selbst für ihr wichtigstes Buch hält, schreibt sie eine Reihe von unpolitischen Unterhaltungsromanen mit den Themen Liebe und Generationenkonflikt, die noch alle bei ihrem österreichischen Verlag Zsolnay erscheinen. Aber die Schwierigkeiten ihrer früher publizierten Werke am deutschen Buchmarkt nehmen zu. 1936 wird ihr Roman *Zwischen Himmel und Hölle* als »pornographisch« indiziert, bald folgt das Verbot weiterer ihrer Bücher, 1941 wird sie endgültig mit dem Gesamtwerk auf den Index gesetzt. Schon 1939 wird sie aus der Reichsschrifttumskammer ausgeschlossen, allerdings aus rein formalen Gründen, wegen ihres Wohnortes außerhalb des Reichsgebiets.

1940, noch vor Kriegsausbruch und vor der Indizierung ihrer Bücher, teilt ihr der Zsolnay Verlag mit, daß er an der Publikation ihrer Werke nicht mehr interessiert sei, sodaß sich Urbanitzky intensiv um neue Publikationsmöglichkeiten umsieht und aus diesem Grund in die Schweiz zu Verhandlungen mit dem Morgarten Verlag fährt. Wie immer begleitet sie ihre Lebensgefährtin Mia Passini, sodaß die beiden Freundinnen sich bei Kriegsausbruch in der neutralen Schweiz befinden, wo es ihr nicht nur gelingt, die Verhandlungen mit Morgarten positiv abzuschließen, sondern auch eine Aufenthalts- und Arbeitsbewilligung zu bekommen. Die beiden Frauen leben in Lugano und Ascona, wo sie allerdings von den anderen dort lebenden Schriftstellerkollegen und -kolleginnen »geschnitten« werden – Ragusa ist unter ihnen noch nicht vergessen. Vergleicht man die materielle Situation von Urbanitzky in der Schweiz mit der von anderen Emigranten, ist sie eindeutig privilegiert. Sie kann unbehelligt als Schriftstellerin arbeiten und publizieren und von ihrer Arbeit leben. Ihre Romane, die in der Schweiz publiziert werden und die zum größten Teil noch in Paris geschrieben worden sein dürften, legen allerdings tatsächlich Zeugnis von einer gewandelten Haltung ab. Hervorstechend sind eine Anti-Kriegshaltung, die Frankophilie und ein klares Bekenntnis zu einem internationalen Europäertum.

Auffällig bei den ziemlich irritierenden Positionswechseln von Urbanitzky ist in erster Linie ihre Abhängigkeit vom jeweiligen Einflußklima, dem sie persönlich ausgesetzt war, und in zweiter Linie ihr – bewußtes oder unbewußtes – Schielen auf den Markt. Schon in ihren ersten Publikationen zeigt sich diese Abhängigkeit vom deutschnationalen Gedankengut, in das sie von ihrem Vater eingeführt worden ist. Auch ihre theoretische Standortbestimmung lehnt sich eng an Otto Weininger, seinen Antisemitismus und seine Frauenfeindlichkeit an, Positionen, die in *Das andere Blut* überdeutlich werden.

Diese ideologische Linie, die durchaus folgerichtig in ein NS-Engagement geführt hätte, wird aber in den folgenden Jahren deutlich abgeschwächt, die nationalen Freunde Trebitsch, Hohlbaum etc. werden ergänzt durch offenere Positionen wie die Freundschaft mit Felix Salten. Ihre Rezensionstätigkeit in dieser Zeit macht sie mit von ihr positiv rezipierter Weltliteratur bekannt, sie setzt sich z.B. für die Werke von Schalom Asch ein, den sie verehrt. Die von ihr geladenen Gründungsmitglieder des österreichischen PEN können ebenfalls nicht als deutschnationale Aktion interpretiert werden, genauso wenig wie die inhaltlichen Positionen ihrer Romane aus den späten zwanziger Jahren. Sensibel reagiert sie auf das offene kulturelle Klima dieser Jahre, bevor sie, wiederum sensibel und in vorauseilendem Gehorsam, auf die zunehmende Stärke der Faschisten mit *Eine Frau erlebt die Welt* und mit *Karin und die Welt der Männer* reagiert. Daß diesen Anpassungsversuchen immer eine gewisse Ambivalenz eignete, ist schon unterstrichen worden – auffällig ist das absolute Fehlen des Antisemitismus bei all ihren Gesinnungsänderungen. Es scheint, daß Urbanitzky, abgesehen von ihrem Ragusa-Auftritt, Konfrontationen tunlichst vermieden hat.

Auch den Schwierigkeiten mit den NS-Behörden in Berlin entzieht sie sich durch Reisen, dann durch die Übersiedlung nach Paris, und ihre Liebe zu Frankreich und seiner Kultur entdeckt sie erst, als sie dort lebt, allerdings ohne sie sofort in ihre Bücher, die noch in Nazi-Deutschland verkauft werden sollen, einfließen zu lassen. Auch ihre multinationale Herkunft entdeckt sie erst nach dem Ende des Zweiten Weltkriegs, als sie politisch opportun erscheint. Dasselbe trifft für ihre Antikriegshaltung und ihr Europäertum zu. Dies tritt erst während des Zweiten Weltkriegs, im Exil in der Schweiz und in Publikationen in Schweizer Verlagen auf, als ihr der deutsche Buchmarkt schon verschlossen ist.

Wie so viele ihrer Zeitgenossen zeichnet sich auch Urbanitzky durch ein sehr selektives Gedächtnis aus; so glaubt sie selber an ihren Status als Verfolgte des NS-Regimes und empfindet, wie ihre Briefe zeigen, nach 1945 die Hinweise auf ihr NS-Engagement als beleidigend. Es gelingt ihr allerdings nicht mehr so recht, im wieder offenen deutschsprachigen Buchmarkt Fuß zu fassen. Der Desch-Verlag bringt zwar ihren Roman *Der Mann Alexander* heraus, weitere geplante Publikationen scheitern aber anscheinend an dem Einspruch von Elisabeth Castonier, die auf Urbanitzkys nationalsozialistische Vergangenheit hinweist. Sie lebt in der Schweiz von den Einkünften ihrer wieder gegründeten Literaturagentur, die sie gemeinsam mit einer Freundin führt und über die sie u.a. auch Veröffentlichungen von Nelly Sachs vermittelt.

Daß ausgerechnet sie einen offiziellen Auftrag von Bruno Kreisky erhält, ein Österreich-Buch aus der Sicht einer Emigrantin zu schreiben, kann wohl nur als Farce aufgefaßt werden, denkt man an die generelle Haltung Österreichs gegenüber seinen Emigranten. Sarkastisch könnte man allerdings vermerken, daß die Parallelität der Haltungen Urbanitzkys zu denen des offiziellen Österreich sie vielleicht tatsächlich für eine derartige Repräsentanz prädestiniert hätten. Urbanitzky schreibt dieses Buch – es ist im Nachlaß erhalten – und erhält dafür auch ein Honorar von öS 6.000,–, eine im Jahr 1965 nicht so geringe Summe. Daß es doch nicht zur Publikation und zur offiziellen Darstellung Österreichs durch Urbanitzky kommt, ist dem Faktum zu danken, daß es 1966 zu einer ÖVP-Alleinregierung kommt und sich Bundeskanzler Klaus nicht an die Versprechen des SP-Politikers Kreisky gebunden fühlt; darüber hinaus werden Interventionen von Robert Neumann und Friedrich Torberg vermutet.

In einem Punkt teilt Grete von Urbanitzky allerdings das Schicksal vieler politischer und rassischer Emigranten: Sie stirbt, vergessen und vereinsamt, am 4. November 1974 in Thonex in der Schweiz, alkoholkrank und fast blind, wie Ursula Huber in ihrer Dissertation vermerkt. Lediglich ihr Nachlaß kehrt nach Wien, in die Wiener Stadt- und Landesbibliothek, zurück.

GRETE VON URBANITZKY

Die Lehrerin

Die Bildhauerin sah über sie hinweg, als wolle sie ihr Zeit lassen. Erst als sie bemerkte, daß die Lehrerin nicht zu sprechen beginnen wollte, sagte sie vorsichtig: »Ich beneide Sie um Ihren Beruf.« Das kleine Fräulein erschrak, wie tief und voll diese Stimme durch den großen Raum drang. Ihre eigene, die doch sonst so sicher das große Klassenzimmer in der Schule beherrschte, schien ihr in diesem Raume plötzlich dünn und körperlos zu klingen, und das verstärkte ihre Unsicherheit.
»Ich arbeite in Stein – er ist spröde und besitzt geheimnisvolles, eigenes Leben. Sie aber, Sie dürfen im Lebenden formen und schaffen – das muß wunderbar sein!«
»Ja, aber man muß daran glauben können!«
»Und das können Sie plötzlich nicht mehr?« Immer noch stand Alexandra in der gleichen Stellung an die Wand gelehnt, und nur ihr dunkler Blick suchte die Lehrerin.
»Es weiß ja niemand etwas von uns«, sagte Fräulein Dr. Südekum plötzlich. In ihr stand die Erinnerung an eine wilde Nacht auf, an eine einsame Nacht voll Tränen. Und sie, die noch nie von sich selbst gesprochen hatte, weil sie es so gewohnt war, zu anderen Herzen horchend sich hinabzubeugen, empfand jäh, wie wunderbar es sein müsse, sich einmal loslassen zu dürfen, den dumpfen Bann des Schweigens von sich abzutun wie einen zu schweren Panzer und Worte von sich zu schleudern

wie Tränen. »Niemand weiß etwas von uns«, sagte sie noch
einmal, »und am wenigsten wissen es die Glücklichen, denen
wir dienen.«
»Sie meinen Ihre Schülerinnen?« fragte Alexandra, ein wenig
befremdet über den heiseren Klang der anderen Stimme.
»Nein, ich meine sie, die Kinder haben, ich meine die Mütter.
Niemand denkt daran, daß ein ganzes Heer von Enterbten
nur für sie lebt.«
Die Bildhauerin stand noch immer aufrecht und starr und sah
auf das blasse Menschenkind herab, in dessen Antlitz sie die
Bereitschaft zu plötzlicher und wilder Preisgabe erkannte. Wie
eine kleine, weiße Motte ist sie, dachte sie plötzlich: so ängstlich nach irgendeinem Lichte flatternd – so gefährdet.
Die Lehrerin, die schon einmal in den letzten Tagen den Schritt
aus ihrer Einsamkeit hinaus zum großen Mitteilen getan hatte,
wenn sie sich dann auch wieder unter den kühlen Augen des
Arztes vorsichtig zurückgenommen hatte in Masken und Lügen,
gab sich, einmal ihrer engumzäunten Sicherheit entrissen,
immer hemmungsloser an die brennende Süße des Beichtens.
Sie sah Alexandra nicht an, als sie sprach: »Da gibt es Hebammen, Frau Alexandra – sie sind immer wieder Zeugen der
einen ersehnten und gefürchteten Stunde, nach der sie ein
Lebendes in die Arme der erwachten Mutter legen dürfen,
mit Händen, die immer wieder leer werden. Oder wissen Sie
nicht von den Kinderfrauen mit breiten, blauen Schürzen, die
ihre mütterlichen Hüften verdecken? Sie alle haben vielleicht
Kinder gehabt und verloren, sie haben vielleicht niemals
gebären dürfen. Sie singen weiche Schlummerlieder für
fremde Kinder – immer wieder für fremde Kinder.«
Betroffen sah Alexandra in das erblaßte, zuckende Gesicht
des alternden Fräuleins. Die Gewalt eines elementaren Gefühls ging plötzlich von diesem kleinen, zarten Wesen aus,
und Frau Alexandra erschrak, als sie die Male großer Leidenschaft in den Zügen der Lehrerin erkannte.
»Denken Sie an die Kindermädchen mit ihren roten Händen«,
sagte die Lehrerin leise. »Sehr weich und zart können diese
Hände sein, wenn sie winzige Kinderfäuste zum ersten Gebet
falten, Händchen, die, groß geworden, nicht einmal mehr

grüßend zum Hute finden, wenn die Trösterin ihrer ersten
Schmerzen an ihnen vorübergeht.«
Die Lehrerin verbarg ihr blasses Gesicht zwischen den Händen,
und ihre Stimme sank in ein Flüstern: »Sie sagen, daß Sie mich
um meinen Beruf beneiden. Aber haben Sie und all die anderen
Menschen schon einmal über uns Lehrerinnen nachgedacht?
Für die Großen sind wir verachtete, belächelte Geschöpfe.
Wir erinnern an die komische Schulangst, an Aufgaben, die
bittere Stunden bereiteten, vor allem aber an die lustigen
Streiche, die man uns spielte, und die uns noch in der Erinnerung so lächerlich erscheinen lassen. Nicht wahr, so ist es
doch, Frau Alexandra? Alles andere ist in der Erinnerung an
uns ausgelöscht.« –
»Sie schweigen so stark«, sagte plötzlich die Lehrerin, schamvoll
erwachend. »Verstehen Sie, was ich sagte?«
»Ich verstehe es – aber ich beneide Sie um Ihre Sehnsucht.
Ich beneide Sie, weil sie einem Ziele aus Fleisch und Blut gilt –
weil sie aus Fleisch und Blut stammt.«
»So kennen Sie das gar nicht?« fragte die Lehrerin und sah
scheu forschend in das Gesicht der Bildhauerin. »Und Sie sind
doch eine Frau?«
»Nein, ich kenne das nicht«, antwortete Frau Alexandra ruhig,
und ein harter Zug lag plötzlich in ihrem Gesichte. »Meine
Sehnsucht meint immer nur den Stein, immer nur ihn. Sie
können mir alle Namen sagen, die die Menschen für jede Art
der Sehnsucht fanden. Für mich hat jede nur eine Richtung,
nur ein Ziel: den Stein und das Leben, das ich aus ihm zwingen
will.«
Fröstelnd sah die Lehrerin auf die fremde Frau, angeweht
von einer harten Kühle.
»Aber die Liebe!« – sagte sie plötzlich, und das Wort hing
schwer und rund in dem Schweigen des Raumes.
»Die Liebe!« Ein spöttisches Lächeln flog über das Gesicht
Alexandras. »Das ist ein großes Wort.«
»Sagen Sie das nicht!« flehte das kleine Fräulein. »Ich kenne
soviel Häßliches und Unwertes – aber man muß an die Liebe
glauben!«
»So haben Sie einmal die Liebe erlebt?«

»Ich?« – Ein großes Erstaunen stand plötzlich in den Zügen der Lehrerin. Seltsam! über das Vergangene hatte sie schon so lange nicht mehr nachgedacht.
»Ich hatte immer Angst vor den Menschen«, bekannte sie leise. »Besonders damals, als ich jung war und manche zu mir drängten. Es war so unverständlich, so häßlich. Weil ich nicht gleich bereit war zu dem, was sie alle forderten, wandten sie sich böse ab und hatten mich rasch vergessen. Sie wollten wohl gar nicht mich selbst.«
Die Bildhauerin sah aufmerksam zu dem kleinen Fräulein hinüber. – »Und später dann?«
»Ich weiß nicht.« Fräulein Dr. Südekum wurde ganz verlegen. »Ich glaube, ich vergaß ganz darauf, daß es das gibt. Ich lebte in dem Hause mit dem großen Garten. Nein, ich dachte wirklich nie daran. Ich hatte die Klasse, die Schülerinnen.«
»Und später und jetzt? – Es ist doch nicht möglich, daß kein Mann ...«
»Jetzt – Frau Alexandra! Ich bin doch alt. Diese Dinge sind vorüber – nein, ich bin froh, daß dies gar nicht mehr sein kann. Ich habe doch meinen Beruf, ich lebe nur ihm.« Fräulein Dr. Südekum hatte plötzlich so laut gesprochen, als wollte sie diese Worte nicht nur ihrer Zuhörerin, sondern der ganzen Welt ins Gesicht schreien.
»Erzählen Sie doch von Ihrem Beruf!« bat Alexandra.
Ängstlich sah das kleine Fräulein plötzlich umher. »Ich möchte ja so gerne – aber – haben Sie denn so viel Zeit für mich?«
»Noch eine volle Stunde«, lächelte Alexandra. »Dann kommt Robert mich abholen.« (...)

Das kleine Fräulein bog sich tief in die Dämmerung, die langsam von dem ganzen Raum Besitz ergriff. Wie gut das war! Man konnte sich in das blaue Dunkel bergen und nur die Stimme aussenden zu dem anderen lauschenden Menschen. Fräulein Dr. Südekum erzählte. Von dem Feinde sprach sie, der ihr immer wieder die jungen Herzen entriß. Schon zum drittenmal geschah ihr dies, denn zum drittenmal stieg sie mit einer Mädchenschar von der ersten Klasse, in der sie die Schülerinnen als Kinder übernommen hatte, bis in die sechste zu den

Schlußprüfungen auf, nach denen die Mädchen in das Leben entlassen wurden.

Alexandra saß auf den Stufen am Fenster. Das letzte Licht des Tages zwang rote Funken aus ihrem dunklen Haar. Gebannt sah das kleine Fräulein in dieses ernst lauschende Antlitz. So unwirklich schien es ihr nun in seiner Strenge, daß jede Scheu von ihr abfiel. Immer weiter sprach sie. Sie merkte gar nicht, wie sie aus der allgemeinen Schilderung in das Besondere eines letzten, allerletzten Erlebnisses kam, das sich so sehr von allen anderen unterschied – nicht nur, weil es in feinen und unwägbaren Dingen anders war, nein, auch weil sie selbst in ihm eine andere geworden war. Aber dieses wußte sie selbst erst jetzt in ihrer großen Beichte.

Eine wilde Freude frohlockte in dem kleinen, alternden Fräulein, da sie immer mehr und mehr von Gertrud erzählte. Dinge sagte sie, die sie sich nicht nur niemals selbst gestanden hatte, nein, die sie bis zu dieser Stunde überhaupt nicht gewußt hatte. Die wollüstige Freude der Selbstpreisgabe stieß sie immer weiter.

»Vielleicht war alles sinnlos bis zu dem Tage, da die kleine Gertrud zu mir kam«, sagte das alte Fräulein in den nun ganz dunkel gewordenen Raum. »Denn bis dahin war alles Beruf gewesen, war ich nur die Lehrerin, verstand ich nur zu gut, daß ich jeden meiner Lieblinge an das Leben verlieren mußte. Es tat auch damals weh, aber ich wußte, daß es nicht anders sein könne. Aber diesmal – aber Gertrud – das ist ganz anders. Nein, ich kann es nicht ertragen, sie zu verlieren. Ich kann es nicht!«

»Und Sie wissen wirklich nicht, daß dies die Liebe ist, sie, der Sie ein Leben lang entflohen sind?«

»Die Liebe?« Fräulein Dr. Südekum sah betroffen zu Alexandra auf. »Ich spreche doch von einer kleinen Schülerin und mir. Ich – nein – Sie haben gescherzt, nicht wahr?«

»Sie wissen wirklich nicht, daß dies, was Sie nun erleben, die Liebe ist?« fragte Alexandra nochmals. »Sie wissen nicht, daß dies die Opferung ist, die Sie niemals erlebt haben bisher, und daß alles in Ihnen, Herz, Seele und Sinne, nach diesem Menschen dürstet?«

Alexandra sah ruhig auf das kleine Fräulein. Kopfschüttelnd fuhr sie fort: »Gibt es das, daß man sich selbst so wenig kennt, daß man vor sich selbst so entsetzlich lügt und mit verwirrenden Namen die große Flamme ersticken will?«

»Ich bin doch – um Gottes willen!« Das Blut hämmerte so stark in den Schläfen des kleinen Fräuleins, daß es seine eigene Stimme nur wie aus Fernen vernahm. »Ich bin doch eine Frau – ich meine, ein Mädchen, ja, ein altes Mädchen – und Gertrud! Sie reden ja Wahnwitziges, Frau Alexandra – das, das ist ein schlechter Witz!«

»Sie großes Kind«, lächelte Alexandra, »Sie großes Kind.«

Das kleine Fräulein mühte sich um ein krampfhaftes Lächeln. »Ja – ich verstehe Sie jetzt. Verzeihen Sie, es schien mir augenblicklich so wirr. Sie meinen, weil ich so allein bin – weil – ich habe niemanden – kein Kind – und Gertrud – sie war wie mein eigenes ...«

»Ich weiß den Weg nicht, der Sie zu dieser Liebe führte«, entgegnete Alexandra ruhig. »Nein, dazu kenne ich sie zu wenig. Aber ich weiß, daß das die Liebe ist, und weiß, daß Sie dieses Mädchen begehren.«

»Begehren!« Das kleine Fräulein sprang totenblaß auf. »Nein, ich hätte nicht sprechen sollen. Sie verstehen mich nicht. Sie denken abscheuliche Dinge! Sie sind wahnsinnig! Ich habe es ja gleich gewußt, als ich Sie sah, daß Sie ein schlechter und wahnsinniger Mensch sind!« Das kleine Fräulein schlug entsetzt die Hände vor das brennende Gesicht.

Nach einem Schweigen, das nur ihr keuchender Atem erfüllte, fragte Fräulein Dr. Südekum leise mit abgewandtem Gesicht: »Und Sie glauben, daß es das gibt: Liebe zwischen Frau und Frau?«

»Gibt es sie nicht zwischen Prophet und Jünger, Mensch und Stern, Mensch und Tier, Mensch und Blume? Ist es nicht ein Strom, der alle verbindet?« Alexandra trat ganz nahe an das kleine Fräulein heran und beugte sich über sie, daß diese plötzlich nur die großen klaren Augen im Dunkel über sich sah: »Lieben wir Menschen einander nicht, weil wir sterben müssen, weil wir alle, Mensch, Tier und Kristall, zu gleichem Schicksal verdammt sind? Und da sollten wir grübeln, warum wir lieben? Und da sollten wir es uns verbieten?«

Das kleine Fräulein richtete sich auf, und in einer ungeheuren tapferen Anstrengung, die ihr fast den Atem zerbrach, fragte sie so, als hinge alles von dieser Antwort ab: »Ja, Mensch und – aber ich meine diese Liebe, von der Sie jetzt sprachen, von dem Begehren – Liebe zwischen Frau und Frau – das – das ist doch ekelhaft!«

Alexandra sah ein wenig irritiert auf das kleine fiebernde Wesen vor sich. Arme, kleine Motte, dachte sie wieder. Wie angstvoll sie mit den zarten Flügeln um sich schlägt!

»Wie krank Sie denken!« sagte sie dann ruhig. »In einem anderen Sinne hätten Sie vielleicht recht. Denn es gibt das Laster. Das ist, wenn ermüdete Luft immer neuen Stachel sucht, wenn das Gehirn zum Diener der Begierden wird und immer neue spitzfindige Variationen findet. Das mag ekelhaft sein, das kenne ich nicht. Ich will auch nicht wissen, wie Aussatz ist und Delirium der Süchtigen, die irgendeinem Traum schenkenden Gifte verfallen sind – aber wir sprechen von der Liebe! Welcher Weg sollte ihr verboten sein, wenn sie die Liebe ist?«

Fast unhörbar kam die Frage aus der Dunkelheit: »Und was ist Liebe?«

»Was mehr will als Lust, die immer nur sich selbst will und den, der sie gibt. Was uns Todgeweihte über unser armseliges Ich und seine Grenzen emporzwingt, was alles außerhalb unserer Arbeit und diese selbst lebenswert macht und heidnisch froh...«

Und wieder kam die zaghafte Stimme aus dem Dunkel: »Und Sie glauben wirklich, daß...«

Ein wenig ungeduldig klang die Antwort Alexandras:

»Wer sich fürchtet, soll sich in die Winkel und Ecken flüchten, die der Menschen Herdengesetze schufen. Wer liebt, ist Gottes und steht außer dem Gesetz.«

*I don't know how long I have to wait here starving
and fearing the worst. My situation aggravates
from every point of view. How endure this life?*

Maria Leitner
1892–1942?

MARIA LEITNER

»Das ist das merkwürdigste Reisebuch, das je geschrieben wurde. Wir sind es gewohnt, daß Männer durch die Welt vagabundieren, aber daß eine Frau es wagt, auf Hotels und auf alle anderen Reisebequemlichkeiten zu verzichten, und nicht einmal als Globetrotter, auch nicht als eine der üblichen Dutzendjournalistinnen, sondern auf ihre Art durch die Welt reist, das ist nicht nur neu, das ist vor allen Dingen eine Leistung.«
So wirbt der Klappentext für eines der interessantesten Reisebücher von Maria Leitner, das 1932 unter dem Titel *Eine Frau reist durch die Welt* im Berliner Agis-Verlag erschienen ist. Es enthält ihre besten Reportagen über ihren Amerikaaufenthalt, die noch heute durch ihre kritische und nüchterne Perspektive überzeugend sind. Die Texte des Bandes werden in mehrere Sprachen übersetzt und auszugsweise immer wieder nachgedruckt.
Ab 1925 fuhr sie im Auftrag des Berliner Ullstein-Verlages durch Amerika, wo sie u.a. als Putzfrau, Küchenhilfe, Köchin, Dienstmädchen, Serviererin, Abwäscherin und Arbeiterin in der Textil- und Zigarrenindustrie ihr Geld verdiente. Insgesamt nahm sie rund achtzig Stellen an, um authentische Erfahrungen zu sammeln über das Leben der Unterprivilegierten in Amerika. Die Schriftstellerin beobachtete und analysierte genau die Arbeits- und Lebensbedingungen der Menschen, die Entfremdung, die Menschen zu Automaten umfunktionierte, zu Nummern machte. Sie kritisierte das Tempo der Industrialisierung, die Fließbandarbeit und die neuen Selbstbedienungsrestaurants: »... Automaten gehen auf und ab zwischen den Tischen und geben acht, den ganzen Tag, den ganzen Abend, ob die Eßautomaten auch ihre Pflicht erfüllen, den ganzen Tag, den ganzen Abend, und essen, schnell essen.«

Die Stadt New York mit ihren Wolkenkratzern und ihrem Verkehr faszinierte sie zwar, doch ihr war auch bewußt, welchen Preis die arbeitenden Menschen für diesen Fortschritt zu zahlen hatten. Sie war keine Reisende mit dem Blick von außen, sondern stand als berufstätige Frau mitten im amerikanischen Alltag. Sie berichtete nicht als intellektuelle Reporterin, sondern aus der Perspektive von unten. Mit feiner Ironie, manchmal spöttisch schrieb sie über den American Way of Life. Ihre Reisereportagen förderten jedenfalls eines nicht: die Reiselust auf Amerika. Damit setzte sie sich bewußt ab vom Genre der Reiseliteratur des 19. Jahrhunderts und reihte sich ein in die Tradition der Sozialreportagen.

Maria Leitners Berichte stehen aber auch in einer Distanz zu den Amerikareportagen etwa von Alfred Kerr oder dem rasenden Reporter Egon Erwin Kisch. Sie war weder eine reisende Flaneurin noch eine rasende Reporterin, sondern zählte zu jenen Journalisten und Schriftstellern, die durch authentische Erfahrungsberichte aus der Arbeitswelt zu einer politischen Veränderung derung der Verhältnisse beitragen wollten. Und sie bereiste nicht nur die Metropolen, sondern auch die amerikanische Provinz, die Südstaaten und einige Inseln wie Haiti und Curaçao, in denen sie auf Rassismus und Feudalismus stieß. In ihren Reportagen über südamerikanische Staaten und die Karibik wurde die Kritik der sozialistischen Schriftstellerin an der Ausbeutung im Kapitalismus noch deutlicher.

Wir wissen nicht genau, wann Maria Leitner von ihren Reisen nach Deutschland zurückkehrte, wahrscheinlich um 1930. Ihr in Fortsetzungen in der *Arbeiter-Illustrierten-Zeitung* 1933 gedruckter Roman *Wehr dich, Akato* über Menschen in den Urwäldern Guayanas, deren Leben durch eine amerikanische Aluminium-Gesellschaft zerstört wird, die diese Wälder und Menschen ausbeutet, bricht ab, als die Zeitung von den Nazis verboten wird. Kurz darauf kommt ihr Roman *Hotel Amerika*, der 1930 mit einem Schutzumschlag des berühmten John Heartfield in einem kommunistischen Verlag erscheint, auf die »Liste 1 des schädlichen und unerwünschten Schrifttums« der Reichsschrifttumskammer. Maria Leitner erzählt in einer Kriminalhandlung vom Schicksal der irischen Wäscherin Shirley O'Brien in einem amerikanischen Luxushotel. Das Buch wirft einen Blick hinter die Kulissen und bringt am Ende die Protagonistin zur Erkenntnis ihrer wahren sozialen Lage und zum Abschied von Träumen und Visionen einer Glamourwelt.

Wie der Klappentext des Buches *Eine Frau reist durch die Welt* erkennen läßt, galt es auch in den dreißiger Jahren noch als Ausnahme, wenn Frauen sich in die Welt hinaus begaben. Was mochte Maria Leitner dazu bewogen haben? Geboren wurde sie am 19. Februar 1892 als älteste von drei Geschwistern einer deutschsprachigen jüdischen Familie in Varaždin, das damals zur österreichisch-ungarischen Monarchie und heute zu Kroatien gehört. Der Vater war ein kleiner Bauunternehmer. Als Maria fünf Jahre alt war, übersiedelte die Familie nach Budapest, wo sie von 1902 bis 1910 die »Ungarische Königl. Höhere Mädchenschule« besuchte. Maria Leitner wuchs zweisprachig auf und begann bald Englisch und Französisch zu lernen, war neugierig auf die Welt, wollte studieren.

Da ein Studium in Ungarn damals noch nicht möglich war, dürfte Maria Leitner in der Schweiz gewesen sein. Ihre Sprachkenntnisse waren wohl für ihr zunächst freiwilliges und schließlich unfreiwilliges Reiseleben von großem Nutzen. Bereits mit 21 Jahren wurde sie 1913 Mitarbeiterin einer der renommiertesten Budapester Zeitungen, dem Boulevardblatt *Az Est* (Der Abend). Als wenig später der Erste Weltkrieg ausbrach, schickte sie die Zeitung als Korrespondentin nach Stockholm, und sie pendelte einige Zeit zwischen Stockholm und Budapest. Gemeinsam mit ihren Brüdern zählte Maria Leitner zu einem Kreis junger Linksintellektueller in Budapest, ihr Bruder versuchte 1918 ein Attentat auf den ungarischen Ministerpräsidenten. Sie schrieb während der Zeit der ungarischen Räterepublik für linke Zeitungen und war an der Gründung des Kommunistischen Jugendverbandes Ungarns beteiligt. Nach dem Ende der Räterepublik im August 1919 mußte Maria wie ihre beiden Brüder fliehen und ging zunächst nach Wien, bald darauf nach Berlin, wo sie zunächst von Gelegenheitsjobs lebte. In ihrer Novelle *Sandkorn im Sturm* verarbeitete sie Eindrücke von den umstürzlerischen Veränderungen in einem burgenländischen Dorf (damals Ungarn). Dies läßt vermuten, daß die Autorin an den Geschehnissen beteiligt war.

Im Jahr 1920 fuhr sie als Jugenddelegierte Ungarns nach Moskau und nahm am 2. Kongreß der Kommunistischen Internationale teil. Dort lernte sie auch Willi Münzenberg kennen, der mit dem *Neuen Deutschland* ein Zeitungsimperium begründet hatte und durch den Maria Leitner vermutlich auch Kontakt zum Verlag der Jugendinternationale in Berlin bekam, bei dem sie Anfang der zwanziger Jahre als Übersetzerin im »englischen Büro« arbeitete. Seit 1924 schrieb sie auch für den *Uhu*, das »Lifestyle-Magazin« des Ullstein-Verlages, im Sommer dieses Jahres verbrachte sie einige Wochen in Wien.

Es mag heute befremdlich erscheinen, daß als erstes Buch der linksengagierten Autorin Maria Leitner ein von ihr herausgegebenes und mit einem Nachwort versehenes Märchenbuch unter dem Titel *Tibetanische Märchen* 1923 im Berliner Juncker Verlag erschien. Dieses Genre war – wie u.a. auch mehrere Titel von Hermynia Zur Mühlen zeigen – in kommunistischen Schriftstellerkreisen eine durchaus beliebte literarische Form, deren gesellschaftskritische Dimension genützt wurde. Der Vorteil bestand darin, daß das Märchen nicht gleich als agitatorische Literatur denunziert wurde. In den folgenden Jahren wandte sich Maria Leitner der dokumentarischen Reportage zu, aber auch ihre belletristischen Texte waren den gesellschaftlichen Realitäten verpflichtet – Literatur war für sie vor allem ein Mittel der politischen Aufklärung.

Ihr Bruder Johann, der sich Janós Lékai nannte, leitete seit 1922 in New York eine kommunistische ungarische Tageszeitung, und 1925 erhielt Maria die Nachricht, daß er an Tuberkulose erkrankt sei. Da paßte es gut, daß ihr der Ullstein-Verlag anbot, durch Amerika zu reisen. Sie bekam vom Verlag zwar nur Reisegeld und ein Honorar für ihre Berichte und Bilder, die Aufenthaltskosten in Amerika mußte sie sich durch ihre Arbeit selbst verdienen. Als Maria in New York ankam, war Janós bereits schwer krank. Er starb im Juni 1925, danach begann sie ihre Reise durch Amerika.

In verschiedenen Nummern des *Uhu* erschienen zwischen 1925 und 1928 ihre Reportagen, ihre Berichte über Südamerika und die karibischen Inseln veröffentlichte die Berliner Zeitschrift *Welt am Abend* erst im Oktober 1932. Auch in der Zeitschrift *Der Weg der Frau* wurden in den Jahren 1931/32 Reportagen gedruckt, sie selbst wurde gleich in der ersten Nummer mit Porträtfoto und Text als ständige Mitarbeiterin präsentiert. In einem Text für eine Werbekampagne der Zeitschrift klagte Maria Leitner: »Gegen den Verdummungsfeldzug der Reaktion ist umso schwerer anzukämpfen, weil die Mehrzahl der Frauen (Hausfrauen, Heimarbeiterinnen, Angestellte und Arbeiterinnen der Kleinbetriebe) viel isolierter von ihren Klassengenossen leben als die Männer. Ich glaube, daß der ›Weg der Frau‹ besonders geeignet ist, auch diese Frauen für die proletarische Sache zu gewinnen und ihnen die Lage klar zu zeigen«.

Nach ihrer Rückkehr aus Amerika war sie in den Jahren 1931 und 1932 auf »Entdeckungsreise durch Deutschland« und schrieb Reportagen über die politischen Veränderungen. In der *Welt am Abend* erschien ihre sozialkritische Serie *Frauen im Sturm der Zeit*. Wie in allen ihren Texten formulierte Maria Leitner in dieser Serie ihre Kritik an den Verhältnissen aus einer weiblichen Perspektive. Sie beleuchtete das Schicksal von acht Frauen in der Zeit der Wirtschaftskrise und thematisierte neben Alltagsproblemen zentrale existentielle Frauenprobleme wie Abtreibung und Prostitution.

Maria Leitner war als jüdische kommunistische Schriftstellerin und Mitglied des Bundes proletarisch-revolutionärer Schriftsteller Deutschlands nach Hitlers Machtergreifung gefährdet. Vor dem Zugriff der Gestapo konnte sie sich durch eine »Auslandsreise« retten und erreichte über Prag und Wien Paris, wo sie seit etwa 1934 im Exil lebte. Zwischen 1936 und 1939 publizierte sie in verschiedenen Exilzeitschriften und war Mitautorin der 1936 in Paris gegründeten Zeitschrift *Die Frau*. Ihr letzter Roman *Elisabeth, ein Hitlermädchen* erschien 1937 in Fortsetzungen in der *Pariser Tageszeitung*. Dieser *Roman der deutschen Jugend* – so der Untertitel – war einer der ersten literarischen Versuche, die nationalsozialistische Ideologie in ihren Auswirkungen auf die Jugend zu erfassen. Maria Leitner erzählte vom Alltag junger Menschen unter Einbeziehung von dokumentarischem Material wie Liedern und Zeitungsartikeln. Elisabeth, eine Angestellte, muß im Verlauf der Handlung erkennen, daß ihr persönlicher Lebensentwurf durch die politischen Verhältnisse zum Scheitern verurteilt ist. Sie distanziert sich am Ende von der nationalsozialistischen Ideologie, die sie zunächst begrüßt hat. Maria Leitner thematisiert in diesem Roman die Ambivalenz des Frauenbildes, die »Kluft zwischen der offiziellen Frauen- und Familienpolitik der NSDAP und der tatsächlichen Lebenspraxis«, wie Eva-Maria Siegel in ihrer Analyse ausführt.

In der *Pariser Tageszeitung* und in der Moskauer Zeitschrift *Das Wort* wurden Leitners Reportagen über Deutschland publiziert, in denen sie über die Machtübernahme der Nationalsozialisten und die Kriegsvorbereitungen berichtete. Im Herbst 1935 recherchierte sie über das Sprengstoffwerk in Wittenberg, in dem wenige Wochen vor ihrem Besuch eine Explosion viele Opfer gefordert hatte. Aufsehenerregend waren auch ihre Enthüllungen über die IG Farben im Jahr 1937, als ein großes Fischsterben im Main die Produktion von Gift bereits ahnen ließ.

In Frankreich war Maria Leitner Mitglied des seit Sommer 1933 bestehenden »Schutzverbandes deutscher Schriftsteller im Ausland«. Ob sie sich aktiv am politischen Widerstand beteiligte, muß nach den bisherigen Forschungen offen bleiben. Die meisten biographischen Fakten hat Helga Schwarz recherchiert, die in mühevoller Arbeit die Lebenswege Maria Leitners gesichert hat und noch immer sichert.

Mit großer Wahrscheinlichkeit besuchte Maria Leitner als amerikanische oder ungarische Touristin getarnt noch mehrmals Deutschland, möglicherweise mit einem Paß, der einen amerikanischen oder ungarischen Namen auswies, Lightner oder Lékai. Li und Erich Weinert luden sie zu einem Erholungsaufenthalt ins Grenzgebiet zwischen Saarland und Elsaß ein. Li Weinert erinnert sich: »Ich weiß nur, daß Maria Leitner öfter nach Deutschland gefahren ist und illegal gearbeitet hat.«

Ihre finanzielle Situation wurde immer schwieriger, trotzdem versuchte sie weiterzuarbeiten, schrieb an einem Buch über ihre Kindheit und Jugend und an einem Drehbuch über Bertha von Suttner, das in den USA zwar ein Copyright erhielt, aber bisher nicht aufgefunden werden konnte.

1938 wandte sie sich an Hubertus Prinz zu Löwenstein, den Vertreter der »American Guild for German Cultural Freedom«, um finanzielle Unterstützung, da ihre Situation immer bedrohlicher wurde. Die Zahlungen waren bescheiden, meist zwischen 25

und 30 Dollar, und selbst für diese Unterstützung mußte sie immer wieder ansuchen.
So engagiert Maria Leitner in ihren Sozialreportagen über das Schicksal anderer Menschen, vor allem anderer Frauen, erzählte, so wenig erfahren wir in ihrer Literatur über ihr Privatleben. Und da ihr persönlicher Nachlaß verloren scheint, wissen wir kaum etwas über Freunde, Bekannte oder Beziehungen. Maria Leitner wurde – in den persönlichen Aussagen von Zeitgenossen – immer wieder als selbstlos beschrieben. Oskar Maria Graf charakterisierte sie in einem Gutachten für die amerikanische Hilfsorganisation als »eine sehr aktive antifaschistische Schriftstellerin, die nur wenige kennen«, und fuhr fort, daß sie »nicht nur eine gute Schriftstellerin, sondern eine der mutigsten und bescheidensten Frauen« sei. Und Anna Seghers, die Maria Leitner schon vor 1933 in Berlin kennengelernt hat, setzte sich ebenfalls für sie ein und erklärte, daß ihre Kollegin »einer solchen Unterstützung bestimmt würdig (sei), als begabte Schriftstellerin und als gute und tapfere Reporterin. Sie lebt in äußerst bedrängten Verhältnissen. Bei ihrer schlechten materiellen Lage und der Qualität ihrer Arbeiten wäre eine rasche Unterstützung sehr angebracht.«
Am 7. Oktober 1938 schrieb Maria Leitner an die »American Guild for German Cultural Freedom«: »Leider gehöre ich zu jenen Schriftstellern, die, obgleich ich mehrere Bücher veröffentlichte und in der Emigration immer, oft in größter Gefahr, für die antifaschistische Sache gearbeitet habe, nie eine Arbeitshilfe bekamen. Ich wurde nie unterstützt. Ich mußte oft schwere physische Arbeit verrichten, um nicht zu verhungern. Das Ende: ein physischer Zusammenbruch. Ich habe, solange es ging, um keine Hilfe gebettelt, aber sollen deshalb jene, die immer unterstützt wurden, bevorzugt werden, während man mich verhungern läßt?«
1940 wurde Maria Leitner wie viele andere Exilantinnen im südfranzösischen Frauenlager Gurs interniert. Nach fast zwei Monaten gelang ihr die Flucht, und sie erreichte über Toulouse die Hafenstadt Marseille, in der viele Menschen auf die ersehnten Visa nach Übersee warteten. Auf dieser Flucht gingen Briefe und Manuskripte von Maria Leitner verloren.

In äußerster Bedrängnis bat Maria Leitner auf dem amerikanischen Konsulat, eine Verbindung zum amerikanischen Schriftsteller Theodore Dreiser, dessen Sekretärin sie zeitweise in Paris gewesen war, herzustellen. Sie hoffte, daß er für sie bürgen würde. Einige Briefe von ihm blieben 1941 ungeöffnet am Postschalter in Marseille liegen. In ihrem letzten erhaltenen Brief vom 4. März 1941 an Volkmar von Zühlsdorff (American Guild) heißt es verzweifelt: »I don't know how long I have to wait here starving and fearing the worst. My situation aggravates from every point of view. How endure this life?«
Maria Leitners Name taucht auch in den Aufzeichnungen der Hilfsorganisation von Varian Fry auf, die sich um die Ausreise nach Amerika bemühte. Im Frühjahr 1942 wurde sie nochmals im Büro der Organisation gesehen, »eine völlig verzweifelte Frau, die dringend ärztlicher Hilfe bedurfte. Danach verlieren sich ihre Spuren.«

MARIA LEITNER

Nummer 952

Das ging eigentlich ganz gut – dachte ich, während ich das Formular mit den vielen neugierigen Fragen der Hotelleitung ausstellte. Wo ich schon überall angestellt war, ob ich die Absicht habe, falls ich nicht Amerikanerin sein sollte, eine zu werden. Und vor allem, wen man verständigen soll für den Fall, daß ich erkranke. Daß man gleich auf das Schlimmste gefaßt ist, klingt zwar nicht gerade ermutigend, aber sonst scheine ich es gar nicht so schlecht getroffen zu haben. Ich hätte zwar nicht verraten sollen, daß ich erst seit einigen Tagen in Amerika bin. Es wäre vielleicht doch besser gewesen, Stubenmädchen zu werden, obgleich zwanzig Zimmer und zwanzig Badezimmer in sieben Stunden zu reinigen keine Kleinigkeit ist. Ob ich das fertiggebracht hätte? Und die Beruhigung, daß ich später fünfundzwanzig Zimmer und fünfundzwanzig Badezimmer in Ordnung zu bringen hätte? Nun werde ich wenigstens leichte Arbeit haben, nur die Ordinationszimmer des Zahnarztes zu reinigen, die Nickelinstrumente zu putzen. Was kann daran schon schwer sein? Viel verdiene ich gerade nicht. Täglich einen Dollar. – Aber ich habe volle Verpflegung und »Zimmer mit Bad«, sagte die freundliche alte Dame, die mich aufgenommen hat.
Auf dem Löschpapier, auf dem Formular, überhaupt wohin man nur blickt, steht zu lesen, daß man sich in dem größten Hotel der Welt befindet mit zweitausendundzweihundert Zimmern und zweitausendundzweihundert Bädern, und ich

bin nicht wenig stolz, daß es mir gelungen ist, hier eine,
wenn auch bescheidene Stellung zu finden.
Ich erscheine deshalb sehr erwartungsvoll am nächsten
Morgen um acht Uhr. Es dauert eine Weile, bis wieder alle Formalitäten erledigt sind und ich aufs Zimmer geführt werde.
Das »Zimmer mit Bad« ist ein langer, stockfinsterer Raum, in
dem acht Betten stehen. Ich bekomme das Fach eines langen
Blechkastens als Kleiderschrank zugewiesen. Dann gibt man
mir eine Nummer, ich bin Nummer 952, eine Eßkarte, eine
blauweiß gestreifte Uniform und eine Karte, die ich bei Beginn
und Ende meiner Arbeit abstempeln lassen muß.
Endlich erhalte ich einen Eimer, Seife, Tücher, eine Scheuerbürste und einen kleinen Teppich (wozu dies alles?), während die
freundliche alte Dame, die mir heute schon weniger freundlich erscheint, mich in einen geräumigen Vorraum führt und
mir erklärt, daß ich diesen aufwischen muß. (Aber wie ist es
mit dem Ordinationszimmer des Zahnarztes?)

Der kleine Teppich und seine Berufung

Wie wischt man eigentlich einen Fußboden auf? Ich frage
jedenfalls vorsichtigerweise, wie man dies in Amerika,
beziehungsweise im Hotel »Pennsylvania« zu machen
gewöhnt ist. Aber ich merke, daß diese Frage keinen guten
Eindruck hervorgerufen hat. »Also seifen Sie doch endlich
die Bürste ein und fürchten Sie sich nicht so vor dem Wasser.
– So, und dann mit dem nassen Tuch aufwischen. – Und
knien Sie sich doch hin!«
Auch das noch. Adieu Schuhe und Strümpfe. Muß ich aber
meine Knie auch noch kaputt machen? Ich dachte, die
Amerikaner sind so praktisch und machen alles mit der
Maschine. Zum Glück fällt mir der kleine Teppich ein. Bisher
ist er in keiner Weise in Erscheinung getreten, aber da man
ihn mir gegeben hat, muß er doch irgendeine Berufung
haben. Ich nehme ihn also, und während ich aufwische, knie
ich mich auf ihn. (Scheint so eine Art Gebetteppich zu sein.)
Wenn ich mit einem Stück fertig bin, ziehe ich mit ihm weiter.

Es ist ein bißchen umständlich, aber es geht doch besser so als vorhin. Nur an dem Ausdruck der alten Dame merke ich, daß irgend etwas nicht ganz stimmt. Endlich erklärt sie mir mit einer Stimme, die zwar sanft ist, aber deren Sanftheit man anhört, daß sie nicht geringe Selbstbeherrschung gekostet hat, daß der kleine Teppich keineswegs dazu da sei, meine Knie zu schützen, sondern die Umgebung, die im gegebenen Fall aus feinen Teppichen bestehen kann, vor den Spuren des Eimers. Ich stand beschämt auf, während ich mir gestehen mußte, daß an dem Boden nach der Waschung nur geringe Veränderungen zu entdecken waren.

Perspektiven und Plakate

Zum Glück wurde es bald elf, was den Beginn des Lunches bedeutet.
Im Speisesaal mußte ich meine Eßkarte, die gelocht wurde, vorweisen. Auf ihr stand zu lesen, daß es auch während der Nacht drei Mahlzeiten gibt für die Nachtschicht, daß sie unübertragbar sei, und daß sie nur zu täglich drei Mahlzeiten berechtigt.
Ich nahm wie die anderen vom Büfett der Reihe nach, was man mir reichte, Suppe, Fleisch, Speise, Kaffee und Milch.
Das Essen war genießbar, wenn man auch anerkennen mußte, daß dem Koch ein überaus scharfes Messer zur Verfügung stehen mußte. Ich habe noch nie ein ähnlich dünnes Stück Fleisch gesehen.
Aber schwere Arbeit trägt nicht zur Hebung des Appetites bei, und so ließen die meisten trotz der kleinen Portionen den größten Teil stehen.
Die Frau, die mit mir am selben Tisch saß, war mit dem Essen sehr zufrieden. Sie erzählte, daß sie bisher im Hotel »Plaza« gearbeitet hat.
»Oh«, sagte ich, »das ist wirklich ein entzückendes Hotel.«
(Es ist wirklich eines der schönsten und vornehmsten Hotels der Welt, dicht am Zentralpark gelegen, mit allem erdenklichen Komfort und Luxus.)

Die Frau mir gegenüber sah mich mit kugelrunden Augen an, als wäre ich nicht ganz bei Verstand.
»Das sagen Sie doch nicht im Ernst. Oder Sie haben wohl da nie gearbeitet. Entzückend mag es vielleicht für die Gäste sein, aber nicht für unsereinen, der dort arbeitet. Wir bekamen ganz ungenießbares Essen und mußten fast alles, was wir verdienten, für Lebensmittel ausgeben, und Arbeit gab es nicht zu knapp.«
(Es kommt eben auf die Perspektive an, ob man ein Hotel schön finden kann oder nicht.)
Hier in unserem Speisezimmer saßen die Stubenmädchen, die Reinemache- und Badefrauen, alle in verschiedenen Uniformen, man konnte ihre Beschäftigung an ihren Kleidern erkennen. Die Angestellten, die schon eine höhere Stellung einnahmen, saßen im Nebenzimmer, von dieser niederen Stufe getrennt.
Während es um ihr leibliches Wohl besser bestellt war als um unseres, legte die Hotelleitung größeren Wert auf Hebung unserer moralischen Kräfte.
In unserem Speisesaal befand sich ein großes Plakat, auf dem ein Orchester abgebildet war und ein eigenmächtiger Bläser, der den Dirigenten und die Zuhörerschaft zur Verzweiflung brachte. Darunter aber war zu lesen: »Ich, mir, mich, mein gibt keine Harmonie, nur wer sich dem Ganzen fügt, kann den Menschen Freude bringen.«
Wir können also die Genugtuung haben, die Menschen zu erfreuen, denn fügen tun wir uns ja, ob wir wollen oder nicht. Die Plakate wechselten jeden zweiten, dritten Tag. Einmal war eins ausgestellt, das weniger die Interessen eines Hotelkonzerns seinen Angestellten gegenüber wahrzunehmen schien; ein Mann grub mit bloßer Hand die Erde. Die Aufschrift lautete: »Scheue keine Mühe, grabe nach der Wahrheit. Was du selbst erfahren hast, nur daran glaube.« Eine gefährliche und seltsame Aufforderung in dieser Umgebung.
Während uns die Plakate versicherten, daß wir auch in niedriger Stellung nützliche Mitglieder der Gesellschaft sein können, zeigte uns eine Photographie, daß uns auch die Wege, die nach oben führen, offen stehen. Auf der Photographie waren

Männer und Frauen in Overalls (d.h. in Arbeitskleidern) abgebildet. Darunter stand der vielversprechende Satz: »Diese Delegation hat in Overalls verschiedene Fabriken und Bergwerke im Auftrage der Regierung inspiziert. Mehrere Mitglieder der Delegation haben ihre Karriere selbst in Overalls begonnen.«

Der Ballsaal auf dem Dach und die Marmorsäulen

Den Ballsaal lernte ich nach dem Lunch kennen. Es war ein Riesensaal, zweiundzwanzig Stockwerke hoch über Neuyork, umgeben von Säulen, die mir sofort, bevor ich noch mein zukünftiges Verhältnis zu ihnen ahnte, unsympathisch waren. Sie sahen aus, als wären sie aus Papiermaché und imitiertem Marmor, sie waren aber aus Marmor und imitierten nur Papiermaché. Diese Säulen also sollte ich reinigen. Nur die unteren Teile, beruhigte man mich, ich brauchte nicht hinaufzuklettern. »Und wenn Sie fertig sind, bekommen Sie neue Arbeit.« Darauf verließ man mich und ich blieb allein mit den Säulen, zur Säule erstarrt.
Wenn ich fertig bin! Ich versprach mir, nie fertig zu werden. Ich versuchte die Säulen abzustauben, aber es war vergeblich, ich rieb sie mit einem nassen Tuch, es half nichts. Und was ging mich überhaupt eine so blöde, überflüssige Arbeit an? Wenn die Leute zwischen reinen Säulen tanzen wollen, sollen sie sie gefälligst selbst putzen. Soll ich mich zu Tode arbeiten, damit einige gelangweilte Leute in ihnen entsprechender Umgebung irgendwie ihre Zeit totschlagen? Wäre ich zufällig Simson gewesen, so hätte jetzt leicht ein Unglück im Hotel »Pennsylvania« geschehen können.
Endlich kamen Leute, um die Marmorfliesen aufzuwischen. Sie begrüßten mich mit Hallos. Ich mußte gleich erzählen, seit wann ich in Neuyork lebe, welcher Nationalität ich bin, wo ich früher gearbeitet habe, und ob ich die Arbeit liebe. Diese Frage: »How do you like it?« und die sich immer auf die »job« bezieht, ist unter den Arbeitern genau so allgemein wie das How do you do in der Gesellschaft. Wird sie von dem »boss«

gestellt, »boss« bedeutet nicht nur den eigentlichen Arbeitgeber, sondern jeden, der über einen gestellt ist, muß man sie mit einem fröhlichen »Yes, I like it« beantworten, andernfalls bedeutet es, daß man einen Bruch der Beziehungen wünscht. Diesmal mußte ich bekennen, daß ich sie nur wenig liebe. Meine Arbeitskollegen zeigten mir dann, wie man die Säulen mit einer Bürste behandeln muß. Sie halfen mir redlich. Ich erfuhr auch, daß meine Vorgängerin acht bis zehn Tage sich für diese Arbeit nahm, nach einer anderen Version sogar zwei Wochen. »Nur immer langsam«, klärten sie mich auf, »wenn Sie in dem Tempo arbeiten, wie man es von Ihnen verlangt, können Sie sich bald zu Tode arbeiten.« Und es ist wirklich notwendig, das Tempo »nur immer langsam« dem »schnell, schnell« der Gegenseite entgegenzustellen.

Wolkenkratzer ringsherum – und der Dichter im Lehnsessel

Meine Hand schmerzte, ich war müde, am liebsten hätte ich geheult. Oder habe ich auch wirklich geheult?
Denn ein alter Ire, der auch oben arbeitete, kam auf mich zu und sagte mir: »Kommen Sie doch, schauen Sie.« Er wies hinunter auf Neuyork. Die Stadt zeigte sich uns ganz: dort, wo sie festlich gepflegt war, am oberen Hudson, und dort, wo dichte Fabrikschlote den Himmel verdunkelten. Und von allen Seiten sahen Wolkenkratzer zu uns herein. »Dear old New York«, sagte der Ire, liebes, altes Neuyork. Das konnte ich nicht gerade finden.
Ja, es ist ungeheuer, dieses gigantische Durcheinander von Warenhäusern, Fabriken, Banken, Bürohäusern, alles voll Arbeit, Menschen, Hast. Und tief unten rasen die Autos, Menschen, Hochbahnen, rasen, halten, rasen, halten ohne Pause.
Die Wolkenkratzer sind zum Teil so nahe, daß wir in sie hineinsehen können. Überall sitzen, stehen, gehen Menschen, ein wahrer Schwarm von Menschen. Sie hantieren alle sehr geschäftig. Vielleicht packen sie Kaugummi oder sie machen Seidenkleider, jeder täglich ein Dutzend, oder Kunstblumen oder Fransen.

Ist hier nicht Leere, das Nichts in höchster Potenz, fieberhafte Zwecklosigkeit?
Aber wie sie aufleuchten, die Wolkenkratzer, und unten welches Leben, welche Bewegung, welches Tempo. Die Leere, das Nichts könnten nicht groß sein. Und sicher bereitet sich doch hier die Zukunft vor.
Später kommen immer mehr Leute hinauf. Sie bewundern, in Begleitung des Hotelführers, die Aussicht.
In der Mitte des Saales sitzt sehr bequem ein junger Mann. Vielleicht würde ich es nicht bemerken, wie sehr bequem er sitzt, wenn ich nicht so müde wäre. Er sitzt in einem bequemen Lehnsessel, der jedenfalls sehr bequem aussieht. Vielleicht ist er ein Dichter, denn er hält eine Füllfeder in der Hand und schreibt in ein Büchlein. Es könnte natürlich auch sein, daß er seine Ausgaben zusammenrechnet. Aber wenn man das tut, blickt man nicht so versonnen, so gedankenvoll auf die Wolkenkratzer ringsherum. Auch schaut er sich angelegentlich immer nach uns um, die hier arbeiten. Ich weiß nicht, ich habe die feste Überzeugung: der junge Mann im Lehnsessel ist ein Dichter, und er schreibt jetzt ein Gedicht, eine Hymne auf die Arbeit.

Die Zufriedene und die anderen

Das Zimmer sah jetzt aus wie ein Hospitalsaal für Schwerkranke. Die Frauen lagen da wie Tote, vollkommen unbeweglich. Es waren außer dem meinen nur noch vier Betten besetzt. Mein Kommen erregte nicht die geringste Aufmerksamkeit.
Das Zimmer ist denkbar einfach. Die Betten waren rein, aber wie waren sie schmal und leicht. Überdies gingen sie auf Rädern, so daß man, wenn man sich umdrehte, in die Mitte des Zimmers rollte. Außer dem Blechschrank waren noch zwei Kommoden im Zimmer; die eine war mit Heiligenbildern und dem Bildnis des Papstes geziert, außerdem gab es noch zwei winzige Schaukelstühle als Belohnung für diejenigen, die schon lange hier waren. Das »Bad« existierte wirklich zufällig, man konnte jederzeit baden und die Badezimmer waren rein und modern.

Meine unmittelbare Nachbarin war die Zufriedene, am Anfang war sie mir unheimlich. Sie zog sich nie aus; sie lag mit Schuhen und Kleidern in ihrem Bett. Unter der Uniform trug sie noch ein schwarzes Kleid. Ihr Gesicht war erschreckend mager und gelb und ihre Hände schienen nur aus Adern zu bestehen. Nachts schlief sie nicht, sie saß unbeweglich und starrte ins Dunkle oder sie stand auf und ging zum Fenster und blickte hinaus, unbeweglich, stundenlang, aber draußen war nur der dunkle Schacht und nichts zu sehen.

Als ich sie fragte, warum sie nie schläft, war sie überrascht. Wieso? Sie schliefe doch immer ausgezeichnet. Ich fragte sie, ob sie nicht sehr müde sei. Ein bißchen war sie schon müde, aber das wäre nicht der Rede wert. Sie hätte überhaupt immer Glück im Leben gehabt, immer wäre es ihr gut ergangen. Sie war vor einem Jahr aus Irland herübergekommen. Es gefällt ihr hier sehr gut. Neuyork ist eine sehr schöne Stadt. Während ich dort war, ging sie nie aus. Wenn man aus unserem Zimmer blickte, sah man nur Wände. Sie war Badefrau und arbeitete im Dampfbad. Viel konnte sie von der Außenwelt auch hier nicht sehen. Ich erkundigte mich, ob sie sonst öfter ausging. Ach nein, das nicht. Was sollte sie draußen in den Straßen umherlaufen? Nein, nicht wegen der Müdigkeit, aber hier war es doch nett. Anfangs mochte sie nicht so gern hier sein, aber jetzt gefiel es ihr. Später würde es mir auch sehr gefallen, versicherte sie. Sie hatte hier eine Schwester, aber sie wohnte leider so weit. Aber sie besuche sie doch manchmal, das wäre dann immer sehr nett. Sie verdiene hier im Monat dreißig Dollar, das wäre doch schön. Mit den Trinkgeldern ist nicht viel los. Sie sei seit vier Monaten hier und habe im ganzen nicht mehr bekommen als drei Dollar. Aber sie erinnert sich genau an das Datum, wann sie ein »tip« bekommen hat, wieviel und von wem. Besonders ausführlich beschreibt sie eine Frau, die ihr fünfzig Cent gegeben hat.

»Ja, die Reichen«, sagt sie, »ich habe mein ganzes Leben lang für die Reichen gearbeitet, aber ich habe mich dabei immer gut gestanden.« Und sie sieht auf sich herab, auf ihre Magerkeit, auf ihre abgearbeiteten Hände, und lächelt zufrieden und heiter. Ist sie ironisch? Sie ist es in einer ganz ahnungslosen

Weise. Oder ist auch diese Ahnungslosigkeit Ironie?
Das Gegenspiel der Irländerin ist die »Dame«. Sie kleidet sich immerfort um. In der Arbeitspause von einer halben Stunde wechselt sie zweimal die Kleider. Wenn sie ihre Freundin besucht, die einige Zimmer weiter wohnt, zieht sie ihr Jackenkleid an, Hut, Handschuhe und Pelzboa. Sie sagt, wenn ich nicht arbeite, bin ich keine Badefrau, sondern eine »lady«.
Zum Abendessen, um fünf, kommen die meisten in Zivil, in Seidenkleidern, und vergessen nicht das Eitelkeitstäschchen »the vanity case« mit Schminke und Puder. Sie gehen nicht jeden Tag aus, sie sind zu müde, und das kostet auch zu viel. Wenn sie eingeladen werden von dem »fellow«, das ist was anderes. Sie gehen gern zum »dancing«, doch das kann man nicht alle Tage. »Aber«, sagte die eine, »wir sind keine Fabrikmädchen. Wir haben es nicht nötig, uns einladen zu lassen. Wir haben doch unser Essen!« Ob sie gern hier ist, frage ich eine Deutsche. Sie ist schon in Amerika geboren, war noch nie in Deutschland, sagt aber, sie sei eine Deutsche. Sie kam zu mir, weil sie gehört hat, ich sei vor kurzem aus Deutschland gekommen. Sie arbeitet schon seit sechs Jahren in diesem Hotel. Nun, meint sie, man darf vom Leben nicht zu viel erwarten.

*Ich würde, so sagte ich mir, das Kloster
schon aushalten, wenn es mir nur verhülfe,
eine Künstlerin zu werden.*

Paula Grogger
1892 – 1984

PAULA GROGGER

»Ich ›schwärmte‹ in meiner Jugend für Christoph Schmid, die Gebrüder Grimm, Christian Andersen, Karl May, Robinson, Jules Verne, Wilhelm Hauff, Gustav Freytag und Wilhelm Busch. Ich las jede Woche die deutsche Mädchenzeitschrift ›Das Kränzchen‹, ich verschlang alle romantischen und spannenden Hefte, die Frau Walcher oder Onkel Fritz mir anvertrauten. Mit besonderem Genuß die ›Gartenlaube‹, die ›Bibliothek der Unterhaltung und des Wissens‹, das Kneippbuch und die ›Fliegenden Blätter‹. Und ich las auch Schundhefte, die mir niemand gab, zum Beispiel ›Buffalo Bill‹, den ein Lehrling im Ofen versteckt hatte. Und zwei Bände illustrierter Volksmedizin. Alles in allem beiläufig ein halbes Tausend. Ich hörte auf Gespräche, die mich nichts angingen. Aber wenn die Erwachsenen über Politik diskutierten, war ich so gut wie taub.«
Dieser Streifzug durch die Lektüre vermittelt einerseits einen Eindruck von den Bücherangeboten der jungen Paula Grogger, die von der Unterhaltungsliteratur des 19. Jahrhunderts dominiert sind, und verweist im autobiographischen Rückblick auf das ungeheure Lesepensum, das sie bewältigte, denn offenbar las sie alles, was sie in die Hände bekommen konnte. Nicht uninteressant scheint, daß sie in ihren Erinnerungen *Späte Matura oder Pegasus im Joch* (1975) zwar auf ihre neugierige Wißbegierde verweist, nämlich alle Gespräche zu belauschen, aber gleichzeitig betont, daß sie an der Politik völlig desinteressiert ist.
Diese Distanzierung von der Politik gelang der Schriftstellerin aber nicht immer, denn sie bezog auch Stellung, beispielsweise mit einem Beitrag zum *Bekenntnisbuch deutsch-österreichischer Schriftsteller* und mit dem Austritt aus dem PEN-Club, weil dieser die deutsche Bücherverbrennung verurteilt hatte. Sigrid

Schmid-Bortenschlager schreibt über diesen Schritt: »Daß dabei persönliche Beziehungen zu Max Mell eher ausschlaggebend waren als eine explizite eigene politische Überzeugung, mag zwar stimmen, ändert aber nichts an den Fakten, genausowenig wie vergessen werden darf, daß der materielle Erfolg, der für Grogger sehr wichtig war, durch ihre Vereinnahmung durch den Nationalsozialismus gesichert und gesteigert wurde.«

Das Lesen war von den Eltern Paula Groggers ebensowenig gefördert worden wie das Schreiben, und der Vater sah alles andere als eine künstlerische Laufbahn für seine Tochter vor. Geboren wurde sie am 12. Juli 1892 in Öblarn, einem Dorf im steirischen Ennstal, in dem sie auch im hohen Alter von 92 Jahren am 1. Jänner 1984 starb. Diese Heimatverbundenheit bleibt im Reigen der fünfzehn hier porträtierten Schriftstellerinnen die Ausnahme.

Ihre biographischen Spuren lassen sich weniger aus der Außenperspektive von nahestehenden Personen oder kritischen Biographen nachzeichnen, sie sind mehr auf die Innenperspektive ihrer autobiographischen Bücher angewiesen, vor allem auf *Späte Matura oder Pegasus im Joch* und ihre Bücher *Aus meinem Paradeisgarten* (1962) und *Der Paradeisgarten* (1980), in denen sie ihre Kindheits- und Jugendzeit aus großer zeitlicher Distanz beschreibt. Erst aus dem Nachlaß wurde die Geschichte ihrer unerfüllten Jugendliebe unter dem Titel *Selige Jugendzeit* 1989 publiziert.

»Zur ›bäuerlich-bürgerlichen‹ Herkunft, welche in einigen Nachschlagewerken erwähnt ist, wäre ergänzend zu sagen, daß mein Elternhaus ein Neubau aus den achtziger Jahren ohne Tradition ist. Das erste Kind darin war ich. Vater bestimmte mich für den Eisenhandel, mit den Jahren immer ausdrücklicher, weil mit in die Kinderwiege und später in die Schulbank nur eine Schwester nachfolgte. Sie war freilich springlebendig und schelmisch wie ein Bub, aber sie zeigte wenig Eignung für Schreiben und Rechnen. Im Lesen und in körperlicher Beweglichkeit, ganz besonders im Wachstum überflügelte sie mich bald. Auch ich wurde für den Vater eine Enttäuschung, weil sich alles eher denn kaufmännische Talente offenbarten. Meine guten Schulzeugnisse verachtete Vater.«

Das biographische Muster einer Schriftstellerin, die eigentlich ein Sohn – möglicherweise ein Paul – hätte werden sollen, ist kein Einzelfall. Der Vater, ein Mann von außerordentlicher Beweglichkeit, hatte als Kaufmann Erfolg, aber seine weitschweifenden Pläne – so befaßte er sich mit einer Geschäftsgründung in Amerika – waren für die Ehefrau Marie nicht immer nachzuvollziehen. Als Paula als Vierzehnjährige mit einem sehr guten Entlassungszeugnis die Schule verließ, sollte sie als Buchhalterin im väterlichen Betrieb mitarbeiten. Eine schwere Ehekrise der Eltern, hervorgerufen offenbar durch eine Affäre des Vaters, trug dazu bei, daß die Mutter Paulas Wunsch nach einer Ausbildung an einer höheren Schule unterstützte und gegen den Willen des Vaters durchsetzte. Sie durfte die Lehrerinnenbildungsanstalt der Ursulinen in Salzburg besuchen und bestand 1907 die Aufnahmeprüfung.

Paula Grogger zeigte von früher Kindheit an großes Interesse für künstlerische Ausdrucksformen, sie las gerne, schrieb Gedichte und Tagebuch und spielte Theater. Bezugspersonen waren dafür ihr Onkel Fritz und ihre Tante Julie, die beide musische Neigungen hatten. In ihrer Autobiographie erinnert sich Paula Grogger: »Onkel Fritz war im eigentlichsten und wahrsten Sinne des Wortes ein Buchhalter. Er hatte bestimmt die größte Bibliothek im ganzen Dorf, nämlich einen Kasten mit Schnitzwerk und Flügeltüren, von oben bis unten gesteckt voll. Durch das Monogramm FG im Milchglas sah man lauter Goldbuchstaben schimmern. Hinter dem Samtvorhang einer schlichten Stellage aus gebeiztem Fichtenholz hortete er einen Stoß Klaviernoten und Opernpartituren.« Als sie endlich nach Salzburg durfte, war der erste Schritt auf dem Weg zur Künstlerin getan: »Ich würde, so sagte ich mir, das Kloster schon aushalten, wenn es mir nur dazu verhülfe, eine Künstlerin zu werden. Ob eine Dichterin, eine Malerin oder eine Schauspielerin, wußte ich noch nicht so genau.«

Mit dem Lehrbefähigungszeugnis für allgemeine Volksschulen kehrte Paula Grogger nach Hause zurück, begann zunächst als Supplementin in Wörschach, wurde aber bald arbeitslos. In Schladming bekam sie wieder eine Stelle, nach Kriegsende wurde sie nur mehr als Handarbeitslehrerin für Öblarn und Niederöblarn beschäftigt. Ein Blinddarmdurchbruch im Sommer 1914, eine weitere Operation, die Diagnose einer Schrumpfniere 1916 und der Ausbruch einer Tuberkulose unterbrachen in diesen Jahren immer wieder ihre Arbeit als Lehrerin, bis sie schließlich 1929 aus Krankheitsgründen in den Ruhestand treten konnte und ihr aufgrund ihres Ruhmes als Autorin eine Ehrenpension des Landes Steiermark gewährt wurde.

Die positiven Begleiterscheinungen der krankheitsbedingten Berufspausen: Zeit zum Schreiben. Diese Schreiblust und ihre Ergebnisse blieben im Dorf nicht verborgen, und Paula Grogger war als Gebrauchslyrikerin bald anerkannt: »Ich war in der dörflichen Öffentlichkeit bereits eine anerkannte Dichterin. (...) Die schöngeistige Matura nahm kleinweise ihren Fortgang. Mein Genius wurde nunmehr zu Gemeindeumlagen verpflichtet. Er robotete kunstbeflissen für Kindstaufen, Namenstage, Muttertage, oft auch Vatertage, für grüne, silberne und goldene Hochzeiten, Jubiläen, Vereinsgründungen, Fahnenweihen, Feuerwehrfeste, Veteranen- und Trachtenfeste, Einstandsfeiern, Abschiedsfeiern, Schulfeiern, Christbescherungen, Empfänge und Staatsereignisse. (...) Und die Auftraggeber, auch verständig wünschende, bedachten selten, wieviel ehrliche Arbeitsstunden ich meinem kritischen Formensinn widmete. Immerhin nicht umsonst. Jede Kunst braucht sozusagen unermüdlich Klavierübungen.«

Die »Klavierübungen« machten die junge Lehrerin mutiger, sie schickte ihre Arbeiten an Zeitungen, verfaßte das Krippenspiel *Das Christkindl im Steirerland*, das 1917 als ihr erstes Werk in der Zeitschrift *Donauland* publiziert wurde. Sie schöpfte in diesem Stück wie in ihren folgenden Legenden und Spielen aus der katholischen, barocken Tradition ihrer Heimat. Dieses Anknüpfen an die Geschichte bildete auch den Anstoß für das erste Kapitel des Romans *Das Grimmingtor*, nämlich die *Alte Chronik*. Nach diesem Roman knüpft sie literarisch wieder an Legenden (u.a. *Die Sternsinger, Die Räuberlegende, Die Legende von der Mutter, Das salige Kind*) an.

Paula Grogger suchte in den Jahren nach dem Ersten Weltkrieg ganz gezielt nach einem Anschluß an Künstlerkreise, fuhr zu kulturellen Veranstaltungen nach Salzburg und Graz, lernte Max Mell, Franz Werfel und Alma Mahler kennen und fand durch den Kritiker Paul Stefan Zugang zum Reinhardt-Kreis. Max Mell war es auch, von dem sie schließlich auf den Lektor Viktor Kubczak von der Ostdeutschen Verlagsanstalt aufmerksam gemacht wurde, der nach den vielen Absagen von Verlagen ihren ersten Roman schließlich annahm.

Das Erscheinen des Buches im Jahr 1926 wurde für Paula Grogger, die sich zur Heilung ihrer Tuberkulose in Hochzirl aufhielt, zum »Zeichen des Überlebens«. Nach einer siebenmonatigen Kur reiste sie zu ihrem ersten Autorenabend am 3. Dezember 1926 nach Breslau, wo sie aus Krankheitsgründen aber nicht selber lesen konnte. Ihre Heimkehr gestaltete sich triumphal: »Die Gemeinde erwartete mich vollzählig auf dem Bahnhof. Die Blaskapelle spielte einen Marsch, der Herr Vater nahm mich autoritär und selbstverständlich in Empfang, und wir marschierten in gleichem Schritt und Tritt zur Firma Eisen-Grogger. Ich fühlte mich lebensberechtigt, ich schwebte gleichsam über der Erde.« Es war für Paula Grogger nur die erste von vielen Ehrungen.

Der Roman *Das Grimmingtor* wurde tatsächlich zu einem Bestseller, auch und vor allem während der Zeit des Nationalsozialismus. Nach Kriegsende wurde er 1949 im Stuttgarter Brentanoverlag neu aufgelegt und erlebte bei seinen österreichischen Neuauflagen 1970 im Molden-Verlag, im Verlag Styria und im Taschenbuch hohe Verkaufszahlen. Er zählt zu den seltenen Büchern, deren Erfolg seit seinem Erscheinen ungebrochen ist und der politische Umbrüche unbeschadet übersteht. Bereits 1930 lag eine Übersetzung ins Dänisch-Norwegische vor, es folgten holländische, tschechische und englische Ausgaben. Dieser Debütroman, der tief in den Sagen, Mythen, Traditionen und Geschichten ihrer Heimat verwurzelt ist, machte die vierunddreißigjährige Paula Grogger sofort berühmt. Allerdings konnte sie an diesen Erfolg mit ihren späteren Werken nie mehr anknüpfen.

Der Inhalt ist kurz erzählt. Die Protagonistin Constantia ist dem reichen Stralz versprochen, doch während dieser sich nicht um sie kümmert, da er mit dem Geldverdienen beschäftigt ist, wirbt der arme ›Jaga‹ um sie – der hier abgedruckte Text ist eine verkürzte Fassung des Romananfangs, der diese Ausgangssituation beschreibt. Der Jaga will sich, einer alten Sage zufolge, Reichtum aus dem Berg Grimming holen, doch er geht dabei zugrunde. Constantia und Stralz heiraten, bekommen vier Söhne, leben als wohlhabende und angesehene Bürger. Nur der älteste Sohn stirbt ebenfalls am Grimming, getrieben vom Gerücht, er sei eigentlich der Sohn des Jägers.

Diese dürftige und auf Dauer doch nicht ausreichende Spannung versprechende Handlung des 570 Seiten langen Romans macht deutlich, daß es Paula Grogger in ihrem Hauptwerk um andere Prioritäten geht, um eine historische Darstellung ihrer unmittelbaren Umgebung, des Dorfes Öblarn im Schatten des Grimming zur Zeit der Franzosenkriege. Die panoramatische Darstellung einer Landschaft, ihrer religiösen und heidnischen Bräuche, ihrer Sprache, ihrer Lebensbedingungen entzieht sich der vordergründigen Einordnung dieses Heimat- und Dorfromans in die Blut-und-Boden-Literatur. Der Krieg wird zwar als schicksalhaftes Naturereignis dargestellt, aber die Franzosen werden nicht als negatives Feindbild stilisiert, und die Stimme des Blutes spricht nicht, denn der rechtmäßige Sohn läßt sich durch das soziale Gemurmel der Dorfgerüchte irritieren, verläßt das Vaterhaus und geht zugrunde.

Die altertümliche Mundart – wahrscheinlich besser als Kunstsprache bezeichnet – beeindruckt nicht nur Robert Musil: »Dieses Sprachvermögen und Sprachbehandeln ist das stärkste an Paula Grogger und macht ihr Buch ohne Zweifel bemerkenswert. Weniger eindeutig sind die anderen Eigenschaften dieses Romans, der eine bäuerlich-halbbürgerliche Familienchronik in Breite und Tiefe darstellt. (...) Der Roman des ungewöhnlich begabten Fräuleins Grogger baut nicht auf, sondern er breitet aus; die Charaktere sowohl wie die Gedanken.« Auch wenn Musil einiges kritisiert, findet er doch lobende Worte für den österreichischen Bauernroman, der eine »neue Dichterin bekannt gemacht« hat und der von seiner ästhetischen Struktur her keineswegs dem Bild des trivialen Heimatromans entspricht, sondern dessen Erfolg nicht zuletzt durch die Literaturkritik und eine gebildete Leserschicht bestimmt wurde.

Sigrid Schmid-Bortenschlager ortet die starke Wirkung des Romans in der Darstellung einer geschlossenen Welt: »Grogger bietet also (...) in einer Zeit der extremen sozialen Unsicherheit und Mobilität das Bild einer statischen, geschlossenen, quasi autarken Gesellschaft, die als in sich ruhender Pol als Opposition zur eigenen Gegenwart verstanden werden konnte, als Utopie oder als reaktionärer Fluchtort. Ihrem eigenen Selbstverständnis zufolge begreift sie den Text allerdings als quasi historisierenden bzw. ethnographischen Versuch, eine Welt, die im Verschwinden ist, und die nur noch in Resten in ihre eigene Lebenszeit hereinreicht, schriftlich zu fixieren und sie so vor dem Vergessen zu bewahren. Dem Text selbst fehlt jede Sentimentalität, jede Larmoyanz, jeder Versuch einer Wiederbelebung dieser vergangenen Zeit, was aber nicht ausschließt, daß sich derartige Wünsche bei der Lektüre doch einstellen, daß sie in den Text hineinprojiziert werden.«

Paula Groggers eigenes Leben veränderte sich durch den Erfolg, sie erhielt eine Ehrenpension, konnte sich 1933 auf einem vom Vater ererbten Grundstück ein Haus bauen, das sie bis zu ihrem Lebensende bewohnte, mußte allerdings dafür ihre alten Verwandten pflegen und unterstützen. Die Mutter starb 1929, der Vater 1939, nachdem die Firma ein Jahr vorher verkauft werden mußte. Paula Grogger wurde zu einigen Schriftstellertreffen eingeladen, unter anderem zum berühmten Weimarer Dichtertreffen im Jahr 1938.

1936 wurde in Öblarn mit großem Erfolg ihr Erzherzog-Johann-Spiel *Die Hochzeit* uraufgeführt – angeregt wurde es durch die Steiermärkische Landesregierung, die gemeinsam mit der Vaterländischen Front einen Kontrapunkt zum Nationalsozialismus setzen und das Österreichbewußtsein stärken wollte. Es gab in diesem Weihespiel unter freiem Himmel siebzig Sprecher und mehr als zweihundert Statisten. Wegen des großen Erfolges wurde es 1937 sogar mehrmals aufgeführt. Doch Paula Grogger wußte, daß rund siebzig Prozent der Mitwirkenden illegale Nationalsozialisten waren. Als Preis für das Festspiel sollte sie den Staatspreis erhalten, den sie jedoch nicht wollte: »Höflich und duldsam, wie Österreich trotz Faschismus war, hat man auf den Handel verzichtet und mir das Verdienstkreuz für Kunst und Wissenschaften verliehen. Auf dem Weg zur Ehrung hat mich Doktor Guido Zernatto noch fürsorglich gefragt, ob ich vielleicht lieber den Professorentitel hätte.« Der wurde ihr dann in der Zweiten Republik im Jahr 1966 verliehen, und das »größte Laienspiel im Alpenraum« wird bis heute alle fünf Jahre neu inszeniert.

Nach anfänglicher Zustimmung zum »Anschluß« und ihrem Ansuchen auf Aufnahme in die Reichsschrifttumskammer suchte sie sich in den folgenden Jahren mehrmals von der Ideologie des Nationalsozialismus zu distanzieren. Sie bekam Schwierigkeiten, weil sie aus ihrer katholisch-christlichen Position Kritik übte und die Reichsschrifttumskammer wieder verlassen wollte. Sie galt jedenfalls als politisch nicht zuverlässig, äußerte sich manchmal aber offensichtlich aus politischer Naivität.

1949 wurde ihr Roman wieder neu aufgelegt. Die finanzielle Situation der zeitlebens unverheiratet gebliebenen Schriftstellerin war zu diesem Zeitpunkt äußerst angespannt. Ihr privates Lebensmuster als ledige Künstlerin entspricht durchaus einer traditionellen Vorstellung, daß sich die Berufung zur Dichterin nicht mit der Rolle als Hausfrau und Mutter vereinen läßt. Wie weit ihre Liebe zu einem jungen Lehrer, der 1916 in Südtirol gefallen war, zu ihrer Lebensform beitrug, kann nicht beurteilt werden. Sie berichtete über diese Erfahrung in ihrem Buch *Selige Jugendzeit* beinahe bekenntnishaft, gab den Text für eine Veröffentlichung aber erst nach ihrem Tod frei. »Mit dieser Niederschrift konnte sie sich das Leid, die Trauer, die ungestillte Sehnsucht von der Seele schreiben: Kunst als Heilmittel im wahrsten Sinne des Wortes«, schreibt Elke Vujica, langjährige Lektorin und Betreuerin ihres Werkes im Verlag Styria, im Nachwort zu diesem Band.

In den fünfziger Jahren konnte Paula Grogger mit der Wiederauflage des *Grimmingtors* ihre literarische Laufbahn fortsetzen. Offizielle Würdigungen wie 1952 der Peter-Rosegger-Preis des Landes Steiermark, 1955 der Enrica-Handel-Mazzetti-Sonderpreis können nicht darüber hinwegtäuschen, daß Paula Groggers Festhalten an konventionellen literarischen Traditionen keine künstlerische Weiterentwicklung ermöglichte. Einen Verkaufs- und Publikumserfolg erreichte sie in späten Jahren noch einmal mit ihren Erinnerungsbüchern *Späte Matura oder Pegasus im Joch* und *Paradeisgarten*.

Paula Groggers Literatur ist der Landschaft und der Geschichte ihrer unmittelbaren Umgebung verpflichtet. Nicht unbedingt glücklich war sie darüber, als Heimatdichterin in die Literaturgeschichten aufgenommen zu werden: »Daß ich zur Heimatdichterin geadelt worden bin, ist vom poetischen und heimatstolzen Standpunkt eine Art unverlierbarer Eigentumstitulatur. Vom Literarischen her hat es die Nebenbedeutung von Lokaldichtern.« In einem positiven Sinne verstanden, als Schriftstellerin, die ihrer Heimat eine literarische Identität verschaffen konnte, scheint diese Beurteilung aber durchaus zutreffend. Nach ihrem Tod erwarb die Gemeinde Öblarn das Groggerhaus, in dessen Arbeitszimmer noch der Korbsessel steht, in dem sie den Roman *Das Grimmingtor* geschrieben hatte, und eröffnete im Jahr 1994 dieses Haus als Gedenkstätte für die berühmteste Tochter des Dorfes.

PAULA GROGGER

Die Braut

Mondhell und blank ist der Himmel. Sterngelber Schein liegt auf den Mauern. Die Dächer glänzen im Rauhreif, und leise Spukschatten haben sich hinter die Zäune gelegt. Aus dem Rauchfang des Torbäcken flattert ein dünnes Wölkchen; beim Schneider brennt die Lampe noch. Es ist so ruhig im Dorf, daß ich fühle, wenn der Hahn auf dem Turme knarrt ... wenn die vier Pappelbäume sachte ... sachte sich regen. Und der Grimming ragt ganz einsam und groß aus dem Saume blauer Föhren. Vom Stierkar herab schneidet sich ein schmales, tiefes Rinnsal ein, und da läuft im Frühjahr viel Gewässer und Sand nach einer Schneemulde nieder, manchmal auch ein schweres Felsstück. Keine Krüppelföhre mag dort leben, kein Christrösel blüht. Kein Mensch getraut sich recht auf die »Jausengruben«. So heißt sie von alters her; denn genau zur selben Tagesstunde, wann der Felszack drei Schattenfinger auf die Grube wirft, nehmen die Holzknechte aus ihrem Buckelsack das Speckbrot und den Kranewittern.
Es graut mir ein wenig in der blassen, silbrigen Mondnacht, weil ich just daran denke ... Wo die Steinwand schroff über der Mulde aufsteigt, ist ein Tor. Und selten kann es ein Mensch erschließen, es sei denn während der Prozession am hohen Fronleichnamstag oder, wie andere wissen wollen, bei der Wandlung zu Peter und Paul.
Einmal gab es einen tollen Jäger, der wagte es. Warum ... das wird man nimmer erfahren; allein viele meinen, es geschah, weil er die ehrgeachtete Jungfrau Constantia Sorger, verehelichte

Stralzin, so unsäglich liebte. Sie war die Tochter des Knappen Johannes Sorger, welcher nachmals Verweser geworden war. Und war bekannt durch einen wunderschönen Wuchs sowie ihre großen dunkelbraunen Augen und das goldwellige Haar. Die Roßknechte horchten im Vorüberfahren auf ihre laute klingende Stimme. Und ihr weitschichtiger Vetter, der Oberverweser Georg Staudacher, ließ sich's nicht gereuen, jeden Tag zwei Stunden weit in den Walchengraben zu spazieren, nur um sie anzuschauen. Und der Jager, ach! der Jager lernte schreiben ihr zuliebe. Und das war ein Martyrium.
Am St. Barbarafest, als sie sechzehn Jahre alt war, führte sie ihr Vater auf den ersten Tanz. Und da ist der Andreas Grogger, insgemein Stralz, auf sie zugeschritten, hat ihr die Hand gedrückt, daß es bitter schmerzte, und hat gesagt:
Etwa: Ich hab dich gern?
O nein!
»Stanzi«, hat er gesagt, »wann meine Schwester ausheirat' und meine sechs Brüder ein Handwerk haben, wann das Haus leer ist, wöllen wir zwei Hochzeit halten. Eher gehst mir auf keinen Tanzboden mehr. Verstanden?«
Da wurde das liebe Mädchen zunderrot und entgegnete ihm jähzornig:
»Du hast mit mir nit umzuschaffen!«
Aber nach einer halben Stunde ging sie heimlich nach Hause.
(...)
Am Fest der heiligen Barbara waren es sechs Jahre gewesen, daß ihr Andreas Stralz das Heiraten geheißen hatte. Barmherzige Mutter Anna und hilfreicher Antoni von Padua! sie hatte treu gewartet, und im Knappendörfel wie zu Öblarn konnt ihr niemand nichts Übles nachreden. Zu Neujahr ist auch der jüngste von seinen sechs Brüdern frei geworden und hat, weit auswandernd, sich in Amerika drüben seßhaft gemacht. Und das Haus ist leer...
(...)
Am Schmerzhaften Freitag, welchen Datums ihr Vater Hutmann geworden ist, stund sie vom Marodenbett urblitzlich auf und sagte, sie wäre jetzt wieder gesund. Sie scheuerte das kleine Haus von oben bis unten, rieb das Geschirr mit Zinnheu und

Sand, damit es blank wie ein Augapfel spiegle, und begoß die welken Fuchsien am Fensterbrett, die ihr Vater vergessen hatte. Dies alles geschah mit völlig totem Herzen nur ihm zulieb, weil sie sich insgeheim schuldig fühlte. Denn am Ostermontag wollte die Stanzi dem guten Menschen einreden, daß ihre Frau Goden in Pürgg sie geladen hab. In Wirklichkeit aber wollte sie auswandern ... weit, weit fort. Wohin, das wußte sie selbst noch nicht.

Heftigen Gemütes, wie sie war, entschloß sich die Stanzi schon zu Palmare. Die gelben Schwefelkrusten rauchten. Der Dunst stieg. Feinstes Grün wagte sich aus dem Almboden. Pestwurz und Buschwindröschen wuchsen den Bach entlang und die dunkelgelben Sterne des Lattich.

»Ein warmes Frühjahr«, seufzte die Jungfrau Constantia, indes sie die kleinen Fensterflügel zögernd aufschlug. Dann machte sie sich zur Abreise fertig und sprach gar schüchtern und verzagt:

»Pfüat Gott, Herr Vater, hiaz muaß ich gehen.«

Er war ganz arglos. Dadurch wurde sie noch trauriger, und während sie mit den Fingern in den Weihbrunn tupfte, überwältigte sie eine trostlose Reue. Ihre herben Mundwinkel zuckten, ihre braunen Augen wurden heiß und blind. Allein sie ließ solches nicht merken und ging mit großen Schritten. Wohin? ... wohin?

Ein einziger Gedanke surrte in ihrem Kopf wie ein schweres Rad immer rundherum:

Wann doch der Weg zwischen Öblarn und dem Knappendörfel niemals ein Ende nähm!

In den Angern erwachte sie ein wenig aus ihrer Stumpfheit. Bergleute torkelten an ihr vorbei, und im Wirtshaus klang eine Harfe. Da mußte sie wehmütig denken, daß mit einem Tanz all ihr Herzeleid begonnen habe. Und sie eilte ... eilte.

In einem rehledernen Säckchen am Halse klimperten fünf Taler. Sie waren ihr Griesengeld. Die goldlichen Zöpfe sanken auf den Spenser herab, der Kopf schmerzte. Bis ins Mark war sie müd. Und als sie ein Fuhrwerk hörte, kam ihr der Wunsch: Wann ich doch hinfallet und nichts mehr wüsset von mir. Der Mensch, der kommt, möchte mich wohl aufklauben und zu meinem Vater bringen. Ich bräucht alsdann nit selber gehn und wär doch daheim.

Sie fiel aber nicht hin. Das Leben war auch nach der Krankheit wunderbar stark in ihr. Das Fuhrwerk befand sich schon nahe, und nun erkannte sie, daß der Stralz darin saß. Sie wurde zunderrot im ganzen Gesicht und schritt mit einem Male kerzengrad.

»Grüß dich!« sagte er.

Sie dankte ihm nicht.

»Wohin denn?« fragte er, das Roß anhaltend.

Sie ging weiter. Da sprang er vom Wagen.

»Stanzi, bleib doch stehen ein bissel!«

»Was hast gesagt?«

»Du tuast mir alles zufleiß.«

»Wüßt nit warum.«

»Hast im Sinn auf Öblarn?«

»Weiter.«

»Auf den Mitterberg?«

»Das kümmert dich nix.«

»Das kümmert mich wohl«, sagte der große blonde Mensch ohne Erregung.

Da antwortete sie schon weniger trutzig:

»Nach Pürgg hab ich im Sinn.«

»So weit? Es kostet dich grad' ein Wörtel. Soll ich umdrahn?«

Sie schwieg.

»Ich führ dich mit meinem Wagerl. Willst?«

»Kunnt mir einfallen.«

Andreas Stralz war mit einem Satz wieder auf dem Wagen, schnalzte und sprengte davon. Das Mädchen tat einen schwachen Seufzer und wußte lange nicht, ob ihr zum Lachen oder zum Weinen sei. Sie wanderte talaus mit ihrem Wanderpack. Und weilen sie schon beim Schrabachkreuz war, galoppierte der Stralz so wild und rasselnd hinterher, als wäre ihm das Roß durchgegangen. Schier keine Zeit hatte sie auszuweichen.

»Wart!« schrie er befehlend und riß am Leitseil, daß der Hengst sich bäumte. Dann sagte er ruhig: »Ich hab mir's überlegt.«

Erst jetzt schaute ihn das Mädchen ordentlich an und bemerkte, daß er sich sauber ausstaffiert hatte mit einem neuen Hut

und einer Joppe von schönem, lichtgrauem Perlloden. Die Hosen waren unter den Knien mit langen properen Lederbändlein zugebunden. Die Modelstrümpf waren blau wie der Enzian.
»Zu meinem Halter wöllt ich in die Starzen«, sagte er.
Da lächelte sie fein.
»… und auf dem Rückweg bei euch zusprechen …«
»Wir ziehen unser Kitzel selber auf«, erwiderte sie gar unschuldig, wußte jedoch ganz gut, daß ihm darum nicht zu tun war.
»Ach geh, bin ich ein Viehhändler, daß du so redst?«
»Nein, das bist nit.«
»Was nachher?«
»Halt mich nit auf! Hab nit Zeit.«
Es glänzte was wie Glimmerschiefer in seinem linken Auge. Am rechten nämlich war er blind. Sich neigend und ihre Hand innig umfassend, sprach er mit seltsamer Gleichmütigkeit:
»Steig auf! Oder fürchtst dich?«
Das Mädchen gehorchte. Langsam und still fuhren die zwei durch den Walchengraben. Grüne Wellchen und grüne Fische hüpften im Bach. Von den Holzriesen schossen spritzend die Wässerlein. In den Baumwipfeln verrieselte das Himmelsgold wie ein Segen. Und die Blüten des Lattichs flimmerten beidseiten des Weges und sahen aus, als wären sie in lauer Nacht zur Erde getropft, just für den Stralzen und die schöne Jungfrau Constantia. Er hatte die Zügel straff gepackt und gab fürsorglich auf das Pferd Obacht, denn die Straße war schmal und holprig. Lieblich verschüchtert saß sie neben ihm. Das Griesengeld klingelte unter dem Sonntagsspenser. Oder klingelte das Herz? Wie wünschte es doch, daß der Weg zwischen Öblarn und dem Knappendörfel niemals, gar niemals ein Ende nähme. Von der ersten Bauernkeusche an ging das Steirerwägelchen ruhiger. Das Pferd fand sich von selbst zurecht. Da drückte der Stralz wiederum ihre Hand.
»Sobald du von Pürgg heimkommst, gehen wir zum Pfarrer«, sagte er, sonst nichts.

Bin ich ein überflüssiger Mensch?

Mela Hartwig
1893–1967

MELA HARTWIG

Mela Hartwig wird 1893 in eine kunstinteressierte Wiener Bürgerfamilie geboren. Wir besitzen von ihr keine Jugenderinnerungen, keine Selbstdarstellungen, und sind daher auf die wenigen nachweisbaren Daten und ihre Interpretation angewiesen. Sie hat eine Schwester, die beiden Mädchen erhalten eine künstlerische Ausbildung, Mela wird zur Schauspielerin, ihre Schwester zur Sängerin ausgebildet. Sie würden also ein weibliches Beispiel für die dritte Generation der assimilierten Juden in Wien darstellen, in der das künstlerische und wissenschaftliche Interesse im Vordergrund steht, wie sie William Johnston u.a. an den Beispielen Hofmannsthal und Schnitzler herausgearbeitet hat.
Mela Hartwigs Schauspielerinnenambitionen haben durchaus professionellen Charakter, sie beginnt auf kleineren Bühnen in der Provinz (Baden bei Wien, Stadttheater Olmütz), kommt an die Volksbühne in Wien und dann ans Schiller-Theater in Berlin, hat also in diesem Metier offensichtlich Erfolg, kann mit einer Karriere rechnen. Sie spielt in zeitgenössischen Stücken – die Hedda Gabler, die Elektra, aber auch in Klassikern, so in Grillparzers *Die Jüdin von Toledo*, Rollen, die die Auseinandersetzung mit den Weiblichkeitsvorstellungen um die Jahrhundertwende spiegeln. Die erfolgversprechende Theaterlaufbahn bricht sie 1921, mit 28 Jahren also, abrupt ab, sie heiratet den Rechtsanwalt Robert Spira, verläßt Berlin und die Bühne und zieht mit ihm nach Graz. Über die näheren Umstände dieser Beziehung wissen wir wenig, wir können nur feststellen, daß Mela Spira-Hartwig mit dieser Ehe wieder in das Milieu zurückkehrt, in dem sie aufgewachsen ist, es sich also nicht um eine der – z.B. bei Schnitzler häufig geschilderten – Liebeleien zwischen Bürgertum und Theaterwelt gehandelt hat. Wir können weiter konstatieren, daß dieser

Wechsel von der Berufstätigkeit ins Eheleben insofern glücklich war, als diese Ehe bis zum Tod von Mela Hartwig im Jahr 1967 – also 46 Jahre – gehalten hat und schwierige Situationen wie Emigration und Exil in England überdauert hat.

Die Ehe bleibt kinderlos, und Mela Hartwig begnügt sich nicht mit der Rolle der Rechtsanwaltsgattin in der Provinz, sondern sie betätigt sich weiterhin künstlerisch, allerdings wechselt sie von der Schauspielerin zur Profession der Schriftstellerin, von der reproduktiven zur produktiven Kunst, und macht damit einen Schritt, der für Frauen auch heute noch mit Schwierigkeiten verbunden ist.

Der Weg zur Veröffentlichung ihrer Texte führt über ein Preisausschreiben der *Literarischen Welt* im Jahr 1927, bei dem Alfred Döblin als Juror für Prosa zuständig ist, der Mela Hartwigs Text als letzten der von ihm positiv erwähnten folgendermaßen zusammenfaßt: »Die naturwahr geschilderte Liebe einer Tochter zu ihrem psychiatrischen, sadistischen Vater. Die Liebe erlischt trotz Analyse nicht: es gibt zuletzt einen Vatermord.« Er meint des weiteren, daß der Text für den Psychoanalytischen Verlag passen würde.

Die Beschreibung Döblins ist nicht ganz korrekt, denn es kommt keineswegs zu einer Analyse im Sinne der Psychoanalyse, vielmehr verwendet der Vater seine Kompetenz dazu, die Tochter in Abhängigkeit zu halten. Doch Döblins Einschätzung führt auf Umwegen zum Erfolg, der Psychoanalytische Verlag reicht das Manuskript an den Zsolnay Verlag weiter, der vier der ursprünglich fünf Novellen 1928 veröffentlicht. Der von Hartwig vorgesehene Titel »Besessene« wird vom Verlag zugunsten des als publikumswirksamer erachteten *Ekstasen* geändert, die fünfte Novelle *Das Kind*, das mit der Einbeziehung der Bedeutung eines Kindes für die Paar-Beziehung den enger gefaßten sexuellen Rahmen gesprengt hätte, wird aus dem Band ausgeschieden, erscheint aber im gleichen Jahr 1928 in Fortsetzungen in der angesehenen *Neuen Freien Presse* in Wien.

Ihre ersten Publikationen, die auch die bis heute ersten bekannten Texte von Hartwig sind, entsprechen ganz und gar nicht dem Klischee, daß Erstveröffentlichungen, besonders solche von Frauen, immer stark autobiographisch motiviert sind. Hartwig erweist sich in dieser Prosa als versierte Kennerin der psychologischen und psychiatrischen Diskussionen des Wiener fin-de-siècle mit dem Interesse für sexuelle Zwischenstufen und sexuelle Pathologien. Sie erweist sich auch als genaue Kennerin der literarischen Strömungen der Zeit; thematisch erinnern die Texte von ferne an die Bühnenrollen, die sie gespielt hat, stilistisch schließen sie an die pathetisch-ekstatischen Varianten des Expressionismus an und stellen »Grenzfälle« von weiblichen Figuren und ihrem sexuellen Begehren dar.

In der ersten Novelle *Das Verbrechen* steht der Vater-Tochter-Inzest im Zentrum, ein Thema, das dadurch an Spannung gewinnt, daß der Vater, ein Psychiater, seine Kenntnisse dazu benutzt, um seine Tochter inzestuös an sich zu binden, ihr aber den von ihr – durch Verführungsversuche indirekt und direkt verbal – geforderten Vollzug dieses Inzests zu verweigern. Der Vater treibt das Spiel mit seiner Macht allerdings zu weit, als er die Tochter zum Selbstmord auffordert (zu dem sie zu feige sei), und ihr zu diesem Zweck Schießunterricht erteilt. Als er ihr aber den Revolver, das Symbol der männlichen Macht schlechthin, in die Hand gibt, setzt der Umschlag ein. Die Rollen im Machtspiel wechseln, nun ist es zunehmend der Vater, der Angst vor der Tochter hat, nun kostet sie ihre Machtposition aus. Als er sich ein letztes Mal gegen sie auflehnen will und versucht, sie lächerlich zu machen, erschießt sie ihn. Der Titel der Novelle *Das Verbrechen* kann sowohl auf diesen Mord als auch auf Verhalten des Vaters gegenüber seiner Tochter bezogen werden.

Die beiden folgenden Novellen behandeln Probleme von häßlichen – und materiell armen – Frauen, von Frauen, die dem gängigen Schönheitsideal nicht genügen und aufgrund dieser internalisierten Normen auf sexuelle Erfüllung verzichten müssen. In *Der phantastische Paragraph* führt diese sexuelle Frustration bei der Medizinstudentin zur Imagination einer Liebes- bzw. Sexualbeziehung und zur Ausbildung einer hysterischen Schwangerschaft. Bei den Versuchen, diese (hysterische) Schwangerschaft durch eine Abtreibung zu beenden, gerät sie in die Hände der Polizei und des Gerichts. Dadurch auf den Boden der Realität zurückgeholt, lösen sich die hysterischen Symptome, doch dies wird nun als Beweis für den erfolgten Abortus interpretiert. Die

Imaginationen der frustrierten Frau und die Imaginationen des Gerichts siegen gegenüber der Realität – sie wird verurteilt.

Auch für die Krankenschwester der dritten Novelle *Aufzeichnungen einer Häßlichen* bricht die Möglichkeit der Sublimation von Sexualität durch aktive Nächstenliebe in der Pflege der Kranken zusammen, sie verliebt sich in ihren vorgesetzten Arzt, bedrängt ihn mit ihren Aufmerksamkeiten, mit ihren Verführungsversuchen und zuletzt, als Minimalwunsch, mit der Forderung nach dem einmaligen Sexualakt und dem daraus resultierenden Kind. Die anfangs freundliche, später heftigere Abwehr des Arztes führt schließlich zum psychischen Zusammenbruch und zur Ernüchterung. Sie läßt sich auf die Station für Geisteskranke versetzen, bei denen sie mehr Menschlichkeit als bei den Normalen findet.

Die letzte Erzählung mit dem Titel *Die Hexe* ist wiederum, wie die erste, der verführerisch schönen Frau bzw. dem heranwachsenden Mädchen gewidmet und in die historische Vergangenheit des Dreißigjährigen Krieges versetzt. Vor einem Trappistenkloster wird ein weiblicher Säugling ausgesetzt, und die Mönche ziehen Rune auf, die von ihnen streng und – entsprechend ihrem Schweigegelübde – ohne Sprache erzogen wird. An ihrem 13. Geburtstag veranstalten die Mönche, zunehmend fasziniert durch ihre Weiblichkeit und Schönheit, ein großes Fest, das zu einer Orgie ausartet und das von protestantischen Soldaten brutal beendet wird. Rune wird zum Schützling des Hauptmanns, von dem sie Luxus und die Sprache lernt. Wie schon im Kloster wird sie auch im Heerlager zum Zentrum des Interesses der Männer. Ihre Fähigkeit, Gold und Wasser zu finden, bringt ihr, aber auch dem Heer, Reichtum und eine Periode des Friedens im Krieg, doch wird sie, nicht zuletzt durch die Eifersucht der Frauen, schließlich als Hexe verbrannt.

Mela Hartwig schildert in diesen Novellen die dämonische – und todbringende – Macht der schönen Frauen über die Männer, eine Macht, die in der Sexualität begründet ist. Auffällig ist dabei die Entschiedenheit, mit der die Heldinnen ihre Sexualität – auch gegen die gesellschaftlichen Normen – behaupten und zu leben versuchen. Letzteres ist allerdings nur möglich, wenn sie mit Schönheit gepaart ist, und auch dann ist das Ende negativ;

fehlt die Schönheit, wie in den mittleren Geschichten, so wird dieses sexuelle Begehren nicht erfüllt und führt zur Katastrophe für die Frauen. Geglückte Beziehungen zwischen Mann und Frau gibt es in diesem Text nicht.

Was ihn noch besonders auszeichnet, ist der metaphernreiche expressionistische Stil, der aus heutiger Sicht auch als »schwülstig« bezeichnet werden könnte, der aber konsequent durchgehalten ist und die Texte literarhistorisch dem späten Expressionismus zuordnet.

Bereits im nächsten Jahr, 1929, erscheint bei Zsolnay der Roman *Das Weib ist ein Nichts*, der nach Hartwigs Intentionen »Figurine« heißen sollte. Wieder steht eine Frau im Zentrum, Bibiana, die vier distinkte Karrieren, jeweils in Anpassung und Anlehnung an einen Mann, durchläuft – russische Agentin, Musikerin, Geschäftsfrau und Sozialistin, die bei einer Demonstration zu Tode getrampelt wird. Perfekt in der Erfüllung der jeweils verlangten Rollenmuster bleibt die Frage nach einer eigenen Identität der Heldin offen.

Die Werke werden durchaus anerkennend besprochen, der Roman wird ins Italienische übersetzt, Vorarbeiten für eine Verfilmung in den USA sind im Verlagsarchiv vorhanden, eine literarische Laufbahn scheint ihren Anfang zu nehmen, sie wird jedoch durch die politischen Ereignisse beendet. Der Zsolnay Verlag, obwohl in Wien beheimatet, beginnt schon relativ bald, sich an den zunehmend NS-dominierten deutschen Markt anzupassen. Die Themen Hartwigs, die in den folgenden Texten die gesellschaftskritische Tendenz von *Der phantastische Paragraph* weiterführt, passen nicht in die Zeit, die Unterhaltung oder Nationales wolle. Ihr Manuskript *Bin ich ein überflüssiger Mensch?* wird genauso abgelehnt wie ihr Novellenband über Arbeitslose; es dauert bis 2001, bis der Roman – durch die Begeisterung einer Literaturwissenschaftlerin – mit Droschl in Graz einen Verleger findet und bei der Kritik positiv aufgenommen wird.

In diesen Texten zeigt sich eine Abwendung Hartwigs von der Behandlung von Frauenrollen und Sexualpathologien und eine Hinwendung zur sozialen Realität der Zwischenkriegszeit, und zwar zur Realität der ArbeiterInnen und der Arbeitslosen. Ihr Mann hat als Anwalt mehrmals Sozialisten gegen Nationalsozialisten verteidigt, das Ehepaar Hartwig ist also mit den politischen Auseinandersetzungen direkt konfrontiert. Diese Texte erinnern stark an die von Else Feldmann oder Veza Canetti; der Roman *Bin ich ein überflüssiger Mensch?* war für einen Abdruck in der sozialistischen *Arbeiter-Zeitung* im Gespräch, der durch die Einstellung dieser Zeitung unter dem Austro-Faschismus nicht mehr zustande kam.

Hartwig versucht vor dem zunehmenden Antisemitismus noch einmal literarisch zu warnen, in ihrer Novelle *Das Wunder von Ulm*, in der sie am historischen Beispiel die Mechanismen von Pogromen aufzeigt (und damit das Thema von »Rune« nochmals aufnimmt). Doch diese Novelle kann nicht mehr im deutschen Sprachraum, sondern nur mehr im Pariser Exilverlag Editions de Phénix erscheinen. Wie sehr sie sich für die Publikation dieser »politischen Streitschrift« eingesetzt hat, zeigt der in diesem Band abgedruckte Brief vom 24. Juni 1934 an den Zsolnay Verlag. Nach der Besetzung Österreichs durch Nazi-Deutschland 1938 gelingt Robert und Mela Spira die Flucht nach England. Mela Hartwigs Schwester, Grete Manschinger, erreicht New York. Damit beginnt für das Ehepaar das Elend des Exils: Suche nach Wohnmöglichkeiten, Arbeitserlaubnis und Arbeitsmöglichkeit, Umschulungen etc.

Mela Hartwig wird unmittelbar nach ihrer Ankunft von der österreichischen Exilvereinigung materiell unterstützt. Sie macht in England die Bekanntschaft von Virginia Woolf und ihrem Mann, an die sie sich in Notfällen immer wieder um Hilfe wendet. So setzt sich das Ehepaar Woolf über den PEN-Club für die notwendigen Arbeitsbewilligungen ein – sowohl Mela Hartwig als auch ihr Mann arbeiten als Deutschlehrer. Als Robert Spira als »enemy alien« 1940 in ein Internierungslager kommt, wendet sich Hartwig wieder an Virginia Woolf um Hilfe.

Das Ehepaar Hartwig/Spira scheint sich, trotz aller materieller Widrigkeiten, in England etablieren zu können. Die Kontakte mit dem literarischen Leben laufen nicht nur über das Ehepaar Woolf, sondern auch über die österreichischen Exilverbände, so erscheint ein Kapitel ihres noch in Graz fertiggestellten Romans *Bin ich ein überflüssiger Mensch?* in der von Hermann Ulrich herausgegebenen *Kulturellen Schriftenreihe des Free Austrian Movement*:

Die Frau in der österreichischen Kultur. Literatur, Kunst, Frauenbewegung, Staat und Politik (London o.J., ca. 1944/45). Sie übersetzt aus dem Englischen, und zwar Texte von Virginia Woolf und Gedichte von William Blake, die auch (allerdings erst nach dem Krieg) publiziert werden.

Sie versucht, in Großbritannien mit einem Unterhaltungsroman, einer klassischen Liebesgeschichte einer Ehefrau zwischen ihrem Gatten, einem Arzt, und einem aufregenden Sänger, Fuß zu fassen, doch bleibt auch dieser Text unpubliziert.

Das Kriegsende bringt für das Ehepaar insofern eine positive Änderung der Lebensumstände, als es Robert Spira gelingt, seinen Hausbesitz in Graz zurückzuerhalten und zu verkaufen und für den Erlös in London zwei Häuser zu erwerben, sodaß die finanzielle Lage nun gesichert ist, eine offensichtlich langwierige Aktion, denn noch aus dem Jahr 1954 existieren Briefe, in denen Mela Hartwig über finanzielle Schwierigkeiten klagt. An eine Rückkehr nach Österreich hat das Ehepaar Spira offensichtlich nicht gedacht, obwohl sie schon relativ bald – bereits ab 1948 – wieder auf Reisen nach Österreich kommen. Der Entschluß, in Großbritannien zu bleiben, beruht also auf einer Kenntnis der österreichischen Nachkriegszustände. Mela Hartwig versucht aber bereits unmittelbar nach 1945 Verbindungen zum Literaturbetrieb in Österreich aufzunehmen, und zwar über Bekannte aus dem Exil. So schreibt sie einen Artikel über Virginia Woolf für Ernst Schönwieses Zeitschrift *Silberboot* und publiziert dort ihre Übersetzungen.

Mögliche Gründe für die Nicht-Rückkehr können aus dem unpublizierten Roman *Inferno* erschlossen werden, an dem Hartwig zwischen 1946 und 1948 gearbeitet hat. Hier versucht sie anhand der Geschichte einer jungen Malerin und ihrer Familie, die Gründe für den Sieg des Nationalsozialismus darzustellen: Von feiger Anpassung, naiver jugendlicher Begeisterung bis zu brutalem Machtstreben und Lust an der Grausamkeit reicht das Spektrum der Unterstützung des Nazi-Systems. Bei verschlechterter militärischer Lage wandeln sich diese Haltungen wieder in angepaßte Distanzierung. Nur die Protagonistin macht einen echten Lernprozeß durch und findet zu künstlerischen Widerstandshandlungen. Eindrucksvoll ist ihr Grauen geschildert, das darauf beruht, daß die Malerin in den Alltagsgesichtern der Menschen ihren wahren Charakter erkennen kann, daß sich in diesen Gesichtern die Wirkungen des Regimes deutlich abzeichnen.

Das durchaus aktuelle Thema fand allerdings in der deutschsprachigen Nachkriegsszene keinen Verleger. Es bestand kein Bedarf an Fragen nach den Möglichkeiten des Widerstands gegen den Nationalsozialismus, noch dazu dargestellt von einer Emigrantin. Was möglich war, waren Heimkehrergeschichten. Erschwerend kam sicher dazu, daß Hartwig, wie andere Emigranten auch, den Kontakt zur deutschsprachigen Kulturszene verloren hatte, er sich auch aus der Distanz London nicht wiederherstellen ließ.

Sie bzw. ihr Mann, der diese Korrespondenzen führt, bemüht sich zwar intensiv um Publikationsmöglichkeiten, doch sind ihm nur sehr bescheidene Erfolge beschieden. 1953 erscheint noch ein Band Gedichte, 1960 wird in der renommierten *Deutschen Rundschau* die *Georgslegende* veröffentlicht. Alle anderen Pläne zerschlagen sich, mit Ausnahme einiger Gedichtpublikationen in Anthologien.

Ihr Mißerfolg auf literarischem Gebiet brachte sie dazu, 1953, mit sechzig Jahren also, nochmals das Metier zu wechseln. Sie beginnt zu malen und erlebt einigen Erfolg bei Ausstellungen, kann einige Ankäufe durch Museen und private Sammler verzeichnen. 1967 kehrt sie noch einmal zur Literatur zurück, sie beginnt einen neuen Roman mit dem Titel *Die andere Wirklichkeit*, der sich wiederum mit den Auswirkungen von politischer Gewalt auf das Leben einer Frau beschäftigt. Im selben Jahr stirbt sie allerdings an Herzversagen.

Auch die weiteren Bemühungen ihres Mannes um die Publikation ihrer Werke blieben erfolglos. Erst lang nach seinem Tod, im Jahr 1992, sind die *Ekstasen* im Ullstein Verlag im Kontext der Wiederentdeckung von vergessener Frauenliteratur neu aufgelegt worden; nach einer neuerlichen Pause von fast zehn Jahren erfolgt dann 2001 die Erstauflage des Romans *Bin ich ein überflüssiger Mensch?*. Es muß sich erst zeigen, ob damit die Wiederentdeckung von Mela Hartwigs Werk dauerhaft eingeleitet worden ist.

MELA HARTWIG

Der Meineid

Die Hände in den Hosentaschen, schlenderte der arbeitslose Mechaniker Emil Kolbe durch die Straßen und pfiff vor sich hin. Zuweilen blieb er vor einem Schaufenster stehen, betrachtete nachdenklich blitzende Juwelen, betrachtete Schuhzeug, Kamelhaarwesten und ging unschlüssig weiter. Vor einem Bäckerladen blieb er neuerlich stehen, betrachtete begehrlich Schwarzbrot und Weißbrot, Milchbrot und Kuchen und sein leerer Magen begann zu knurren. Unschlüssig zog er die eine Hand aus der Hosentasche hervor und faßte nach der Klinke, unschlüssig zog er die Hand wieder zurück. Es fiel ihm schwerer, als er geglaubt hatte, sein Vorhaben auszuführen.
Bekümmert ging er weiter, aber schon kehrte er zurück, schon stand er neuerlich vor dem Laden und starrte hinein. Hatte er denn eine Wahl? Seit dreieinhalb Jahren versuchte er vergeblich, Arbeit zu bekommen, die gesetzliche Unterstützung wurde ihm nicht mehr gewährt. Er verstand es nicht, zu betteln, er hatte es wiederholt und ohne Erfolg versucht. Er war obdachlos, er hatte keinen Groschen in der Tasche. Er hatte keine Wahl, er mußte ausführen, was er beschlossen hatte. Er öffnete die Ladentür, er trat ein. Er hatte beschlossen, zu stehlen, um ins Gefängnis zu kommen.
Hinter dem Ladentisch stand eine Frau, sonst war der Laden leer. Sie fragte nach seinen Wünschen. Ohne sich zu beeilen und wortlos nahm er ein Brot an sich, ohne sich zu beeilen und wortlos verließ er den Laden. Die Frau starrte zunächst verdutzt hinter ihm her, einer solchen Dreistigkeit gegenüber völlig fassungslos, dann erst klappte sie den Ladentisch auf und stürzte ihm nach, überzeugt, zu lange gezaudert zu

haben. Der Dieb war inzwischen zweifellos entwischt. Aber als sie verärgert die Tür aufriß, traute sie ihren Augen kaum. Da stand der unverschämte Bursche wahrhaftig noch vor dem Schaufenster und schlang gierig und fast ohne zu kauen das Brot hinunter. Die Frau wurde nachdenklich, sein abgezehrtes Gesicht rührte sie, sie machte eine Bewegung, die besagen wollte ›Ach was‹, schloß die Tür und kehrte hinter den Ladentisch zurück.

Erst als Emil den letzten Bissen verschluckt hatte, vermißte er verblüfft Beschimpfungen, Geschrei und die erhoffte Verhaftung. Aber er machte sich vorerst noch keine Gedanken über das Warum, er fühlte sich lediglich erleichtert, und einen Augenblick lang dachte er wahrhaftig daran, davonzulaufen. Gesättigt, konnte er seinen Wunsch, ins Gefängnis zu kommen, einfach nicht mehr verstehen. Aber schon wurde er wieder vernünftig. Was half es ihm, davonzulaufen? Er hatte keine Unterkunft, er hatte keinen Groschen in der Tasche, er hatte nur und als einzige Zuflucht das Gefängnis vor sich.

Erst jetzt begann er, sich über das sonderbare Verhalten der Frau Gedanken zu machen. Weshalb hatte sie ihn laufen lassen, weshalb? Befremdet spähte er durch die Glasscheiben der Tür in den Laden hinein. Die Frau hantierte mit Körben und Gebäck. War sie verrückt? Wenn es verboten war, und es war doch verboten, zu stehlen, so mußte es auch verboten sein, sich bestehlen zu lassen. Sie hatte die Verpflichtung, entrüstet zu sein, Lärm zu schlagen, einen Schutzmann zu holen und ihn verhaften zu lassen, und er war keineswegs gesonnen, ihr diese Verpflichtung zu schenken. Er riß die Tür auf. Aber kaum erblickte ihn die Frau, begann sie zu kreischen, und ehe er noch ein Wort hervorbringen konnte, flüchtete sie erbleichend in ein Hinterzimmer. Verdutzt entfernte er sich. Die Frau hatte offenbar Angst vor ihm, sie hatte es einfach nicht gewagt, Lärm zu schlagen.

Aber er hatte es schließlich auch gar nicht nötig, mit einer hysterischen Person zu paktieren. Er hatte gestohlen, er hatte Anspruch darauf, verhaftet zu werden. Er hatte ein Verbrechen begangen, er hatte Anspruch darauf, es zu sühnen. Er hatte das Recht, seine Verfehlung zu bereuen und ein Geständnis

abzulegen. Er fragte einen Schutzmann nach der nächstgelegenen Polizeiwachstube. Unterwegs berechnete er seine Chancen. Mehr als höchstens drei Wochen befürchtete er, seiner bisherigen Unbescholtenheit wegen, nicht abzubekommen. Aber auch mit drei Wochen, mit der Hoffnung, nur drei Wochen lang, täglich etwas zu essen vorgesetzt zu bekommen, ein Dach über dem Kopf und eine Bettstelle zu haben und Beheizung obendrein, war er schon zufrieden.
Vor der Polizeiwachstube angelangt, zögerte er noch den Bruchteil einer Sekunde, dann biß er die Zähne zusammen, trat ein und erstattete Selbstanzeige. Er wurde in Haft genommen.
Die polizeilichen Erhebungen wurden eingeleitet, aber sie ergaben, sonderbar genug, daß die Bestohlene es energisch in Abrede stellte, bestohlen worden zu sein. Sie beteuerte vielmehr, dem Burschen das Brot geschenkt zu haben. Die gute Frau, der man wohlweislich und um die Wahrheit ausfindig zu machen, das Faktum der Selbstanzeige verschwiegen hatte, glaubte dem Häftling, von dem sie annahm, daß man ihn erwischt hatte, mit ihrer entlastenden Aussage einen Dienst zu erweisen. Überdies hatte sie ihm das Brot ja, wenn auch erst nach erfolgtem Diebstahl und wenn auch nicht ausdrücklich, so doch faktisch geschenkt. Sie konnte ihre Aussage verantworten. Immerhin war sie zufrieden, nicht vereidigt zu werden.
Die Aussage der Frau wurde dem Häftling vorgehalten. Fassungslos hörte er sich an, was die Frau zu seiner Entlastung vorbrachte. Aber diese Person war ja zweifellos verrückt. Sie wollte ihm das Brot geschenkt haben? Nichts hatte sie ihm geschenkt, nichts. Er verlangte ihre eidliche Einvernahme, er verlangte ein ärztliches Gutachten über ihren Geisteszustand, er verlangte, mit ihr konfrontiert zu werden. Er hatte gestohlen, er bestand darauf, er hatte gestohlen.
Die Frau wurde vorgeladen. Der Widerspruch, der zwischen ihren Angaben und dem Geständnis des Häftlings bestand, wurde ihr vorgehalten, sie wurde verwarnt, sie wurde gefragt, ob sie unter Eid bei ihrer bisherigen Aussage verharre. Die Frau glaubte nicht an den angeblichen Widerspruch, sie glaubte

nicht an das angebliche Geständnis, sie witterte eine Falle. Wollte man sie oder wollte man den armen Burschen hineinlegen? Konnte sie überhaupt noch zurück? Aber weshalb scheute sie sich denn, den Eid abzulegen? Sie konnte ihre Aussage doch verantworten. Sie hatte dem Burschen das Brot geschenkt, sie hatte es ihm wahrhaftig geschenkt. Sie leistete, ohne mit einer Wimper zu zucken, den Eid.
Als sie vereidigt war, wurde der Häftling vorgeführt und ihr gegenübergestellt. Er bestand darauf, gestohlen zu haben. Verblüfft hörte sich die Frau das Geständnis an. War der Bursche verrückt? Weshalb wollte er denn durchaus gestohlen haben? Nichts hatte er gestohlen, nichts. Sie hatte es beschworen. Wollte er sie ins Zuchthaus bringen? Sie bestand darauf, sie hatte ihm das Brot geschenkt, und schon glaubte sie auch, es ihm geschenkt zu haben, und »Ich hab es gestohlen«, brüllte der Häftling, und entrüstet wiederholte die Frau: »Ich hab es ihm geschenkt.« Einen Augenblick lang starrten die beiden einander erbittert an, einen Augenblick lang machte der Häftling Miene, sich auf die Zeugin zu stürzen, aber schon legte sich hindernd eine Hand auf seine Schulter, und er beteuerte hoffnungslos: »Ich habe es gestohlen, ich schwöre es, ich habe es gestohlen.« Die Frau jedoch, jetzt schon völlig überzeugt davon, ihm das Brot geschenkt zu haben, bekundete unbeirrbar und mit Bestimmtheit: »Ich habe es ihm geschenkt.«
Emil wurde, seine Beteuerungen halfen ihm nichts, enthaftet. Die Hände in den Hosentaschen, schlenderte er frierend durch die Straßen und pfiff vor sich hin.

MELA HARTWIG

Brief 24. 6. 1934

24. Juni 1934
Gösting bei Graz,
Schulgasse 342

An den
Paul-Zsolnay-Verlag,
Wien IV.,
Prinz Eugenstr. 30

Beigeschlossen gestatte ich mir, Ihnen ein Novellenmanuskript »Das Wunder von Ulm« vorzulegen und erlaube mir hiezu folgendes zu bemerken:
Ich muss vorausschicken, dass diese kurze Erzählung, deren künstlerische Qualität zu beurteilen ich völlig Ihnen überlasse, eine, und wie ich glaube wichtige, Auseinandersetzung zwischen Judentum und Deutschland ist, eine politische Streitschrift, die jedoch den Vorzug hat, dass sich ihre Tendenz völlig der künstlerischen Objektivität unterordnet, dass sie zeitlich distanziert ist, weil ich die Geschehnisse in das Mittelalter verlegt habe und dass ich mit keinem Wort das künstlerisch Erlaubte überschritten habe.
Dass eine derartige Erzählung, so kurz sie auch ist, nur für sich allein erscheinen könnte, weil jede Koppelung mit anderen Novellen ihre eminente politische Aktualität beeinträchtigen und ihre Stosskraft abstumpfen würde, brauche ich wohl nicht zu erwähnen. Der Erfolg, den ich mir, nicht von ihren künstlerischen Qualitäten, aber von ihrer

Aktualität verspreche, hängt völlig davon ab, dass sie der Oeffentlichkeit als das übergeben wird, was sie ist: als Streitschrift.
Ich bin mir natürlich vollkommen klar darüber, dass es heutzutage sowohl für den Autor, als auch für den Herausgeber ein gewisses Wagnis ist, ein Buch herauszubringen, das unverkennbar politische Streitschrift ist und es wird sich vor allem die Frage ergeben, ob Sie ein solches Wagnis auf sich nehmen wollen. Aber ich bitte Sie zu bedenken, dass eben in diesem Wagnis auch die Chance für den Erfolg steckt.
Natürlich müsste bedacht werden, ob es zweckmässig ist, das Buch in Oesterreich herauszubringen oder ob es sich nicht empfehlen würde, es im Ausland, etwa in der Schweiz, erscheinen zu lassen und ob es nicht vielleicht sogar angezeigt wäre (wenn das überhaupt möglich ist), es erst als Uebersetzung (etwa französisch) und erst dann in deutscher Sprache herauszubringen, dies umsomehr, als es ja wichtig wäre, die Aufmerksamkeit des internationalen Judentums zu gewinnen. Aber das sind Fragen, die ich nur anrege, aber nicht beantworten kann, weil ich nicht weiss, wie diese Dinge vom verlagstechnischen Standpunkt aus durchführbar sind.
Erwähnen möchte ich nur noch, dass dieses Buch, wenn man ihm eine gewisse Verbreitung sichern will, in einer ziemlich billigen Ausgabe erscheinen müsste. Auch wäre ich bereit, wenn Sie das für zweckmässiger halten und wenn Sie vielleicht der Ansicht sind, dass mein Name einen bedeutenden Erfolg noch nicht tragen könnte, das Buch ohne meinen Namen erscheinen zu lassen.
Ich bin selbstverständlich bereit, wenn Sie es wünschen, nach Wien zu kommen, um die Angelegenheit persönlich mit Ihnen zu besprechen.
Genehmigen Sie den Ausdruck meiner
                    vorzüglichen Hochachtung

                    Ihre ergebene Mela Hartwig

*Was uns Emigranten einigt, uns unbewußt
verbindet, ist das gemeinsame Erlebnis.
Der große Bruch.*

Gina Kaus
1893–1985

GINA KAUS

»Wie erst jetzt bekannt wird, ist die Wiener Schriftstellerin Gina Kaus, 91 Jahre alt, am 23. Dezember 1985 in Los Angeles gestorben. Daß es fast ein halbes Jahr dauerte, bis die Kunde von ihrem Tode über umwegige Zufälle nach Wien drang, löst neben der Trauer über den menschlichen Verlust eine fast noch tiefer reichende Beschämung über den nachdenklich stimmenden Tatbestand aus, daß diese Frau, die einst eine faszinierende Figur im literarischen und gesellschaftlichen Leben Wiens war, das letzte Kapitel ihres Lebens zwar materiell gesichert, doch von Altersbeschwerden überschattet, allein und in Österreich nahezu völlig vergessen, verbringen mußte.«
Erschienen ist der Nachruf von Milan Dubrovič, der Gina Kaus zu Beginn der zwanziger Jahre kennengelernt hatte, am 17. Mai 1986 in der Zeitung *Die Presse*. Gina Kaus hatte in Hollywood großen Erfolg, wenn auch nicht als Schriftstellerin, so doch als hervorragende Drehbuchautorin. Und immerhin brachte es einer ihrer in den dreißiger Jahren geschriebenen Romane unter dem leicht veränderten Titel *Teufel in Seide* nicht nur zu literarischen Bestsellerehren im deutschsprachigen Raum nach 1945. Die Verfilmung mit Lilli Palmer und Curd Jürgens in den Hauptrollen wurde berühmt und erfolgreich – allerdings wurde für den Film das Ende verändert. Der von Dubrovic bedauerte Tatbestand der halbjährigen Verspätung seines Nachrufs verweist auf den Umstand, daß die Exilanten und Exilantinnen in ihrer Heimat vergessen waren, selbst wenn sie in ihren neuen Heimatländern Karriere gemacht hatten.
Geboren wurde Gina Kaus als Regina Wiener am 21. Oktober 1893 in Wien. Sie stammte aus einer eher ärmlichen jüdischen Familie, der Vater war Kaufmann und Geldvermittler. Auf die schwierige finanzielle Situation der Familie verweist auch der

Umzug von der Berggasse 30 in die Ferdinandstraße in der Wiener Leopoldstadt, als Gina ein Jahr alt war. Nach mehreren Umzügen kehrte die Familie erst nach Jahren wieder in die Berggasse zurück. Nach der Volksschule besuchte Gina das Mädchenlyzeum des Schulvereins für Beamtentöchter in der Lange Gasse, eine Mitschülerin ist Sophie Freud, eine Tochter Sigmund Freuds. Ungewöhnlich für die damaligen Verhältnisse war, daß ihr die Eltern eine gute Ausbildung ermöglichten und nicht auf die Absicherung durch eine Heirat vertrauten. In ihren Erinnerungen schreibt sie über ihre Kindheit beinahe nichts, die Gründe dafür bleiben offen.

Bereits als junges Mädchen traf Gina Kaus jedoch unkonventionelle Entscheidungen und verabschiedete sich möglichst rasch durch Heirat von ihrer Familie. Sie verliebte sich in den Musiker Josef Zirner, heiratete ihn 1913 und zog mit ihm nach Breslau – gegen den Willen seiner Eltern. Sie lebten von seinem geringen Gehalt als Korrepetitor, für sie wurde diese kurze Zeit in der Erinnerung zur »schönsten Zeit meines Lebens«. Was sie zunächst nicht ahnte, war der Umstand, daß ihr Ehemann aus sehr vermögenden Verhältnissen stammte. Der Vater war Inhaber eines Juweliergeschäfts, die Mutter Besitzerin des Modehauses Zwieback in der Wiener Kärntner Straße. Bereits im Jahr 1914 kam es zur Versöhnung mit den Eltern, und das Paar wohnte in der elterlichen Hietzinger Villa. Doch kurz nach dem Einzug mußte Josef an die Front.

Während eines Berlinaufenthaltes im Jänner 1915, wohin sie fuhr, um Distanz zu ihrem Liebhaber, dem Schriftsteller Otto Soyka, zu gewinnen, begann ihre Initiation in ihr zukünftiges Schriftstellerinnenleben. Bei einem Besuch im Café des Westens lernte sie Franz Blei und Carl Sternheim kennen, war fasziniert von ihrer Konversation über Literatur. Glaubt man ihren Erinnerungen, die sie in ihrer 1979 erschienenen Autobiographie *Und was für ein Leben ... mit Liebe und Literatur, Theater und Film* (Neuauflage unter dem Titel *Von Wien nach Hollywood* 1990), festhält, war es Franz Blei, der sie bei ihrem Wunsch zu schreiben unterstützte: »Ich gestand Blei, daß ich Schriftstellerin werden wolle, daß ich mehrere Geschichten geschrieben hätte, konnte ihm aber nichts zeigen, weil ich nichts bei mir hatte. ›Wenn du so schreiben kannst, wie du erzählst, dann ist alles gut‹, sagte er. ›Schreib doch deine Reise an die Front auf.‹« Gina Kaus hatte 1915 – gegen alle Vorschriften und alle Vernunft – ihren Ehemann an der Front besucht. An einem Nachmittag entstand der Text, den sie auf Bleis Ratschlag an Stefan Grossmann vom *Berliner Tageblatt* schickte, der begeistert darauf reagierte. Ihre Freundschaft mit Franz Blei wurde für ihre weitere literarische Karriere wichtig, aber auch für ihn, denn sie konnte ihm in Wien einen Arbeitsplatz verschaffen.

Ungewöhnlich und abenteuerlich scheint diese Reise an die Front im April 1915 gewesen zu sein, bei der Gina ihren Ehemann zum letzten Mal sah. Von Plock an der Ostfront fuhr sie wieder nach Berlin und kehrte erst nach einigen Wochen nach Wien zurück. Kurz nach ihrer Rückkehr nach Wien traf die Nachricht vom Tod ihres Mannes ein, mit zweiundzwanzig Jahren war Gina Zirner bereits Witwe. Sie machte sich Vorwürfe, weil er nach ihrem unerlaubten Besuch an der Front in eine andere Einheit versetzt worden war, und fühlte sich mitschuldig an seinem Tod.

Sie blieb zunächst bei den Schwiegereltern und arbeitete im Juweliergeschäft mit, wo sie Josef Kranz kennenlernte. Kranz war damals bereits über fünfzig Jahre alt, ein vermögender Mann, Präsident des Spirituskartells und der Depositenbank. Der getrennt von seiner Frau lebende Kranz verliebte sich in die attraktive junge Frau und verwöhnte sie mit großzügigen Geschenken. Da er sich nicht gegen den Willen seiner Frau scheiden lassen konnte und Gina nicht als seine Geliebte in sein Palais in der Liechtensteinstraße einziehen wollte, verfiel sie auf die Idee, sich von ihm als Tochter adoptieren zu lassen – ein Schritt, der in der Wiener Gesellschaft für Aufregung sorgte.

Als Adoptivtochter Gina Kranz lebte sie in den nächsten Jahren mit Kranz, und sie erreichte, daß Franz Blei als sein Sekretär angestellt wurde: »Kranz, der damals glaubte, daß er sich alles erlauben dürfe, rühmte sich lachend, daß er einen der besten deutschen Schriftsteller als Sekretär beschäftigte. Die Leute nahmen es hin, doch ich bin überzeugt, sie taten es mit Kopfschütteln und Mißbilligung«, schreibt Gina Kaus in ihrer Autobiographie. Blei versammelte im Café Herrenhof eine intellektuelle Runde um sich, zu der Hermann Broch, Robert Musil,

Otto Kaus, Egon Erwin Kisch, Ernst Pollak und Franz Werfel zählten. So oft wie möglich besuchte Gina das Café und hielt sich in diesem Kreis auf, mit Franz Blei begann sie ein Verhältnis. Und sie setzte durch, daß Kranz die von Blei herausgegebene Zeitschrift *Summa* finanzierte und dazu noch eine eigene Atelierwohnung, die als Redaktion genutzt wurde. Doch Ginas Doppelleben war nur von kurzer Dauer – zu sehr differierten ideologisch die beiden Existenzen und machten eine Entscheidung notwendig.

»Ich habe mich gegen keinen Menschen so schlecht benommen wie gegen Kranz, und das von dem Tag an, an dem ich in sein Haus zog. Ich habe ihn belogen und betrogen und war voll schlechter Gedanken gegen ihn. Ich schämte mich wohl, weil ich mich an ihn verkaufte, aber ich haßte ihn dafür, daß er sagte, ›jeder Mensch hat seinen Preis‹.« Was sie sich zunächst zugemutet hatte, ertrug sie dann doch nicht, nämlich sich verkauft zu haben, und tatsächlich endete die Beziehung zu ihm auf nicht so vornehme Weise, wie sie begann. Gina verliebte sich in den kommunistischen mittellosen Schriftsteller und Psychologen Otto Kaus. Während Josef Kranz in Karlsbad auf Kur weilte, versuchte sie, mit Kaus im Sommerhaus von Kranz auf dem Semmering ein Kind zu zeugen, was auch gelang. Kranz empfand es als Verrat und wies sie aus dem Haus. Als er in einem ihrer Koffer dann noch eine Dose fand, die er ihr nicht ausdrücklich geschenkt hatte, beschuldigte er sie des Diebstahls und beugte so finanziellen Ansprüchen der Adoptivtochter vor.

In ihrem Roman *Die Schwestern Kleh* (1933), aus dem hier ein Kapitel abgedruckt ist, verarbeitet sie in einigen Figuren eigene Erfahrungen. So ist unschwer zu erkennen, daß Josef Kranz das reale Vorbild für Baron Ried ist, während sie sich selbst in Lotte spiegelt. Gina Kaus schildert am Beispiel zweier Schwestern zwei extreme weibliche Charaktere: die moderne Lotte, die Beruf, Karriere, Liebe und Kinder möchte, und die traditionelle Irene, die bereit ist, Opfer zu bringen. Beide Schwestern überschätzen sich in ihrer Charakterstärke und Opferbereitschaft. Ausgangspunkt der Charakterstudie ist die Tatsache, daß Lotte schwanger ist, ihr Kind jedoch heimlich auf die Welt bringt, das von ihrer Schwester als ihr eigenes Kind aufgezogen wird. Lotte glaubt, durch beruflichen Erfolg glücklich zu werden und auf den Mann, den sie liebt, verzichten zu können. Am Ende versuchen beide Schwestern, sich das Leben zu nehmen.

Gina Kaus mußte nach dem Hinauswurf durch Kranz für ihr eigenes Leben und das ihres Kindes und – natürlich auch – für Otto Kaus aufkommen. Ihre literarische Laufbahn hatte aber noch kaum begonnen. Immerhin wurde ihr erstes Theaterstück, das sie unter dem Pseudonym Andreas Eckbrecht verfaßt hatte, 1917 am Wiener Burgtheater uraufgeführt. Gina Kaus schrieb nach einem persönlichen Erlebnis, dem Diebstahl einer Hausangestellten im Palais Kranz, die Komödie *Diebe im Haus*. Sie selbst vermerkt kritisch in ihren Erinnerungen: »Ich verstehe nicht, warum es nicht einfach durchfiel. Abgesehen vom ersten Akt war es ein langweiliges und langatmiges sozialistisches Geschwätz.« Das Stück wurde ungefähr zehnmal gespielt, aber von keiner anderen Bühne angenommen. Von der Kritik wurde es wohlwollend besprochen, man lobte das Talent der Autorin, es wurde aber auch als unreif bezeichnet. Einen wesentlich größeren Erfolg hatte ihre Schulmädchenkomödie *Toni* in den zwanziger Jahren, die an über fünfzig Bühnen Deutschlands gespielt wurde und für die sie 1927 in Bremen mit dem Goethe-Preis ausgezeichnet wurde. In der Rolle der Toni feierte bei der Aufführung in Prag die junge Paula Wessely einen ihrer ersten Erfolge.

Ihr finanzielles Überleben sicherte Gina, die Otto Kaus heiratete, durch Börsengeschäfte, die sie unter der Anleitung eines Verehrers und Gönners, den sie im Palais Kranz kennengelernt hatte, vier Jahre lang tätigte. Sie wurde zwar nicht reich, konnte aber mit ihrem Sohn und ihrer Haushälterin Anna in einigem Komfort leben, auf Sommerfrische fahren, schrieb Erzählungen und Kurzgeschichten, die unter anderem in der kommunistischen Zeitschrift *Sowjet* erschienen, die von ihrem Mann herausgegeben wurde. Gemeinsam mit ihm hörte sie bei Alfred Adler Vorlesungen, die sie beeindruckten und die auch ihre literarische Arbeit beeinflußten.

Nach etwa drei Jahren übersiedelte Otto Kaus allein nach Berlin, da er sich dort eher Verdienstmöglichkeiten erwartete. Gina veröffentlichte in verschiedenen Zeitungen (u.a. *Literarische Welt, Tage-Buch, Berliner Tageblatt, Vossische Zeitung, Prager*

Tagblatt, später auch in *Dame* und *Uhu*) und hatte in der *Arbeiter-Zeitung* eine regelmäßige Publikationsmöglichkeit. Bei ihren Berlinbesuchen lernte sie Ernst Toller, Ferdinand Bruckner, Walter Hasenclever und Rudolf Leonhard kennen. Für ihre erste längere Erzählung *Der Aufstieg*, die auf Vermittlung Franz Bleis der Georg Müller Verlag als Buch druckte, erhielt sie 1921 den angesehenen Theodor-Fontane-Preis, der jeweils durch einen einzigen Juror vergeben wurde – es war wiederum Franz Blei. Diese Novelle las auch Karl Kraus als ersten Text von ihr. »Ich habe nicht einen einzigen Fehler gefunden. Ihre Novelle ist wirklich gut«, kommentierte der gefürchtetste Kritikerpapst der damaligen Zeit. Eine intensive intellektuelle Freundschaft zwischen Gina Kaus und Karl Kraus war begründet.

In Berlin ließ Gina sich die Haare kurz schneiden, für sie selbst »eine Art Absage an die Bourgeoisie, um mit Adler zu sprechen als ›männlicher Protest‹«. Aber nicht nur sie selbst entsprach dem modernen Typ der erotisch und sexuell selbstbestimmten und berufstätigen Frau, sondern auch die Protagonistinnen ihrer Werke. Gina Kaus erlebte allerdings auch die Widersprüche, die sich aus dem veränderten Rollenbild ergaben, und stellte die ungelösten Konflikte immer wieder in den Mittelpunkt ihrer Texte.

Während ihrer zweiten Schwangerschaft gründete Gina Kaus die Zeitschrift *Mutter*, eine *Halbmonatsschrift für alle Fragen der Schwangerschaft, Säuglingshygiene und Kindererziehung*, in der sie auf der Grundlage von Alfred Adlers Kinderpsychologie Artikel verfaßte und redigierte. Die erste Nummer erschien am 1. Dezember 1924, weder in Österreich noch in Deutschland gab es ein vergleichbares Organ, und deshalb war das Echo zunächst sehr positiv. Sie eröffnete sogar eine Beratungsstelle, um den ratsuchenden Frauen zu helfen. Doch nach einigen Nummern wiederholten sich die Themen, die meisten Ärzte schrieben zwar gerne, aber nicht gut, das Geschäft mit Inseraten stagnierte. Gina Kaus beschloß, nach Berlin zu fahren, um die Zeitschrift an den Ullstein-Verlag zu verkaufen. Doch Paul Wiegler hatte kein Interesse daran, zeigte sich aber von ihren Novellen so begeistert, daß er sie annahm und ihr einen Vorschuß für die Option auf einen Roman bei Ullstein anbot. Noch in Berlin schrieb sie das Stück *Toni*, das wenig später große Erfolge auf den Bühnen hatte.

Das Grundthema hing auch bei diesem Stück mit einer eigenen Kränkung zusammen, nämlich mit der Tatsache, nur ein Mädchen zu sein, während sich die Eltern einen Sohn gewünscht hatten. Neben der Arbeit am Romanprojekt veröffentlichte sie Kurzprosa und war als niveauvolle Feuilletonistin und scharfsichtige Kritikerin eine begehrte Mitarbeiterin der Presselandschaft. Sie ging dabei sehr professionell vor: »Eine Agentur versandte meine Feuilletons an Hunderte kleiner Provinzblätter in Deutschland und Österreich, und obwohl manche nur ein paar Mark bezahlten, hatte ich ungefähr eine Monatseinnahme von tausend Mark.«

1926 willigte Otto Kaus endlich in die Scheidung ein, nachdem die Ehe während einiger Jahre ohnehin nur mehr auf dem Papier bestanden und Gina mehrere Affären hinter sich hatte. Eine ihrer Beziehungen begann in Wien dramatisch und endete nach Jahrzehnten ebenfalls vor dem Scheidungsrichter. Gina Kaus ging ein Verhältnis mit dem Rechtsanwalt Eduard Frischauer ein, der allerdings der Ehemann einer ihrer besten Freundinnen war. Nachdem die Freundin davon erfahren hatte, unternahm sie einen Selbstmordversuch. Gina Kaus verließ daraufhin Wien in Richtung Berlin. Doch nach einem Jahr kehrte sie zurück, Frischauer und Kaus lebten in getrennten Wohnungen, die leidenschaftliche Beziehung setzte sich aber fort. Auch er zählte zu jenen Männern, für die sie sorgen mußte und die sie immer wieder vor beinahe unlösbare finanzielle Probleme stellten. Er war ein Spieler und verlor häufig hohe Summen. Fünfzehn Jahre lebten sie zusammen, in Amerika heirateten sie, schließlich beantragte sie die Scheidung.

Persönliche Erfahrungen ihrer Beziehung mit Frischauer und eine Affäre ihrer Freundin Milena Jesenská mit einem Ex-Liebhaber von Gina bildeten den Ausgangspunkt zu ihrem ersten Roman *Die Verliebten*, der 1928 im Ullstein-Verlag erschien: »Zwei Paare, die, ohne es zu wissen, ihre Partner wechseln, und immer ist es ein anderer Mann, den jede der beiden Frauen, ist es eine andere Frau, die jeder der beiden Männer erlebt. Ich begann mit einer Liebesnacht, die ich zweimal erzählte, erst aus ihrer Sicht, dann aus seiner – es waren zwei grundverschiedene Erlebnisse. (...) Ich verbrachte den größten Teil meiner Tage mit Aufzeichnungen, Dialogentwürfen, psychologischen Studien (...).«

Differenziert und psychologisch genau gezeichnet werden die Illusionen und Sehnsüchte über die Liebe der Protagonisten in der Romanhandlung relativiert. Die Paare müssen am Ende erkennen, daß sie sich mit ihrer Rolle als Verliebte abfinden müssen – die absolute Liebe erscheint als unlebbar. Durch die verschiedenen Erzählperspektiven werden die Hauptfiguren in ihrer Vereinzelung und Einsamkeit porträtiert und der Anspruch auf eine Existenz als ideales Paar desillusioniert.

Entscheidend für ihre weitere literarische Karriere war allerdings der Umstand, daß *Die Verliebten* nicht im Propyläen-Verlag, dem anspruchsvollen Part des Hauses Ullstein, publiziert wurde, sondern in den Ullsteinbüchern, die ausschließlich zur Unterhaltung gedacht waren. Gina Kaus war enttäuscht, und tatsächlich fand der ambitionierte Roman in dieser Reihe wenig Echo. In ihrer Autobiographie heißt es: »Meine Enttäuschung hatte mich zynisch gemacht. Jetzt wollte ich zeigen, daß ich billige Erfolge haben konnte – billig, aber hochbezahlt. Ich wollte einen Roman für die ›Berliner Illustrierte‹ schreiben, die 25.000 Mark für einen Vorabdruck zahlte. Ich wollte ein Schiff schildern, dessen drei Klassen die drei Klassen der Gesellschaft darstellten, (...) Ich fand eine Handlung, nein Dutzende von Handlungen, die alle auf der Überfahrt von Bremerhaven nach New York spielten, und die Hauptfigur sollte ein Schiffsarzt sein, den seine Tätigkeit selbstverständlich in alle Klassen bringt.«

Sie verkaufte den Roman *Die Überfahrt* an den meistbietenden Verlag und sicherte sich die Abdruckrechte in der *Münchner Illustrierten Presse*, den Ullstein-Verlag stellte sie mit dem Angebot auf einen weiteren, überaus schnell konzipierten Roman *Morgen um Neun* zufrieden, ihr vierter Roman *Die Schwestern Kleh* erschien 1933 bereits im Exilverlag de Lange in Amsterdam. Die Unterhaltungsschriftstellerin Gina Kaus war erfolgreich etabliert und wurde fortan als Kollegin von Vicki Baum gehandelt, die sie bei Erscheinen des Romans *Die Verliebten* in Berlin kennengelernt hatte und mit der sie zeitlebens befreundet blieb. Sibylle Mulot schreibt in ihrem Nachwort zu den Erinnerungen von Gina Kaus, daß ihre Romane, einschließlich ihres letzten Buches *Der Teufel nebenan*, Meisterwerke sind: »Sie sind technisch so perfekt, psychologisch so überraschend, daß es schwer fällt, sie auf der Unterhaltungsebene festzumachen, obwohl es zweifellos auch Unterhaltungsromane sind.«

Am 10. Mai 1933 wurden in Berlin auch die Bücher von Gina Kaus verbrannt. »Nie zuvor war ich in besserer Gesellschaft gewesen«, kommentierte sie lakonisch dieses Ereignis. Gina Kaus, die zu diesem Zeitpunkt in Wien lebte, schickte den älteren Sohn auf eine Schule nach England, der jüngere besuchte das Schottengymnasium. Sie arbeitete an einer Biographie über *Katharina die Große*, die ein enormer Erfolg wurde und in Amerika sogar an die Spitze der Bestsellerlisten kletterte. Die Übersetzungen dieses Buches und die Verfilmung ihres Romans *Überfahrt* erleichterten ihr die Emigration und das Überleben in Amerika. Ihre deutschen und österreichischen Publikationsmöglichkeiten waren bereits seit 1933/34 verloren. Am 12. März 1938 packten Gina Kaus und Eduard Frischauer ihre Koffer und flohen mit dem Sohn Peter in die Schweiz. Schon am nächsten Tag hätte der Anwalt Frischauer verhaftet werden sollen. Über Vermittlung von Georg Marton erhielt Gina Kaus sofort als Drehbuchautorin beim Filmproduzenten Arnold Preßburger in Paris eine Arbeit, ihre zweite erfolgreiche Karriere begann im Pariser Exil.

In Paris schrieb sie auch ihren letzten Roman, der gleichzeitig in deutscher und englischer Sprache erscheinen sollte, *Der Teufel nebenan*, in dem eine eifersüchtige Frau die negative Heldin ist, deren Tod von allen beteiligten Figuren am Ende als Erlösung empfunden wird. Eifersucht zu haben oder zu zeigen, war in den zwanziger und dreißiger Jahren in fortschrittlichen Kreisen kein zugelassenes Gefühl. Der Roman wurde nach seinem Erscheinen nicht der von ihr erwartete Erfolg, und Viking Press entschied sich nach dem Buch *Katharina die Große* gegen die Publikation in Amerika und druckte statt dessen Franz Werfels Buch *Der veruntreute Himmel* – für Gina Kaus eine bittere Enttäuschung, die sicherlich ihre Abwendung von der Literatur beeinflußte. Nach dem Krieg verkaufte der Bertelsmann Verlag von dem Roman unter dem leicht veränderten Titel *Der Teufel in Seide* über 350 000 Stück, mit den Taschenbüchern dürfte er eine Gesamtauflage von etwa 400 000 Exemplaren erreicht haben.

Am 1. September 1939 verließen Gina Kaus, Eduard Frischauer und die beiden Söhne Frankreich auf der »Ile de France«. Nach ihrer Ankunft in New York wurden sie zunächst wie alle Einwanderer auf Ellis Island interniert. Das Geld für die Weiterfahrt nach Hollywood verdiente sie sich mit dem Verfassen sogenannter *True Stories*, Geschichten, die bemerkenswerte und traurige Begebenheiten aus dem Leben berichten und scheinbar von einfachen Leuten, in Wirklichkeit aber von Schriftstellern erzählt wurden. Für vier Geschichten, die ihr Sohn übersetzte, erhielt sie 2.000 Dollar, mit denen sie die Tickets für die Bahnfahrt erwarb. Wie in ihrem bisherigen Leben stellte sich Gina Kaus in Los Angeles rasch auf neue Lebensbedingungen ein und versuchte, sich so gut wie möglich mit den neuen Gegebenheiten zu arrangieren. Georg Marton, ihr Agent, konnte ihr Drehbucharbeiten in Hollywood vermitteln. Sie hatte Kontakt zu Emigrantenzirkeln, Vicki Baum wohnte in ihrer Nähe, sie traf sich mit Salka Viertel, Bert Brecht, Hanns Eisler, Fritz Kortner. Im Gegensatz zu vielen männlichen Kollegen machte sie sich als Drehbuchautorin einen Namen, schließlich war sie ja eine »Spezialistin für Dramatik – eine Fähigkeit, die sie für den zeitgenössischen Film geradezu prädestinierte«. (Sibylle Mulot)

Aus Vernunftgründen heiratete sie Frischauer, denn ihr eigenes und die Visa ihrer Söhne waren abgelaufen, während er bereits die ersten Papiere hatte und sich um die Staatsbürgerschaft bewerben konnte. Und sie bekannte: »Ich nahm jeden Job an, den ich bekommen konnte, obwohl es mir nicht leichtfiel, in den Studios zu arbeiten.« Denn sie hatte es geschafft, ihren Bruder und ihre Mutter nach Amerika zu holen, und mußte nun für eine sechsköpfige Familie sorgen. Frischauer hingegen versuchte – wenn überhaupt – als Bridgespieler Geld zu verdienen, was zumeist mißlang.

Gina Kaus arbeitete in den Studios mit anderen Kollegen zusammen, einige Theaterstücke und Drehbücher verfaßte sie gemeinsam mit Ladislaus Fodor, mit ihm schrieb sie mehrere ihrer Bühnen- und Romantexte für den Film um, manchmal entwickelte sie die Handlung für einen Film, ein anderes Mal war sie nur an den Dialogen der Hauptszenen beteiligt – rund zwanzig Filmdrehbücher zählen zu ihrem Œuvre.

In den fünfziger Jahren begann sie für den Fischer Verlag dann noch mit Übersetzungen aus dem Englischen und war am

Komödienerfolg von Neil Simons (*Barfuß im Park, Ein seltsames Paar*) im deutschsprachigen Raum beteiligt. Nach dem Krieg besuchte Gina Kaus mehrmals Berlin und Wien, entschloß sich aber nicht mehr zu einer Rückkehr. Sie lebte gerne in Los Angeles, wo ihre Söhne beruflich Karriere machten – der Bruch ließ sich im Alter auch mit einer Heimkehr nach Europa nicht kitten.

»Bei der Arbeit sprechen wir englisch, in den Geschäften, an der Tankstelle, wir lesen englische Bücher und amerikanische Zeitungen, wir interessieren uns für amerikanische Politik, aber wenn wir zusammenkommen, sprechen wir deutsch. (...) Was uns Emigranten einigt, uns unbewußt verbindet, ist das gemeinsame Erlebnis. Der große Bruch. Daß wir alle in der Mitte unseres Lebens umlernen, neu anfangen mußten. (...) Meine Familie, mein kleines Haus, meine Freunde – das ist mein Daheim.«

GINA KAUS

Ekel

Es geschah zum ersten Mal, daß wir einer großen Winterfeldtschen Gesellschaft zugezogen worden waren, und wir zweifelten nicht, daß diese Ehre Lotte, oder genauer gesagt, Lottes Beziehung zum Baron Ried, galt. Dementsprechend bekam sie ihren Platz zwischen den angesehensten Gästen, einem gräflichen Dominikaner und dem Sektionschef Grimm (ein »einflußreicher Mann«, jeder nannte ihn so, ich weiß nicht, warum), und nach dem Essen gesellten sich noch der Hausherr zu ihr und ein alter schwerhöriger Professor, der zwar längst pensioniert war, dessen Schwiegertochter aber ein Verhältnis mit einem Mitglied des kaiserlichen Hauses haben sollte. Lotte sah plötzlich so elend aus, daß auch ich mich, möglichst unbemerkt, in ihre Nähe setzte, während Herr Kleh mit drei Gattinnen einflußreicher Männer Bridge spielte.
Da keine offizielle Verlobung stattgefunden hatte, wurde Rieds Name nicht erwähnt, aber die Herren stellten allerlei Fragen an Lotte, die an sich einem jungen Mädchen zu stellen recht unsinnig gewesen wäre: Sie fragten sie, ob die Arbeiterfrauen in den Munitionsbetrieben zufrieden wären und wie im Augenblick das Ansehen des Grafen Czernin bei Hofe sei. Lotte schwätzte nach, was sie über diese Dinge gehört hatte, aber sie machte ein so gequältes Gesicht dazu, daß Winterfeldt, wohl um sie aufzumuntern, ihr eine Zigarette anbot.
»Du bist ja fast schon ein erwachsenes Mädchen«, sagte er. Lotte lehnte ab.
»Na, zier Dich nicht. Papa sieht's nicht, der spielt Bridge. Und nicht einmal Hochwürden hat etwas dagegen.«
Der Dominikaner schüttelte milde lächelnd den kahlen Kopf. Sektionschef Grimm reichte bereits das Feuer. Lotte nahm

schließlich eine Zigarette, tat ein paar Züge, dann wurde sie totenbleich und verließ schnell das Zimmer.

»Ich hab sie doch schon zwanzigmal rauchen sehen«, sagte Winterfeldt verwundert. In Wirklichkeit rauchte Lotte täglich, nicht gerade viel, aber doch so ziemlich nach jeder Mahlzeit. Ich wollte ihr nachgehen, aber Lisbeth kam durch das Zimmer gesegelt, sie drückte mich sanft in meinen Stuhl zurück und ging hinaus.

Zehn Minuten vergingen, die Herren sprachen längst von etwas anderem, als das Mädchen kam und dem Primarius etwas ins Ohr flüsterte. Er entschuldigte sich: »Das Telefon!« Sektionschef Grimm sagte: »Hoffentlich hat keine Ihrer Patientinnen Lust gekriegt, dem Vaterland gerade heute nacht einen neuen Staatsbürger zu schenken.«

Ein kleines Weilchen später erschien Lisbeth in der Tür und machte mir mit den Augen ein Zeichen. Niemand bemerkte, daß ich mich erhob und die kleine Gruppe verließ.

»Sie ist in Ohnmacht gefallen«, flüsterte Lisbeth, »und liegt in meinem Schlafzimmer. Arthur ist jetzt bei ihr. Ich muß zu den Gästen ...«

Lotte lag kalkweiß auf Lisbeths Bett, bis aufs Hemd entkleidet, und Winterfeldt breitete gerade die Decke über sie. Er räusperte sich mehrmals, ging hin und her, zuckte die Achseln, räusperte sich wieder, und schließlich sagte er:

»Der Baron wird sich nicht wundern, wenn er schon nach sieben Monaten Vater wird.«

Lotte hob den Kopf und starrte angestrengt auf Winterfeldt, offenbar begriff sie seine Worte nicht gleich, dann schrie sie kurz auf und bedeckte ihr Gesicht.

»Na«, sagte Winterfeldt und streichelte ihre Stirn, »mit dieser Möglichkeit müßt ihr doch schließlich gerechnet haben – wenn er auch gerade kein Jüngling mehr ist.« Er setzte sich an den Bettrand und sprach, wie er wahrscheinlich gewohnt war, mit Patientinnen zu sprechen. »Es wird ja alles gutgehen. Du bist ein gesundes Mädel, grad im richtigen Alter, kannst Dir das schönste Zimmer im teuersten Sanatorium nehmen – und daß Du nicht die Figur verlierst, dafür laß nur den Onkel Winterfeldt sorgen ...«

Lotte stöhnte hinter ihren Händen. »Ein Siebenmonatskind ist doch keine Schande«, fuhr Winterfeldt fort, »sei ganz ruhig, ich sag's keinem Menschen, nicht einmal Lisbeth. Schick mir den Baron, sobald er nach Wien kommt, ich werd mit ihm sprechen ...« Wiederum ein kurzer Aufschrei, und diesmal begann Winterfeldt zu verstehen. »Ach so«, sagte er und stand auf. »Das ist allerdings ...« Er würgte sehr lange herum, räusperte sich und sagte schließlich, »das ist allerdings sehr unangenehm. Peinlich. Für alle ...« Es war deutlich zu sehen, daß er zunächst an sich selbst dachte, und er sagte auch: »Es wäre entsetzlich, wenn meine Gäste errieten ...« Er begann wieder hin und her zu gehen, und manchmal warf er mir einen Blick tiefster Verachtung zu.
»Wie konnte denn das passieren?« herrschte er mich plötzlich an. Ich hätte sagen können, wie das passieren konnte und daß ich ganz unschuldig war, aber ich sagte es nicht, denn es war mir ganz einerlei. Auch Lotte sagte nichts. Und schließlich glaubte der Primarius, eine Lösung gefunden zu haben.
»Da gibt es nur eines: Die Trauung beschleunigen und – schweigen, schweigen wie das Grab. Und wenn Dein Herr Gemahl sich wundern wird – ich denke, ich bin Autorität genug, um jeden Zweifel zu zerstreuen. Ihr versteht mich?«
Lotte hatte sich im Bett aufgesetzt und starrte Winterfeldt an: »Ich soll ihm einreden, daß er der Vater ist ...? Nein, das mach ich nicht. Das nicht!«
»Dann werde ich noch heute mit Deinem Vater sprechen. So offen und wahrheitsgetreu, wie Du es liebst.«
»Das werden Sie nicht tun«, sagte ich, und noch heute wundert es mich, woher ich den Mut dazu nahm. »Das wäre reiner Mord. Sie wissen ganz gut, daß Herr Kleh herzkrank ist und daß er sich nicht aufregen soll. Außerdem sind Sie als Arzt gar nicht berechtigt, mit irgendwem zu sprechen – wenn Sie schon als Verwandter nicht helfen wollen.«
»Ach so, verstehe. Helfen soll ich. Sie sind mir eine schöne Gouvernante, und Ihre Zöglinge machen Ihnen alle Ehre. Wahrscheinlich hat Lotte diese Möglichkeit bei ihren Schweinereien gleich bedacht: Ein Frauenarzt in der Familie, der wird schon helfen, wenn was passiert, damit kein Skandal herauskommt. Aber ich denke nicht daran, mich in solche Geschichten

einzulassen. Gerade jetzt, wo ...« Er brauchte den Satz nicht zu Ende zu sprechen, wir wußten, woran er dachte: daß nämlich der Ordinarius der III. Frauenklinik im Sterben lag und daß Winterfeldt damit rechnete, zu seinem Nachfolger ernannt zu werden. »Du willst die Konsequenzen Deines Benehmens nicht auf Dich nehmen, und ich soll meine Haut dafür zu Markte tragen, danke bestens! Ich denke nicht daran.«
Lotte hatte unterdes ihr Kleid angezogen und richtete vor dem Spiegel ihre Haare. »Ich hab Dich um nichts gebeten«, sagte sie sehr leise, »und jetzt bitte ich Dich um eines: Mische Dich nicht in meine Angelegenheiten.«
Winterfeldt öffnete ein wenig die Tür und überzeugte sich, daß von den anderen Zimmern der wirre Lärm einer angeregten Gesellschaft kam. »Deine Angelegenheiten! Wenn Du Deiner Familie Schande machst, so sind das nicht mehr Deine Angelegenheiten. Glaubst Du denn, daß von dem Kot dieser Geschichte nicht auch auf mich etwas abspritzt? Wenn die Frau Sektionschef Grimm ahnte, was sich hier abspielt, während sie in meinem Hause ist ...!« Noch eine ganze Weile sprach er, als wäre von dem Unglück niemand so betroffen wie er. Hätte ihn einer sprechen sehen können, ohne seine Worte zu hören, mit seinen großen Gebärden und seinem schönen, weißhaarigen Kopf – er hätte geglaubt, einen Priester über die Leiden der Menschheit reden zu sehen. Bis ihm einfiel, daß die lange Abwesenheit von den Gästen das Übel nur verschlimmere.
Bei allem Kummer, den sie mir bereitete, mußte ich Lotte bewundern, mit welch unbefangener Heiterkeit sie in die Salons zurückkehrte. Niemand hätte ihr anmerken können, in welche entsetzliche Verwirrung die letzte halbe Stunde sie gestürzt hatte, und auch Herr Kleh bemerkte nichts, als er nach seiner erfolgreichen Bridgepartie mit uns heimfuhr.
Ich saß dann noch lange an Lottes Bett und quälte sie mit Fragen. Sie sah starr nach der Decke und antwortete überhaupt nicht. »Daß ich mich in Martin so getäuscht habe!« jammerte ich.
Sie zuckte die Achseln und bat: »Laß mich schlafen.«
Sie schien wirklich sogleich einzuschlafen, und bis zum Morgen blieb es mäuschenstill in ihrem Zimmer. Ich legte mich gar nicht zu Bett, unablässig grübelte ich, wie es hatte geschehen

können und was jetzt geschehen sollte. Wie es hatte geschehen können – das habe ich noch viele Jahre lang nicht begriffen, daß aber ein katastrophaler Skandal nur zu vermeiden war, wenn Lotte von ihrer Schwangerschaft befreit würde: das verstand ich sofort. Aber wie – wie war das zu machen? Ich war eine alte Jungfer aus dem vorigen Jahrhundert, unerfahren, wie es heutzutage kaum die Mädchen mit fünfzehn Jahren sind. Und es gab keinen Menschen, mit dem ich über diese Sache hätte sprechen können – nicht einmal Lisbeth wollte ich einweihen, denn ich schämte mich, mehr als ich es ausdrücken kann. Ich schämte mich für Lotte, und ich schämte mich auch für mich. Dumm scheint mir das heute, dumm mag es gewesen sein, aber es war eben so, ich kann es nicht ändern.

Kurz vorher hatte ich einen Roman gelesen – alle Welt hatte damals diesen Roman einer sehr angesehenen Schriftstellerin gelesen, der von einem jungen Mädchen handelt, das in die Hoffnung gekommen war und das sich schließlich das Leben nahm, weil es keinen Ausweg aus ihrer fürchterlichen Lage fand. Und mir fiel ein, daß Tante Lina gesagt hatte: »Das ist ein dummer, verlogener Roman. Heutzutage weiß jedes Mädchen, wie man ein unerwünschtes Kind los wird.« Aber ich konnte doch Tante Lina nicht fragen, wie sie das gemeint hatte? Und ich konnte doch auch nicht mit Lotte von einem Frauenarzt zum andern gehen, nach dem Telefonbuch, bis wir einen fanden, der …

So vergingen die nächsten Tage. Lotte, sonst in allen Dingen entschlossen und voller Einfälle, war vollkommen apathisch, als ginge sie ihr eigenes Unglück gar nichts an. Ich versuchte ein paar harmlose Hausmittel, von denen ich schwätzen gehört hatte, richtete ihr ein heißes Fußbad und gab Senfsamen hinein, ich veranlaßte sie, ein starkes Abführmittel zu nehmen, und sie tat geduldig, was ich von ihr verlangte, mit einem starren, verzerrten Gesicht, das mich zur Verzweiflung brachte. Ich wagte es nicht, sie fünf Minuten aus den Augen zu lassen. Als ungefähr eine Woche nach seiner großen Gesellschaft Winterfeldt unerwarteterweise zu uns kam, erschien er mir wie ein Engel vom Himmel.

»Ich bin ein Opfer meiner Familiengefühle«, sagte er und sprach sehr lang über seine eigene Güte, und ich ließ ihn sprechen,

obwohl ich wußte, daß er bloß um seinetwillen einen Skandal fürchtete und außerdem sehr daran hing, den Baron Ried in der Familie zu haben. »Ich darf natürlich nichts mit der Sache zu tun haben«, sagte er. »Ihr müßt mir schwören, daß mein Name überhaupt nicht genannt wird ...«
Wir schworen, was er wollte. »Ihr geht also morgen zu meinem Kollegen Damnitzer und sagt ihm, daß Lotte jeden Abend Fieber hat, kein sehr hohes Fieber, aber immerhin ein paar Grad über 37. Kollege Damnitzer ist der Ansicht, daß auch eine kleine Lungenaffektion ein genügendes Argument für die Unterbrechung einer Schwangerschaft darstellt, während ich die Überzeugung vertrete, daß der im Volke verbreitete Glaube, das Kindbett heile die meisten Krankheiten, durchaus zurecht besteht ...«
Er vertrat eine geraume Weile lang diese Überzeugung, und dann ließ er uns nochmals schwören, daß wir mit niemandem, auch nicht mit Lisbeth, über die Sache sprechen würden.
Doktor Damnitzer wohnte recht bescheiden, aber seine Forderungen waren unbeschreiblich hoch – sie betrugen fast die Hälfte meiner Ersparnisse. Dann verlangte er, Lotte zu untersuchen, und wurde sehr böse, als sie es nicht dulden wollte. Wofür man ihn halte? Ob denn die Schwangerschaft überhaupt schon von ärztlicher Seite festgestellt worden sei? Da mußten wir nein sagen, denn Winterfeldt durften wir doch nicht nennen, und so blieb Lotte nichts anderes übrig, als sich untersuchen zu lassen, und das tat er so ausführlich, daß wir beide fast vor Scham gestorben wären. Und dann verlangte er das Zeugnis eines Internisten über ihre Tuberkulose. Als er aber unsere entsetzten Gesichter sah, gab er uns die Adresse eines »vorzüglichen Spezialisten«, und weil uns das noch immer nicht beruhigte, sagte er: »Der Herr Kollege hat sehr feine Ohren. Er ist berühmt deswegen. Sie können ganz ruhig das Zimmer im Sanatorium bestellen – wenn Sie wollen auf einen anderen Namen. Ich schlage vor – Helene Reiff.« Er nahm sein Notizbuch und sagte, während er notierte: »Frau Helene Reiff, Montag, zwölf Uhr. Am Mittwoch können Sie das Sanatorium verlassen. Ein paar Tage Schonung empfehlen sich, besonders in bezug auf ...«
Wir gingen sofort zu dem Kollegen mit den feinen Ohren, und Lotte mußte sich wiederum ganz ausführlich untersuchen lassen,

ich kann gar nicht schildern, welchen Zorn ich über diese widerwärtige Komödie bekam, und dann erhielt sie das Zeugnis.
Und am Abend lag sie wirklich im Bett mit 38 Grad Fieber, das kam wohl von der Aufregung, aber es hatte sein Gutes: Herr Kleh schlug selbst vor, sie solle für ein paar Tage auf den Semmering, um sich in die Sonne zu legen. Sofort, ohne uns zu verständigen, griffen wir nach diesem Plan. Wenn wir ein bißchen Glück hatten, würde kein Mensch jemals erfahren, daß wir nicht am Montag, sondern erst am Mittwoch auf den Semmering kamen.
Am Sonntag abend, als Herr Kleh schon schlafen gegangen war, schrieb Lotte einen langen Brief – ich packte unterdes unsere Koffer, und als ich fertig war, schrieb sie noch immer – und tat ihn dann in einen doppelten Umschlag.
»Wenn ich sterbe«, sagte sie, »öffne das und schicke den Brief ab.«
In diesem Augenblick war sie so schön, wie ich sie nie zuvor gesehen hatte. Ihr Gesicht war gleichsam offen, ein unbeschreiblicher Glanz tiefsten Gefühles lag darüber. Lange nachdem sie zu Bett gegangen war, hielt ich den verschlossenen Brief noch in der Hand. Ich wußte: In diesem Brief hatte sich Lotte rückhaltlos und ganz gegeben. An Martin? An Irene?
Wir fuhren weder auf den Semmering noch ins Sanatorium. Am nächsten Morgen kam Baron Ried überraschenderweise aus Gastein zurück, er hatte seine Kur vorzeitig abgebrochen, aus Sehnsucht, wie er noch vom Bahnhof telefonierte. Natürlich konnte Lotte nicht am selben Tag verreisen, ich mußte mich unbemerkt aus dem Hause schleichen und von einem Straßenautomaten aus dem Arzt absagen, im Sanatorium absagen, und als ich zurückkam, war der Baron schon im Salon, strahlend, verjüngt und verliebter denn je.
Auch er fand Lotte schlecht aussehend, aber er wollte nichts davon wissen, daß sie vor der Hochzeit auf Erholung gehe.
»Wir werden uns einen Teufel um die Leute und Deine Ausstattung scheren, sondern in vierzehn Tagen heiraten, und dann fahre ich mit Dir, wohin Du willst – soweit die Grenzen offenstehen. An einen See, ins Gebirge, in die Schweiz ... Du kannst befehlen.«
Dabei blieb er, davon war er nicht abzubringen. Keiner konnte einen triftigen und dabei harmlosen Grund dagegen ins Treffen führen. Er überredete schließlich auch Herrn Kleh, in einen

früheren Hochzeitstermin – zum ersten Oktober – einzuwilligen, und da alle Papiere in Ordnung und der Baron bei allen Behörden hochangesehen war, konnte kaum mehr ein unerwartetes Hindernis dazwischenkommen.
Stundenlang berieten wir, Lotte und ich, was zu machen sei – es war nichts zu machen. Der Baron war fest entschlossen, sich auch nicht einen Tag mehr von Lotte zu trennen. Er kam früh, mittags und abends, selten mit leeren Händen, und ihre täglich schlimmer werdende Nervosität schrieb er einfach dem Brautstand zu.
Er suchte jetzt auch ihr Interesse für seine vielfältige Tätigkeit zu wecken. Er setzte ihr die politische Situation auseinander, die Verteilung der verschiedenen Machtgruppen, seine persönliche Stellungnahme und seine Zukunftspläne. Sie hörte ihm höchst unaufmerksam zu, was sonst gar nicht ihre Art war, und meist hatte sie am Abend vergessen, was er ihr am Morgen erzählt hatte.
»Du bist ein künstlerischer Mensch«, sagte er, »also wahrscheinlich durchaus visuell: Du mußt etwas sehen, damit es zu Dir spricht. Morgen fahren wir in meine Hauptfabrik.«
Die Fabrik lag auf dem Steinfeld hinter Wiener-Neustadt, eine gute Autostunde weit. Lotte sprach fast kein Wort, ich sah ihr den Grund an dem grünen Gesichtchen an: ihr war übel. Der Geruch des schlechten Benzins, die während des Krieges vernachlässigte, miserable Straße, die Hitze – alles das mußte in ihrem Zustand unerträglich sein.
Die Gebäude der Fabrik lagen ziemlich zerstreut, und dazwischen lagen ebenerdige, mit roten Schindeln gedeckte Arbeiterhäuschen. Die Schlote rauchten.
»Vor zwanzig Jahren war hier eine Steinwüste«, sagte der Baron nicht ohne Stolz.
»Es ist auch jetzt kein Paradies«, erwiderte Lotte.
»Nein, aber eine Stätte, an der zweitausend Menschen Arbeit und Brot finden.«
Im Frieden war es eine Fabrik für landwirtschaftliche Maschinen gewesen. Seit Kriegsausbruch war sie auf Erzeugung von Munition umgestellt worden. Hauptsächlich Frauen waren hier beschäftigt, bloß für jene Arbeiten, die große körperliche

Kraft erforderten, und zur Aufsicht waren Männer eingestellt. Diese Männer trugen Uniform, sie waren Soldaten, glückliche Soldaten, die als unentbehrlich vom Frontdienst befreit wurden. Zwei von ihnen geleiteten uns.
»Immerhin –«, sagte der Baron, »manchmal fährt der Teufel in die Weiber, seit sie arbeiten. Manchmal vergessen sie, daß nur die Fabrik sie vor dem Hungertode bewahrt, während ihre Männer im Felde sind ...«
Im Januar hatten die Frauen gestreikt, sie hatten gedroht, die Fabrik in die Luft zu sprengen, sie hatten gehofft, das gesamte Proletariat würde sich ihnen anschließen – und dann waren sie allein geblieben, in dem Land, das ganz und gar vom Militär beherrscht wurde, sie hatten Angst gehabt und Hunger, und dann waren sie an ihre Arbeitsstätten zurückgekommen. Sie verhielten sich sehr respektvoll gegen uns, manche sagten sogar: Küß die Hand. Sie standen an den Maschinen und an den Drehbänken – ich verstehe nichts von Maschinen, aber gewiß waren es Wunderwerke der Technik, Präzisionsapparate modernster Konstruktion und solidester Ausführung, die vor unseren Augen ihren rhythmischen Takt gingen. Ich sah nichts von ihnen, ich sah nur die elenden, ausgemergelten Gesichter der Weiber, ihre aschfahle Haut, und daß eine von ihnen hochschwanger war. Hochschwanger stand sie an der Drehbank, ihre mageren Hände hielten den Support, und vor ihr drehte sich in rasender Geschwindigkeit ein Metallstück, dessen Form jenen Aschenbechern, Tintenfässern und Sparbüchsen glich, die man in jener Zeit zu Tausenden verwendete: eine Granate.
»Wieviel?« fragte der Baron.
»Siebzig im Tag«, erwiderte der Aufseher, »seit vierzehn Tagen hat sich die Produktion wieder gesteigert.«
Die Hitze war unerträglich, obwohl in jedem Raum ein großer Ventilator den Takt der Maschinen surrend begleitete.
»Nun?« fragte der Baron, als wir wieder im Auto saßen, zu dritt im Fond, so breit und bequem war die Karosserie. »Nun?«
Lotte schnitt eine so verquälte Grimasse, als hätte sie Krampf in den Kiefern. »Sehr interessant«, sagte sie, »man stellt sich das niemals richtig vor ... Wenn man die Krüppel in den Straßen

sieht und die vielen schwarz gekleideten Frauen, und wenn man von Tausenden Gefallenen liest ... nie stellt man sich vor, daß es da eine Fabrik gibt, wo das alles gemacht wird. Saubere Maschinen und sogar wirkliche Menschen, die darin arbeiten ... Man stellt sich das nie richtig vor, so eine Mordindustrie ...«
Mir blieb der Atem aus. Auch der Baron schwieg lange, wir fuhren schnell in der Richtung zur Stadt.
»Mordindustrie«, sagte der Baron, »dieses Wort ist nicht von Dir.«
»Nein«, sagte Lotte. »Das Wort hab ich irgendwo gelesen. Aber bis heute habe ich mir nichts darunter vorstellen können.«
»Wo hast Du es denn gelesen.«
»In einer Broschüre, die mir Martin gegeben hat. Die Broschüre hat mich gelangweilt – weil ich mir eben nichts vorstellen konnte. Ich habe sie nicht einmal zu Ende gelesen.«
Wieder schwiegen wir alle. Dann sagte der Baron. »Höre, Lotte: Ich bin kein Meinungsterrorist. Ich habe nichts dagegen, daß Martin Ansichten hat, die ... nun, die den meinen widersprechen und die ihn veranlassen, an meiner Tätigkeit Kritik zu üben. Ich selbst war in meiner Jugend ein Feuerkopf, und meine ersten Reden hielt ich vor revolutionären Studenten. Dies für Martin. Aber bei Dir ist das etwas anderes. Du sollst meine Frau sein, Du mußt mein Spiel spielen.«
Lotte schwieg.
»Ich bin natürlich jederzeit bereit, Dich aufzuklären, wenn Du in Gewissenskonflikte gerätst, wenn irgend etwas, das ich tue, Dir zunächst nicht einleuchtet ...«
Lotte schwieg.
»Das soll nicht heißen, daß ich davon durchdrungen bin, alles was ich tue, sei gut und bedürfe bloß einer Erklärung, um jedermanns Billigung zu finden. Ich bin ein unvollkommener Mensch wie jeder andere. Aber ich bemühe mich nach meinen Kräften und Erkenntnissen, das jeweils Beste zu tun, und das wird zumindest meine Frau stets einsehen können.«
Wir fuhren schweigend bis nach Wien. Vor unserem Haustor nahm der Baron Lottes Hand. »Ich will Dir am Abend die ›Mordindustrie‹ unter den weitesten Gesichtspunkten auseinandersetzen, wenn Du es erlaubst. Du hast kein Wort mehr gesagt, Lotte, sag mir jetzt eines: Bist Du guten Willens, mir

zuzuhören, und würde es Dich freuen, wenn Du mir schließlich recht geben könntest?«
»Nein!« sagte Lotte, ohne den Baron anzusehen, und ging ins Haus.
Der Baron bekam ein furchtbares Gesicht, es blieb ganz ruhig, aber die Nase wurde weiß und die Stirne rot. Wie eine schwere Krankheit sah das aus. Ich begann aus Angst zu weinen und zu sprechen und sagte, er selbst sei schuld, weil er Lotte nicht ein paar Tage Erholung und innere Sammlung gönnen wollte, obwohl er doch sehen müsse, wie furchtbar nervös sie sei; er beruhige sich mit der Phrase ›nach der Hochzeit wird es sich geben‹, und verwirre sie noch mehr durch Gespräche, die sie nicht verstehe ... Ich schwatzte bloß aus meiner inneren Angst heraus, ohne jede Hoffnung, daß noch irgend etwas gutzumachen sei, aber der Baron beruhigte sich unter meinen Worten, wenigstens äußerlich, er sagte, er würde sich alles überlegen und abends anrufen.
Als ich zu Lotte kam, fand ich sie inmitten aufgerissener Schränke und Laden. Sie war damit beschäftigt, alle Geschenke des Barons hervorzuziehen und zusammenzupacken.
»Wir werden den großen Schrankkoffer dazu brauchen«, sagte sie. Den Verlobungsring mit dem großen Smaragd hatte sie schon abgelegt. Er lag, ebenso wie andere Schmuckstücke, in seinem Etui, achtlos zwischen Handtaschen, Schals und echten Spitzen.
»Du bist verrückt, Lotte«, sagte ich, »was hat Dich denn plötzlich gepackt?«
Sie antwortete nicht und kramte weiter.
»Du darfst jetzt nicht im letzten Augenblick die Nerven verlieren. Denk an Deinen Vater. Denk an Deine Zukunft. Der Baron wird nachgeben, er wird Dich für ein paar Tage verreisen lassen. Alles wird in Ordnung kommen.«
Sie hielt in ihrer Arbeit inne und sah mich an. »Aber ich will nicht mehr«, sagte sie, »ich kann nicht mehr.« Sie schob die Geschenke mit einer wilden Bewegung vom Tisch.
»Es ekelt mich«, sagte sie.
Ich war nicht imstande, etwas zu erwidern. Lotte hatte recht. Es war schon gar zu ekelhaft.

*Mein erstes Buch war ein Kaspar-Hauser-Roman,
und ich schickte ihn begeistert einem großen
Schriftsteller. Der war so klug, mich so lange auf
Antwort warten zu lassen, bis ich sie mir selber gab.*

Veza Canetti
1897–1963

VEZA CANETTI

»**Veza Magd, geboren 1897 in Wien** als Tochter eines Kaufmanns. An einem Privatgymnasium fand ich Anstellung als Lehrerin. Immer, wenn ich zu spät kam, zog der Direktor bedeutungsvoll die Uhr, sagte aber nichts. In vier Jahren hatten wir die Schule heruntergewirtschaftet, seitdem Stundengeben und Übersetzungen. Mein erstes Buch war ein Kaspar-Hauser-Roman, und ich schickte ihn begeistert einem großen Schriftsteller. Der war so klug, mich so lange auf die Antwort warten zu lassen, bis ich sie mir selber gab. Seither veröffentlichte ich Erzählungen und den Roman ›Die Genießer‹ in der deutschen und österreichischen Arbeiterpresse.«

Unter dem Pseudonym Veza Magd hat Venetiana Taubner-Calderon, geboren am 21. November 1897, in einer 1933 von Wieland Herzfelde im Malik-Verlag herausgegebenen Anthologie *Dreißig neue Erzähler des neuen Deutschland* ihre Erzählung *Geduld bringt Rosen* publiziert und selbst diese lakonische Kurzbiographie beigesteuert, die eher Spuren verwischt als die Identität der Verfasserin preisgibt. Der Kaspar-Hauser-Roman ist ebenso verschollen wie der Roman *Die Genießer*.

Weder unter ihrem Mädchennamen noch unter ihrem angeheirateten Namen Canetti veröffentlichte sie zu Lebzeiten – nach ihrer Hochzeit 1934 mit Elias Canetti schrieb sie nach seiner Aussage noch bis 1956. Die Nachwelt erfuhr erst dreiundzwanzig Jahre nach ihrem Tod 1963 von der Existenz einer Schriftstellerin im Schatten eines Nobelpreisträgers, der im Vorwort zum Roman *Die gelbe Straße*, dessen Publikation 1934 die politischen Verhältnisse in Österreich vereitelten und der erst 1990 erschien, erklärte: »Es ist unnatürlich, daß heute über Vezas Schreiben nichts bekannt ist. Sie hat gleich gut begonnen, sie schrieb mit Witz und Schärfe. Ihre Erzählungen, obschon sie von Mitgefühl für benachteiligte Menschen diktiert schienen, waren zu knapp und zu scharf, um sentimental zu wirken.«

Was Elias Canetti in seiner präzisen Charakterisierung von Veza Canettis Schreiben nicht erwähnte, war sein eigener Beitrag an dieser »unnatürlichen« Tatsache, denn sein Urteil über ihre eigene Selbsteinschätzung ließ Fragen offen: »Um sich nicht aufzugeben, begann sie selber zu schreiben, und um die Geste des großen Vorhabens, die ich brauchte, nicht zu gefährden, behandelte sie ihr Eigenes, als wäre es nichts.«

Tatsächlich können wir uns dem Leben und Schreiben von Veza Canetti nicht ohne die Außenperspektive nähern. Außer den wenigen Selbstzeugnissen, deren Korrektheit nicht einmal recherchiert werden kann – wie ihre oben erwähnte Anstellung als Lehrerin –, sind wir auf die Beschreibung anderer Menschen angewiesen. Die Wiener Jahre sind kaum dokumentiert und auch über ihr Leben im Exil geben nur wenige Briefe an Freunde oder Verlage Auskunft. In seiner Autobiographie entwirft Elias Canetti das Bild einer Kunst-Figur. Er schwärmt zwar von der »schönen Raben-Dame«, deren ästhetische Urteile er schätzt, ihre schriftstellerische Existenz jedoch verschweigt er. So haben nicht nur die äußeren politischen Umstände ab 1934 ein Schreibverbot über die unter den Pseudonymen »Veza Magd«, »Veronika Knecht«, »Martha, Martina, Marina und Martin Murner« publizierende Schriftstellerin verhängt, der es auch im englischen Exil bis zu ihrem Tod nicht gelingt, an ihre ersten literarischen Erfolge anzuknüpfen. Bezeichnend sind ihre Pseudonyme, weil der sie verehrende Otto Koenig, Kulturredakteur der *Arbeiter-Zeitung*, meint, nicht so viele Texte von einer Jüdin publizieren zu können – eine ironische Identifikation sowohl mit ihrer eigenen Position als auch mit der ihrer Protagonisten. Irritierend ist allerdings, daß Elias Canetti im dritten Band seiner Autobiographie *Das Augenspiel* über die Jahre 1931 – 1937, die Zeit, in der Veza ihre Texte veröffentlicht, kaum mehr über sie schreibt, die Hochzeit beiläufig erwähnt und sie nur als eifersüchtige Ehefrau ins Spiel bringt.

Elias Canetti lernte die acht Jahre ältere Veza bei der 300. Karl-Kraus-Vorlesung am 17. April 1924 kennen. Während Elias von diesem Zeitpunkt an zu einem glühenden Verehrer von Kraus wurde, von dem er sich erst langsam lösen konnte, bewahrte Veza, obwohl immer in der ersten Reihe sitzend, Distanz und liebte auch von ihm verteufelte Schriftsteller wie Heinrich Heine. Für Elias war sie – wie er in *Die Fackel im Ohr* schwärmt – eine fremdartige Schönheit mit einem auffallend gescheitelten, blauschwarzen Haar, wie eine Figur aus ›Tausendundeiner Nacht‹ und auf persischen Miniaturen. Ihr Name erinnerte ihn an einen »seiner« Sterne, die Wega. Erst ein Jahr nach der ersten Begegnung traute er sich, ihre Einladung zu einem Besuch anzunehmen.

Veza lebte zu dieser Zeit mit ihrer Mutter und ihrem Stiefvater in einer Wohnung in der Ferdinandstraße in der Wiener Leopoldstadt. Sie hatte sich in dieser Wohnung ein Zimmer für sich allein geschaffen – was den unter seiner Mutter leidenden Elias beeindruckte, und das auch für ihn zu einem Asyl wurde. Sie stammte väterlicherseits aus einer ungarischen jüdischen Familie, mütterlicherseits aus einer sephardischen bosnischen Familie. Ihre Mutter war in dritter Ehe mit Meto Altaras aus Sarajewo verheiratet. Da der tyrannische Stiefvater dem schönen Mädchen immer wieder nachstellte, setzte sie sich auf ungewöhnliche Art und Weise zur Wehr und erfand eine Taktik des Essens- und Alkoholentzugs für ihn, wenn er sein Zimmer verlassen wollte.

Über ihre Kindheit und Jugend wissen wir nur, daß sie sich oft bei Verwandten in England aufgehalten hat. Venetiana schloß das Gymnasium mit der Matura ab, erwarb sich ihre weitere Bildung, ihre stupenden literarischen Kenntnisse autodidaktisch und verdiente sich mit dem Englischunterricht von Privatschülern Geld. Einer ihrer Schüler war der österreichische Austromarxist Ernst Fischer, von dem wir eine der wenigen persönlichen Charakterisierungen Veza Canettis überliefert haben: »Sie war stolz und voller Scham. Ihre Güte war das Destillat einer dunkel glühenden Leidenschaft. Schönes weißes Gesicht; Schnee bedeckt den Vulkan. Schwarzer Handschuh, mag es noch so heiß sein; denn ihr fehlt ein Arm. Anstatt einer Prothese trägt sie einen mit Bauschen ausgestopften Ärmel, der schlaff herabhängt. Man fragt nicht danach, man spricht nicht davon, doch dieser Defekt ist ein Bestandteil ihrer Persönlichkeit. Sie hat gelernt, sich so zu bewegen, mit solcher Souveränität, als fehle dieser Arm nicht, gelernt, über Fehlendes, nicht in Erfüllung Gegangenes hinwegzusehen. Sie liebt Elias, betet ihn an, leidet unter ihm, wirft es sich vor, daß sie leidet, sehnt sich danach, seine einzige Frau zu sein, duldet nicht, daß diese Sehnsucht sie übermannt.«

Veza und Elias Canetti versteckten im Februar 1934 nach den gescheiterten Februarunruhen Ruth und Ernst Fischer in ihrer Wohnung, während im Nebenzimmer Vezas Mutter im Sterben lag. Ernst Fischer erfuhr erst einige Tage später, daß Veza weder ihre Mutter noch die Fischers beunruhigen wollte. Nach dem Tod der Mutter bezog das Ehepaar Canetti eine Drei-Zimmer-Wohnung in einer Villa in Grinzing.

Neben Ernst Fischer erzählt nur noch Hilde Spiel von Veza Canettis Schönheit und Versehrtheit, in den Erinnerungen von Elias bleibt ihre angeborene Behinderung ausgespart. Auch sie selbst kaschierte zeitlebens das Fehlen ihres linken Unterarms. Sie tippte mit einem Arm nicht nur ihre eigenen Werke, sondern auch die von Elias Canetti, da er sich weigerte, Maschinschreiben zu lernen. Veza sprach perfekt Englisch und liebte England. Nach der Flucht im November 1938 über Paris nach London konnte sie zwar nicht als Schriftstellerin, aber als Übersetzerin arbeiten, und so ist ihr Pseudonym Veza Magd noch als Übersetzerin des erfolgreichen Romans *Die Kraft und die Herrlichkeit* von Graham Greene überliefert, eine Arbeit, die sie gemeinsam mit Walther Puchwein ausführte.

Veza Canettis literarisches Werk ist schmal, Erzählungen, Theaterstücke, ein Roman. Angeblich vernichtete sie – Elias zufolge – in einem »Ansturm von Schwermut« 1956 viele ihrer Manuskripte. Erst 1990 erschien der Roman *Die gelbe Straße*, nachdem der Germanist Helmut Göbel und Eckhart Früh, der die Dokumentation in der Wiener Arbeiterkammer betreut, die Pseudonyme entschlüsselt hatten. Eckhart Früh entdeckte weitere Erzählungen (*Der Große, Der Fund, Der Dichter*) unter dem Pseudonym »Marina Murner«. 1991 wurde ihr Theaterstück *Der Oger* publiziert, das sie selbst »für das Beste, was sie geschrieben hatte«, hielt. Veza Canetti litt sehr darunter, daß einige Versuche nach 1945, das Stück am Theater unterzubringen, scheiterten – es wurde erst am 31. Mai 1992 am Schauspielhaus Zürich uraufgeführt. 1992 folgte der Erzählband *Geduld bringt Rosen* und erst im Frühjahr

1999, sechzig Jahre nach seinem Entstehen, der berührende Exilroman *Die Schildkröten*, den Veza gleich nach der Ankunft im Jänner 1939 in London in kurzer Zeit geschrieben hatte und der wohl ihr Hauptwerk darstellt. Der Roman wurde von Fritz Arnold, dem Lektor Elias Canettis, editiert und mit einem Nachwort versehen. Mit dem Band *Der Fund* (2001), der verstreut publizierte und unveröffentlichte Erzählungen und Stücke enthält, kann »die Erst- und Wiederpublikation der Werke Veza Canettis als abgeschlossen gelten«, wie Angelika Schedel in ihrem Nachwort vermerkt.

»Es ist eine merkwürdige Straße, die Gelbe Straße. Es wohnen da Krüppel, Mondsüchtige, Verrückte, Verzweifelte und Satte. Dem gewöhnlichen Spaziergänger fallen sie nicht auf.« Veza Canetti war keine gewöhnliche Spaziergängerin. Lose durch verschiedene handelnde Personen und die symbolische Farbe Gelb verknüpft sind die fünf Kapitel des Romans, die ursprünglich zwischen 1932 und 1933 als Erzählungen in der *Arbeiter-Zeitung* erschienen sind und von ihr in Montagetechnik zum »Roman einer Straße« umgearbeitet wurden. Die nebeneinander stehenden Episoden lassen das lebendige Bild einer Straße – Vorbild ist die Ferdinandstraße in der Wiener Leopoldstadt – entstehen. Veza Canetti erzählt in knapper und komprimierter Prosa von den Geschehnissen auf der Straße und von jenen, die sich hinter den Fassaden abspielen: Von einem Haustyrannen, der nach außen hin freigebig ist, während er seine Familie knapp hält, oder von der Gattin eines verarmten Fabrikanten, die für die Familie mit ihrem Klavierspiel im Konzertcafé Geld verdient. Unter dem Titel *Der Unhold* begegnen wir gleich zu Beginn des Buches der verkrüppelten Runkel, Besitzerin einer Trafik und eines Seifengeschäfts, die sich angesichts ihres Zustands den Tod wünscht. Doch zunächst stirbt nicht sie, sondern das Dienstmädchen Rosa, das die Frau ohne Beine in einem Kinderwagen über die Straße führt und dabei von einem Motorrad erfaßt wird. Diese unerwartete und drastische Wendung bleibt nicht die einzige in einem Roman, der vom Alltagsleben im zweiten Wiener Gemeindebezirk erzählt, in dem in den zwanziger Jahren vorwiegend aus dem Osten zugewanderte Juden leben. Im letzten Kapitel kommt schließlich auch die Runkel zu ihrem Ende. Sie erstickt an ihrem

Geiz, das heißt unter einem Turm von Schachteln in ihrem Laden, weil niemand da ist, der sie befreien könnte. Die Episoden sind phantastisch erfunden und dennoch sachlich wie eine Reportage. Sie enthüllen die Wahrheit hinter den Kulissen.

Veza Canetti hat einen Blick für die Täter und Mitleid mit den Opfern, ohne sentimental zu sein, einen Hang zum Grotesken und eine besondere Aufmerksamkeit für die körperlich und psychisch Versehrten. Ausbeutung und Sadismus prägen das Verhalten der geschilderten Gesellschaft, und weder die männlichen noch die weiblichen Täter bleiben vom Sarkasmus der Autorin verschont. Und weil sie ohne jede Psychologisierung auskommt, erscheinen ihre Texte heute sehr modern. In *Der Kanal* schildert sie die trostlose Situation von Dienstmädchen, die von der geschickten und geldgierigen Vermittlerin Hatvany den Dienstgebern angeboten werden wie Waren. Aus den Schilderungen der Dienstmädchen, die immer wieder bei der Hatvany auftauchen, entsteht ein Panorama der Zumutungen, die sie bei den Dienstgebern erwarten: Es sind zumeist sexuelle Annäherungen von Männern und Frauen, denen sie manchmal entkommen oder vor denen sie sich schließlich nur mehr durch einen Sprung in den Kanal retten können, der den Tod oder die Rettung – einen Platz in einem Heim – bringt: Freiheit und Freitod werden zu Synonymen.

Ihre verdichtende Erzählweise nähert sich in der häufigen Verwendung des Dialogs dem Dramatischen und wurde zu Recht immer wieder in die Nähe Ödön von Horvaths gestellt. Das reduzierte Dasein der Figuren wird durch ihr Sprechen bloßgestellt. So ist es nicht verwunderlich, daß Veza Canetti ein Kapitel des Romans zum Drama *Der Oger* umgearbeitet hat. Der menschenfressende Riese aus dem Märchen tritt im Stück als in der Öffentlichkeit menschenfreundlicher Textilhändler auf, der seine Frau und seine Kinder zu Hause tyrannisiert. Er hat es bei der Hochzeit hauptsächlich auf die Mitgift der Braut abgesehen, und als seine Frau nach dem Tod ihres Vaters ihr Erbe antritt, versucht er, es mit allen Mitteln in seinen Besitz zu bekommen. Er treibt sie in den Wahnsinn und sie landet in einer Nervenheilanstalt. Wie viele Jahre später in Ingeborg Bachmanns Romanfragment *Das Buch Franza* wird der Täter als einer der »Verbrecher, die im Gesetzbuch nicht vorgesehen sind« bezeichnet, und wie Franza erkennt die Protagonistin Draga: »Er hat mich ermordet.« Aber Vergewaltigung in der Ehe ist lange Zeit ein Kavaliersdelikt. Im Gegensatz zu Ingeborg Bachmanns Text endet der von Veza Canetti beinahe optimistisch. In einer Art Tribunal in der Nervenheilanstalt wird der Täter von den Anwesenden dazu getrieben, die Scheidungsurkunde zu unterzeichnen.

Die Solidarität der überzeugten Sozialistin Veza Canetti – auch 1950 deklariert sie sich in einem Brief an Rudolf Hartung als solche – gilt den Opfern, und das sind in ihren Texten vor allem die Frauen. Ihre Parteilichkeit macht klar, daß die Geduld der Opfer mit dem Tod bestraft wird wie in der Erzählung *Geduld bringt Rosen*, in der ein gerade verstorbenes Mädchen weiße Rosen bekommt, weil die Tochter der reichen Prokops ihren Hochzeitsstrauß auf den Sarg legt: »So ließen sich Spesen vermeiden. Blumen welkten ohnehin und waren zu nichts zu gebrauchen.« In einigen Erzählungen blitzt der Ton eines verhaltenen Optimismus auf, denn in ihrer schonungslosen Darstellung der Verhältnisse scheint doch die Solidarität der Unterdrückten möglich. Unter dem ironischen Titel *Drei Helden und eine Frau* – einziger Held ist nämlich die Frau – werden aufständische junge Männer (politischer Hintergrund ist der Februaraufstand 1934 in Österreich) durch die tatkräftige Hilfe einer Hausmeisterin in einer Arbeiterwohnung versteckt und vor dem sicheren Tod bewahrt. Dabei wird die Gewalt der Täter lächerlich gemacht. Diese in Wieland Herzfeldes Prager Exilzeitschrift *Neue Deutsche Blätter* 1934 veröffentlichte Erzählung ist die letzte, die von ihr erscheint, in Österreich hat sie schon ihre Publikationsmöglichkeiten verloren, die *Arbeiter-Zeitung* wurde vorübergehend eingestellt, 1939 endgültig verboten. In dieser Zeitung hat sie 1932 mit der Erzählung *Der Sieger* debütiert, 1933 wird ihr bei einem Preisausschreiben der zweite Preis für den Text *Ein Kind rollt Geld* zugesprochen, den dritten Preis erhält Else Feldmann.

In der Erzählung *Der Seher* verläßt die Autorin zwar den Schauplatz Wien, nicht aber ihr zentrales Motiv: Das Sehen. Nicht nur die »akustische Maske« (Elias Canetti) charakterisiert ihre Figuren, sondern auch eine »optische Präsenz«. Ganz im Gegensatz zum langen epischen Atem der Literatur von Elias Canetti spart Veza

Canetti aus, erzählt knapp und verdichtet, ein Erzählen, das auf jüdische Traditionen wie etwa Isaak Babel verweist. Ihr Exilroman *Die Schildkröten* ist auf mehrfache Weise eine Auseinandersetzung mit dem Werk von Elias Canetti und eine Reflexion ihrer Beziehung.

Veza verarbeitet darin die Monate zwischen dem »Anschluß« und der gelungenen Flucht im November 1938. Der Schlüsselroman beschreibt die immer stärker werdende politische und gesellschaftliche Verfolgung, genau beobachtet in kleinen Gesten und vernichtenden Handlungen. Das Ehepaar Eva und Andreas Kain wird aus ihrer Wohnung in einer Villa in Döbling vertrieben und findet Unterschlupf bei Andreas' Bruder, einem Geologen, der schließlich irrtümlich an Stelle von Andreas verhaftet wird und in Buchenwald stirbt. Gleichzeitig zeichnet der Roman die psychische Unterdrückung einer Frau durch den Mann nach – Dr. Andreas und Eva Kain, jüdischer Gelehrter und Dichter und seine Ehefrau, tragen unverhohlen autobiographische Züge.

Das Buch ist auch ein Gegenentwurf zu Elias Canettis *Blendung*, der Ton lakonisch bis sarkastisch in der Schilderung der Ungeheuerlichkeiten, denen die jüdischen Opfer ausgesetzt sind. Auf der gelungenen Flucht, an der Grenze zu Frankreich fragt der Beamte nach Wertobjekten: »Ihre Lippen zitterten: ›Wir haben ein Wertobjekt. Ja. Die Asche unseres Bruders!‹« Nicht zufällig verweist der biblische Name Kain der Protagonisten auf das Brüderpaar Kien aus der *Blendung*. Sowohl die beschriebene Dreiecksbeziehung (Eva, Hilde, Andreas) im Roman als auch der Brudermord lassen sich aber nicht als realistische autobiographische Darstellung lesen, zumal sie sich auf literarische Kunstfiguren beziehen, sondern sind mehrfach gebrochen und allegorisiert.

Auf beklemmende Weise zeichnet der Roman die Atmosphäre zunehmender Brutalität und Gemeinheit nach. Dem Verlust von Menschlichkeit steht der Versuch, die Würde zu bewahren, gegenüber. Langsam vollzieht sich der Machtwechsel im alltäglichen Leben, in der Besitznahme der Wohnung, der Möbel, dem Aufziehen der Hakenkreuzfahne an der Villa. Das Buch ist eine präzise Studie über Gewalt, die in den Beziehungen zwischen Menschen beginnt, knapp und pointiert.

Der Roman *Die Schildkröten* wurde offenbar im Juli 1939 von einem englischen Verlag angenommen, der Kriegsausbruch verhinderte jedoch die Veröffentlichung. Das Ehepaar Canetti hatte im Londoner Exil zwar einen großen Bekanntenkreis, von ihrer schriftstellerischen Arbeit hatten aber offenbar nicht alle Kenntnis gehabt. Eifersüchtig schien Elias Canetti vor allem ihre Freundschaft zu Erich Fried beobachtet zu haben. So wußte etwa Marlis Acker, seine Sekretärin von 1957 bis 1960, nach eigenen Aussagen nichts von Vezas literarischer Tätigkeit. In zunehmendem Maße widmete sich Veza der Förderung von Elias' Werk. Jahrelang wohnten die Canettis in getrennten Wohnungen, sie in London, er in Amersham, einer vierzig Kilometer entfernten Kleinstadt. Angelika Schedel schreibt über Vezas Haltung: »So wie Veza Canetti diese räumliche Trennung stillschweigend hinnahm, verlor sie auch kein Wort über die Affären ihres Mannes mit anderen Frauen.«

Leicht dürfte es ihr aber nicht immer gefallen sein, Elias Canettis Beziehungen zu anderen Frauen, an die sich Ernst Fischer ja bereits in den dreißiger Jahren erinnert, zu akzeptieren. Seine zahlreichen Geliebten, darunter auch Iris Murdoch, dürften zu ihrer zunehmenden Verzweiflung ebenso beigetragen haben wie die Ablehnung ihrer Arbeiten durch Verlage und Theater.

Ob Veza Canettis Entdeckung als bedeutende Schriftstellerin 1990 für Elias Canetti wirklich eine Freude – wie er öffentlich versicherte – oder eher ein Schock war, bleibt offen. Er willigte jedenfalls nur zögerlich in weitere Publikationen von Veza ein. »Aber kurz vor seinem Tod im Winter 1993 verbrannte er alle Briefe von und an Veza. Das Schicksal ihrer Tagebuchaufzeichnungen ist ungewiß«, schreibt Sibylle Mulot, die auch Mutmaßungen darüber anstellt, daß Veza Canettis Tod am 1. Mai – dem Tag der Arbeit – 1963 ein Selbstmord gewesen sein könnte. Doch diese Spekulation bleibt derzeit unbestätigt. Im Totenschein ist als Todesursache Lungenembolie angeführt.

VEZA CANETTI

Der Fund

Knut Tell hatte aus seinen langen Gedichten folgenden Ertrag: zehn Mark für ein Huldigungsgedicht, achtundsiebzig Liebesbriefe, vier Dutzend Lesezeichen, ein Kochbuch, das er bei einem Preisausschreiben gewann, und ein Exlibris, darstellend ein Zepter, einen Köngsmantel und einen Totenkopf als Krone.
Sein Onkel schrieb ihm daher:
»Lieber Neffe! So geht das nicht weiter, das ist kein Zustand. Ich habe eine Stelle für Dich beim Fundamt. Morgen wirst Du sie antreten; dichten kannst Du abends.«
Darüber wurde Knut Tells kurze Nase schrecklich zornig und den Schopf bohrte er in die Luft, daß er durchs ganze Zimmer fegte. »Das tu' ich nicht!« schrie er trotzig seine Freundin Ruth an. Aber die Ruth war klug.
»Weißt Du, Knut, das ist rasend interessant! Stell Dir vor, was da alles einläuft! Sich bei jedem Gegenstand auszumalen, wem er gehört! Das ist der richtige Ort für einen Dichter! Faß es als Anregung auf, Knut, geh nur einen Tag hin, damit Du Einblick hast, Du Glücklicher, was alles da hingebracht wird: täglich mindestens ein Globus, die herrlichsten Bücher, na ja, von den zerstreuten Professoren, chemische Präparate, die die Leute aus dem Panoptikum stehlen und dann wo liegenlassen, weil sie Angst kriegen. Das alles erlebst Du täglich, Knut!«
(Wenn er mal dort ist, bleibt er dort, dachte sie.)
Knut Tell war begeistert. »Das ist ja ein Betrieb, Ruth, Du bist ein Teufel!«
Ruth machte ein Gesicht wie ein Engel und telephonierte gleich den Onkel an. Am nächsten Morgen stand Knut pünktlich vor dem Pult im Fundamt.

Das erste, was eingeliefert wurde, war ein altmodischer Mieder. Dann kamen nacheinander vier Regenschirme, dann kamen Herrengaloschen, dann brachte der Diener eine Aktentasche mit einem Schwimmanzug drin und dann brachte er einen Igel. Mit dem Igel hätte sich Knut vielleicht gefreut, aber in seiner Hoffnungslosigkeit hielt er ihn für eine Kopfbürste und beachtete ihn nicht. Als die anderen Angestellten seine Enttäuschung sahen, wollten sie ihn hänseln, fingen eine Maus hinterm Ofen und brachten ihm die Maus. Über die Maus aber geriet er in solches Entzücken, daß er plötzlich wieder sein sonniges Gesicht bekam; er legte sie behutsam auf seine Finger und hatte nur den Wunsch, daß der Verlustträger sich nicht melden möge.
Er suchte lange nach einem geeigneten Plätzchen, fand einen Papageienkäfig und sperrte die Maus liebevoll ein. Er wäre auch bestimmt nicht wegzukriegen gewesen, aber neue Fundgegenstände wurden gebracht. Eine goldene Damenuhr mit Kette, die Knut Tell nicht einmal beachtete, und eine Damenhandtasche. Mißmutig öffnete er die Tasche und wurde gleich gerührt über sechs große Schlüssel, die die Tasche anfüllten. Dann zog er behutsam ein riesiges Sacktuch heraus, sorgfältig gewaschen und geplättet, dann fand er eine Papiermascheebörse mit einem Schilling und etlichen Groschen, dann fand er einen zwei Jahre alten Notizkalender und darin war nichts anderes notiert als die Adresse der Besitzerin, und über die Adresse war der Knut aus dem Häuschen, sie lautete:

> Emma Abenberger
> bei Frau Kotrba
> Am Katzensteg
> Lamprechtsdorferstraße 199
> 3. Hof, II. Stiege, IV Stock, Tür 17a.

Einen mit Bleistift beschmierten Zettel hätte sonst niemand beachtet, aber für Knut Tell war dieser Zettel Grund genug zum Entschluß, auf seinem neuen Posten zu bleiben, und er ging auch sogleich zum Vorstand und meldete, in der Tasche sei der Name der Eigentümerin und er werde sie ihr nach dem

Amt selbst zustellen. Der Vorstand telephonierte daher seinem Onkel, daß sich der Neffe sehr eifrig zeige. Auf dem Zettel stand:

    Herrn Dr Spanek
Einmal sagten Sie mir kom den Frauen zart entgegen, mir aber haben Sie weh getan. Das ich nach Teschen kam, war mein Untergang. Seelisch und Körperlich und nur weil ich Sie Liebe bis zum vergessen. Dennoch hatten Sie keine Raffinierte Städterin vor Ihnen sondern ein Landkind, die Sie jedoch wie ein lästiges Straßenmädchen bloßgestellt haben. Scham rötet meine Wangen und Tränen kommen in meine Augen, wenn ich daran denke und wan tue ich das nicht. Ich Wünsche Wahnsinnig zu werden und einmal nicht mehr denken zu müssen aber auch das ist mir nicht vergönnt, sagen Sie selbst was mir das Leben noch sein kann. Nun leben Sie wohl und einen letzten Gruß sendet … Resi bitte schreibe es so bald wie möglich ab, Bessere die fehler aus bitte liebes Kind gieb das Briefpapier dazu und wen du auch das Päckchen schickst so lege alles in einen größeren Cuvert und bicke es zu. Meine Schwester soll es nicht sehen, sie ist so wütend.

Knut Tell las den Brief immer wieder, die Maus war indessen aus dem Käfig geschlüpft, der Igel hatte sie indessen schon gegessen, Knut merkte nichts. Er dachte immer nur an den Brief, und nach dem Amt lief er zum Katzensteg, durch drei Höfe, in den vierten Stock hinauf und läutete bei einer zerbeulten Tür an. Ein junges Mädchen öffnete, von solcher Schönheit, daß der Knut rot wurde.
»Verzeihen Sie«, sagte er, »gehört Ihnen vielleicht diese Tasche, sie ist bei uns abgegeben worden.«
»Ja«, sagte das Mädchen und errötete auch, »das ist meine Tasche, es sind die Schlüssel der Kostfrau drin, ich hätte sie ersetzen müssen.«
»Die Schlüssel sind da, nur – mit dem Geld stimmt etwas nicht, es war nur etwas mehr als ein Schilling drin.«
»Mehr war nicht drin, Sie können ihn auch behalten, mehr hab' ich nicht, ich bin vom Posten weg.«

»Ach«, sagte Knut Tell bedauernd, »Sie haben Ihren Posten verloren?«
»Nein, ich bin selbst weg, es war ein guter Posten, bitte hier ist das Geld.«
»Ich nehme nichts! Das darf ich nicht! Ich bin vom Fundamt. Ich möchte nur fragen, haben Sie diesen schö... diesen Brief geschrieben, Fräulein?«
»Das? Ja, das habe ich geschrieben«, sagte sie und schwieg. Auch Knut Tell schwieg. Aber weggehen wollte er auf keinen Fall.
»Ich hätte nur gern gewußt, wie ... wie schrieben Sie diesen Brief, an wen denn, aber wenn Sie es mir nicht sagen wollen, ich kann das verstehen, ich hätte es nur schrecklich gern gewußt.«
»Das war mein Arzt im Spital, ich bin jeden zweiten Tag bestrahlen gewesen. Er war sehr gut zu mir, obwohl ich doch nicht gezahlt habe. Er hat mich auch gebeten, Sonntag mit ihm auszugehen, ich wollte nicht, weil der Unterschied zu groß ist. Aber wie er weg war, habe ich es bereut.«
»Ist er denn weggefahren?«
»Er hat sich versetzen lassen, er hat mir nichts gesagt und auf einmal war er weg. Da hab' ich dann keine Ruhe nicht gehabt und hab' nicht mehr arbeiten können. Da bin ich wieder ins Spital und hab' seine Adresse verlangt. Und dann hab' ich den Posten verlassen und – bin ihm nachgefahren.«
»Hat er Ihnen denn geschrieben?«
Emma senkte das Köpfchen.
»Aber nein, das ist sehr schön von Ihnen, ich staune nur über Ihren Mut, ich bewundere Sie, das war sehr mutig, ja, wirklich.«
»Ich bin von der Bahn direkt zu ihm. Und wie mir eine junge Dame aufmacht, bin ich schon sehr erschrocken. Sie war sehr fein, aber wie ich sage, zu wem ich gekommen bin, hat sie sehr böse Augen gemacht. Sie hat mich in ein großes Zimmer geführt und ist hinausgegangen, ich hätte vor Angst kein Wort sprechen können, da ist die Tür aufgegangen und er ist hereingekommen. Hinter ihm war sie, und er war ganz entsetzt, wie er mich gesehen hat, und war ganz fremd. Sie haben mich

doch zum Ausgang eingeladen, sage ich, und Sie haben es mir einmal geschrieben und jetzt kennen Sie mich nicht?«
»Ich finde es merkwürdig«, sagt er, »daß Sie daher gekommen sind, Mädchen, wo bleibt Ihr Taktgefühl, kommen her und trüben die reine Luft einer Dame, wissen Sie nicht, was Sie Ihrem Stand schuldig sind, und übrigens, was wollen Sie, Fräulein, zwischen uns ist nicht das Geringste vorgefallen, das möchte ich festgestellt haben, ich verlange, daß Sie es vor meiner Braut feststellen, Sie laufen mir nach und machen mir Verdruß.«
»Weinen Sie doch nicht, das ist ja ein entsetzlicher Mensch, bitte, weinen Sie doch nicht, Sie sind ...«
»Herr Doktor, ich bin nicht deshalb hergekommen, sage ich, zwischen uns ist nichts vorgefallen, das kann ich ruhig feststellen.«
»Ach, bitte, weinen Sie nicht, der Kerl verdient es nicht, ich werd' es ihm zeigen, ich werd' ihn ins Gesicht schlagen!« Knut war daran, direkt nach Teschen zu laufen.
»Nein, bitte, tun Sie ihm nichts, er ist immer gut zu mir gewesen und war immer höflich im Spital, obwohl ich nicht gezahlt habe, er hat sich nur vor ihr gefürchtet, sie hat so böse Augen, wenn er nur sehen könnte, wie böse sie ist, er wird sie heiraten und unglücklich werden.«
»Weinen Sie nicht.«
»Ich bin gleich weggelaufen, weil ich ihre Augen nicht vertragen konnte.«
»Und warum haben Sie ihm diesen ... diesen Brief geschrieben?«
»Ich wollte nicht, daß alles so häßlich endet, darum habe ich ihm auch die goldene Uhrkette geschickt, damit er sich meiner nicht schämen muß.«
»Ich danke Ihnen«, sagte Knut Tell und ergriff schüchtern ihre Hand. Er schüttelte sie heftig, wollte noch etwas sagen, sah das schöne Mädchen verlegen stehen und lief wie ein Dieb davon, denn den Zettel hatte er in der Faust versteckt.
Zu Hause schrieb er bis in den Morgen hinein eine lange Geschichte über das Mädchen und verliebte sich so sehr in seine Figur, daß er auch einen Brief an sie begann und ihr einen Heiratsantrag machte. Es war schon Tag, als sein Kopf zur Seite fiel und er auf dem Divan einschlief.

Zu Mittag kam die Ruth und fand ihn heftig atmend und mit heißen Wangen. Seine Papiere waren auf dem Tisch verstreut, die Ruth begann die Geschichte zu lesen und lächelte entzückt. Aber dann las sie auch den Brief und gab dem Knut eine Ohrfeige. Darüber träumte der Knut, daß ein Gletscher ihm auf den Kopf gefallen sei, und erwachte erschrocken. Als er Ruths Engelskopf sah, lächelte er, aber die Ruth schimpfte wie ein Teufel, heiraten wirst Du, heiraten wirst Du!

»Ruth«, sagte Knut, ehrlich verwundert, »willst Du mich denn heiraten?«

»Könnte mir einfallen«, schimpfte sie, »Du und heiraten. Du wirst niemand heiraten, verstanden!«

»Aber ich denk doch gar nicht dran, Ruth, wie kommst Du denn drauf?« fragte er unschuldig.

Da sah Ruth, daß er wieder einmal Seifenblasen in die Luft geworfen hatte, denn die Begeisterung ...

»Und was ist mit dem Fundamt, Knut?«

»Du hast doch selbst gesagt, ich soll nur auf einen Tag hingehen«, sagte Knut, streckte sich aus und schlief weiter.

*Ich sitze zwischen zwei Stühlen,
der alten und neuen Welt.*

Lili Körber
1897–1982

LILI KÖRBER

Lili Körber wurde am 25. Februar 1897 als älteste von drei Schwestern in Moskau geboren. Wie schon ihr Name zeigt, war sie keine Russin, sondern gehörte der gutsituierten Ausländerkolonie an. Ihre Eltern waren Österreicher, der Vater Ignaz war ein wohlhabender Seidenkaufmann aus Tarnow, die Mutter stammte aus dem polnischen Teil der Habsburgermonarchie. Die Familie war dem liberalen Bürgertum zuzurechnen, französische Gouvernanten gehörten genauso zur Erziehung wie – für ein Mädchen in der damaligen Zeit noch ungewöhnlich – der Besuch eines liberalen Privatgymnasiums. Lili Körber wuchs dreisprachig auf, ein Umstand, der ihr bei der späteren schriftstellerischen Laufbahn zugute kommen sollte. Dem liberalen Ambiente der Familie entsprach es, daß die sozialen Unruhen in Rußland sehr wohl wahrgenommen und kommentiert wurden – noch viel später erinnert sich die Schriftstellerin an die Aufstände aus dem Jahr 1905 – inzwischen durch Sergej Eisensteins Film *Panzerkreuzer Potemkin* legendär geworden – als prägende Eindrücke ihrer Kindheit, obwohl sie damals erst acht Jahre alt war.

Der Ausbruch des Ersten Weltkriegs zerstörte die angenehme Ruhe dieser Familie: Ignaz Körber wurde 1914 als Angehöriger eines feindlichen Staates aus Rußland ausgewiesen, Lili Körber erlebte also mit knapp siebzehn Jahren zum ersten Mal die Emigration. Die Familie ging in die neutrale Schweiz, wo Lili Körber im Wintersemester 1917/1918 das Studium der Germanistik und Romanistik in Bern begann; am 4. Oktober 1918 legte sie die Matura in Basel ab und setzte ihr Studium in Lausanne und Genf fort. 1920 bis 1923 unterbrach sie das Studium aus finanziellen Gründen und arbeitete, nach eigener Angabe, als Übersetzerin. Im Wintersemester 1923/1924 nahm sie das Studium in

Jena und in Frankfurt wieder auf und beendete es 1925 mit einer Dissertation über die Lyrik von Franz Werfel in Frankfurt. Das Thema der Dissertation überrascht, da es sich mit einem Vertreter des gerade heftig diskutierten Expressionismus auseinandersetzte.
Die Eltern waren inzwischen nach Wien gezogen, und nach Abschluß ihres Studiums gelang es Lili Körber, in der Wiener *Arbeiter-Zeitung* Fuß zu fassen. Und sie publizierte in der *Roten Fahne*, der Zeitschrift der Kommunisten. Sie arbeitete auch in der sozialdemokratischen Leihbibliothek im ersten Bezirk und etablierte sich in Wien im linken Journalisten- und Künstlermilieu, ihre Wohnung in der Laudongasse war ein beliebter Treffpunkt. 1930 wirkte sie an der Gründung des österreichischen Zweiges des Bundes proletarisch-revolutionärer Schriftsteller mit, dessen Schriftführerin sie wurde, und war Mitglied in der »Vereinigung sozialistischer Schriftsteller« in Wien, dessen Vorstand sie ab 1934 angehörte. Im Alter will sie sich an die Mitgliedschaft im BPRSÖ allerdings nicht mehr erinnern. Auch mit dem Buch, das sie berühmt gemacht hatte, *Eine Frau erlebt den roten Alltag*, konnte sie sich nicht mehr identifizieren. Denn wie so viele Intellektuelle in den zwanziger und dreißiger Jahren war Lili Körber nicht nur eindeutig links, sondern eindeutig pro-kommunistisch, wenn sie nicht überhaupt Parteimitglied war, eine Haltung, die sie in den USA der achtziger Jahre nicht mehr gutheißen konnte.
Auf jeden Fall richteten sich ihre politischen Hoffnungen in der Zwischenkriegszeit intensiv auf das Experiment Sowjetunion, und so nahm sie 1930 die Einladung zum Schriftstellerkongreß in Charkow und zu einer Informationsreise in die Sowjetunion gern an, an der auch Johannes R. Becher und Anna Seghers teilnahmen. Die Sowjetunion bemühte sich damals intensiv, durch Einladung von Intellektuellen zu Besichtigungsreisen ihr Image im Westen zu verbessern, Informationen über den Umbruch und die ungeheure – im wahrsten Sinn des Wortes – Aufbauarbeit im Bereich von Industrieanlagen, Kraftwerksbau und Landwirtschaft zu verbreiten. Insbesondere Schriftsteller, die dann für Zeitungen und in Büchern über diese Reisen berichteten, waren willkommen. Daß bei den Einladungen politische

Sympathisanten bevorzugt wurden, ist verständlich. Die Reportageliteratur über die Sowjetunion nahm in dieser Zeit in der linken Presse nicht nur Deutschlands einen wichtigen Raum ein.

Für Lili Körber war die Reise doppelt interessant, da sie nicht nur ihre politischen Hoffnungen überprüfen, sondern auch das Land, in dem sie ihre Kindheit und Jugend verbracht hatte, wiedersehen konnte. Ihre Russischkenntnisse und ihr Wissen über das Land mußten für die Führer, die daran gewohnt waren, die Gruppen als Dolmetscher total zu betreuen, eher irritierend gewesen sein. Es spricht jedoch für die Offenheit der damaligen Bemühungen um Akzeptanz, daß Lili Körbers Wunsch, die Reise durch einen Aufenthalt zu verlängern, bei dem sie tatsächlich in einer der neuen Fabriken den Alltag der Arbeiterinnen teilen wollte, auf keinen Widerstand stieß, sondern im Gegenteil gefördert wurde.

Sie bewarb sich um einen Job als ungelernte Dreherin in den Putilow-Werken und arbeitete dort mehrere Monate. Sie verwirklichte damit ein Programm, das unter dem Namen »Bitterfelder Weg« viele Jahre später in der DDR in den fünfziger Jahren propagiert werden sollte. Ihre Erfahrungen publizierte sie nach ihrer Rückkehr nach Wien im deutschen Rowohlt Verlag – nicht in einem eindeutigen Partei-Verlag! – und hatte damit ihr Genre gefunden: gesellschaftspolitische Tagebücher/Reportagen, die aus der Perspektive einer beteiligten Person, in ihrem Fall einer Frau, geschrieben sind, und die persönliches Erleben, Alltagserfahrungen und gesellschaftspolitische Analyse miteinander verbinden, die allgemeine Entwicklungen am konkreten Einzelfall demonstrieren und die es auch erlauben, Fiktion und Realität zu vermischen. Mit dieser literarischen Form bezieht sie sich auf die literaturtheoretischen Auseinandersetzungen der Zeit, wie sie in der Zeitschrift *Wort* u. a. zwischen Bert Brecht und Georg Lukács ausgetragen worden sind. Sie nimmt mit der neuen Form, die eine neue Realität widerspiegelt, klar für Brecht und den Expressionismus und gegen Lukács und seinen sozialistischen Realismus Partei, dem sie allerdings mit ihrem Angebot zur Identifikation verpflichtet bleibt.

Das 1932 erschienene Buch *Eine Frau erlebt den roten Alltag* war ein Erfolg, es wurde ins Russische, Bulgarische und – was sich als wichtig erweisen sollte – auch ins Japanische übersetzt. Lili Körber wurde zu Vorlesungen und Vorträgen in ganz Europa eingeladen. Als sie 1933 in Berlin bei Rowohlt über eine Neuauflage verhandelte – wie sie erzählt –, erlebte sie dort die Machtübernahme der Nationalsozialisten mit.

Ihre Beobachtungen und ihre Analyse verarbeitet sie, geschulte Journalistin und Schriftstellerin, die sie ist, umgehend zu einem neuen Roman, der sich bewußt in Titel und Technik an ihren erfolgreichen Erstling anlehnt: *Eine Jüdin erlebt das neue Deutschland*. Das Buch wird bereits 1934 im kleinen linken Wiener Verlag Lanyi veröffentlicht. Mit diesem Roman, der mehrfach übersetzt wurde, kann Lili Körber für sich in Anspruch nehmen, eine der ersten Schriftstellerinnen gewesen zu sein, die die konkreten Auswirkungen der rassistischen Politik der Nationalsozialisten dargestellt hat.

Die Protagonistin, eine Schauspielerin jüdischer Herkunft in Berlin, mit einem Ingenieur verheiratet, macht im Berufs- und im Privatleben die Erfahrung, wie bereits die Angst vor möglicher Repression alle Beziehungen vergiftet, wie in vorauseilendem Gehorsam die antisemitische Politik exekutiert wird, bevor noch entsprechende Gesetze in Kraft treten. War vor der Machtübernahme der Nationalsozialisten ihre jüdische Abstammung für ihren Mann überhaupt kein Thema, so wird sie danach zu einem wichtigen Faktor, der seine Berufschancen beeinträchtigen könnte und sie tatsächlich beeinträchtigt.

Minutiös wird nachgezeichnet, wie der politische und gesellschaftliche Druck von außen auch das Privatleben belastet, wie die bürgerliche Privatsphäre eben nicht mehr das Refugium vor den gesellschaftlichen Zwängen sein kann. Ruth Gompertz sucht Zuflucht bei ihrer Schwester, aber dort wird sie mit ihrem zionistischen Neffen konfrontiert, der sich auf die Emigration nach Palästina vorbereitet. Voller Empörung weist sie diese Variante des Nationalismus zurück: »›Jetzt sollen wir ganz dieselben Stückchen für unsere Rechnung aufführen wie die preußischen Militärs. Den Teufel mit Beelzebub austreiben. Verstehst du denn nicht, daß der Antisemitismus nur ein Symptom der allgemeinen Erkrankung Europas ist?‹ ‹...› ›Was geht mich Europa an? ... Meine Heimat liegt in Asien.‹ ›Deine Heimat

ist Deutschland, du Lausejunge‹, schrie Ruth, ›hör mir auf mit deinen Faxen. Willst du mir ein jüdischer SA-Mann werden und Soldaten spielen?‹«
Auch bei ihren politisch engagierten Freunden wird die Emigration als einziger Ausweg gesehen. Doch für Ruth Gompertz kommt sie nicht in Frage: Als Schauspielerin ist sie auf die Sprache angewiesen, kann sich ein Leben in einem anderen Sprachraum – mit der Notwendigkeit eines kompletten beruflichen Neubeginns – nicht vorstellen; darüber hinaus weigert sie sich, mit der Emigration letztlich den Sieg der Nationalsozialisten zu akzeptieren. Ihre tragische Konsequenz aus der ausweglosen Situation ist der Selbstmord. Das Buch wird nicht nur in Deutschland, sondern auch in Österreich verboten, obwohl es in Österreich, das damals ja noch nicht annektiert war, erschienen ist. Aber der Druck des NS-Regimes auf Österreich war bereits ausreichend, und die Angst der Verlage vor Repressalien auf dem deutschen Markt bereits so groß, daß solche den Nationalsozialismus entlarvenden Bücher offiziell vom Markt gedrängt wurden.
In dieser Situation nimmt Körber das Erscheinen der japanischen Ausgabe ihres ersten Romans zum Anlaß, nach Japan zu reisen und diese Reise in Form von Reportagen zu vermarkten. Sie nimmt den Landweg über Rußland, und es gelingt ihr – nach ihrer Ausweisung aus Japan –, auch China zu bereisen. Die Berichte erscheinen 1935 – der deutschsprachige Buchmarkt wird für (linke) Autoren, die bei den NS-Machthabern unbeliebt sind, immer enger – beim deutschsprachigen Budapester Verlag Biblos, nachdem sie vorher und nachher in verschiedenen linken, Schweizer und Emigrations-Zeitungen publiziert worden sind (*Neue Weltbühne, Pariser Tagblatt, Pariser Tageszeitung, Volksrecht* in Zürich). Körber kann von ihrer Arbeit leben, sie verarbeitet ihre Japan-Erlebnisse noch in einer ironischen Darstellung des japanischen Faschismus, im Roman *Sato-San, ein japanischer Held* (1936), in dem sie auf die Parallelen zu Deutschland verweist.
Unmittelbar nach dem »Anschluß« Österreichs im März 1938 flieht sie über die Schweiz nach Paris, wo sie durch ihre politischen und persönlichen Verbindungen sofort eine carte d'identité erhält und somit regulär als Journalistin und Übersetzerin arbeiten kann. Ihr Französisch, das noch aus ihrer Kindheit stammt, ist so

gut, daß sie hier auf keine Schwierigkeiten stößt. Wiederum überrascht die Geschwindigkeit, mit der sie ihre Erfahrungen schriftstellerisch umsetzt. Unter dem Pseudonym Agnes Muth erscheint noch 1938 in der Züricher Zeitung *Volksrecht* der Roman *Eine Österreicherin erlebt den Anschluß*. Die enge Anlehnung des Titels an ihre beiden ersten Texte muß für die eingeweihten Zeitgenossen die Autorinnenschaft von Lili Körber wohl nahegelegt haben. Dennoch wird ihr der Text erst posthum zugeordnet und erscheint erst fünfzig Jahre später im Jahr 1988 zum ersten Mal als Buch. Körber verwendet wieder ihr schon bewährtes Muster der Verbindung einer privaten Liebesgeschichte mit dem politischen Geschehen, montiert Zitate aus Zeitungen etc. in den Text ein und versucht damit, einer breiteren Öffentlichkeit ein authentisches und gleichzeitig zur Identifizierung einladendes Bild der politischen Ereignisse in Österreich zu vermitteln.

Körbers Lebensgefährte Erich Grave, mit dessen Familie die Körbers noch von Moskau her bekannt sind und die in Paris die Zeitung *Pariser Tagblatt* bzw. *Pariser Tageszeitung* herausgibt, kommt noch im selben Jahr 1938 illegal nach Frankreich, 1940 heiraten sie. Körber fühlt sich offensichtlich wohl in Frankreich, auch wenn sie von Paris nach Lyon übersiedeln muß. Sie arbeitet als Journalistin, übersetzt Alfred Adler, plant ein Kinderbuch. Sie ist aber auch mit der Emigrantenproblematik vertraut, absolviert – nach eigenen Angaben – einen Ernteeinsatz in der Landwirtschaft. Wiewohl engagiert, war sie nie in direkte politische Aktionen geschweige denn in konkrete Widerstandsaktionen verwickelt. Am Ende ihres Lebens – 1979 – schreibt sie in einem Brief an die Literaturwissenschaftlerin Viktoria Hertling bedauernd und selbstkritisch: »Leider habe ich nur schriftlich gekämpft.«

Doch sie weiß, daß sie und ihr jüdischer Mann im Pétain-Regime auf Dauer nicht sicher sind, und bemüht sich um Visa für die USA, reiht sich in die Schlangen der Bittsteller ein, die den Irrsinn der Behördenwillkür von zeitlich befristeten Durchreisevisen, Bestätigungen über Einkommen, Bürgschaften, Schiffskarten, Reisemöglichkeiten von Lyon nach Lissabon – durch das Spanien Francos – zu erfüllen suchen. Körber und ihr Mann haben Glück, sie bekommen als »gefährdete Antifaschisten« Affidavits vom »Emergency Rescue Committee«, das ihnen auch die Schiffspassagen vorstreckt. Sie bewältigen auch die übrigen Hindernisse und verlassen am 24. Mai 1941 mit der »Serpa Pinto« Lissabon und treffen einen Monat später, am 23. Juni, in New York ein, wo sie von politischen Freunden in Empfang genommen werden, die ihnen eine Unterkunft besorgen und für den Wirtschaftswissenschaftler Erich Grave Gutachter-Aufträge für die US-Regierung vermitteln und ihm einen Kurs für die Ausbildung zum Uhrmacher zahlen.

Körber und Grave haben einerseits Glück, als politische Flüchtlinge mit Partei-Verankerung können sie auf die Solidarität der US-Genossen bauen, andererseits sind sie natürlich den harten Bedingungen des Exils ausgesetzt, wie es sich in den Grave angebotenen Tätigkeiten ausdrückt: Versuch des Anknüpfens an die europäische Ausbildung und an das damit verbundene soziale Milieu und/oder Reduktion auf eine handwerkliche Tätigkeit, in der die Sprachbarriere weniger Rolle spielt. Leider gehört Englisch nicht zu den Sprachen, die Lili Körber spricht. Mühsam muß sie ebenso wie ihr Mann die Sprache erlernen, allerdings scheint ihr das Sprachentalent und ihre Übung nützlich gewesen zu sein, denn schon bald arbeitet sie nicht nur in einer Fabrik, sondern auch als Tutorin in der Berlitz-Sprachschule.

Anfangs versucht sie, ihre schriftstellerische Tätigkeit fortzusetzen und schreibt für die deutschsprachige New Yorker Presse. In der *Neuen Volkszeitung* erscheint ab Dezember 1942 ihr Roman *Ein Amerikaner in Rußland*, mit dem sie formal an *Eine Frau erlebt den roten Alltag* anschließt, sich inhaltlich aber bereits vom stalinistischen Regime distanziert. Konkreter Anlaß für das Buch ist – neben dem Hitler-Stalin-Pakt – die Nachricht von der Auslieferung des führenden KPÖ-Mitglieds Franz Koritschoner, den Lili Körber persönlich gekannt und geschätzt hat, an die NS-Behörden durch die Russen, was zu seinem Tod im Konzentrationslager führt. Der Text ist in sich widersprüchlich, Kritik an und Bewunderung für das russische Experiment kommen sich in die Quere.

Als sich die Verhandlungen über die Übersetzung eines ihrer Bücher zerschlagen, zieht Lili Körber die Konsequenz und läßt sich zur Krankenschwester ausbilden. Sie wird diesen Beruf bis zu ihrer Pensionierung ausüben. Zu schreiben hat sie allerdings nicht aufgehört: Sie versucht sogar, durch einen englischen Roman, der im Emigrantenmilieu spielt, in der neuen Heimat Fuß zu fassen. Aber auch *Farewell to yesterday* wird abgelehnt. In der deutschsprachigen New Yorker Presse, vor allem im *Aufbau*, werden hin und wieder Gedichte von ihr gedruckt, als »Füller«, wie sie selber abschätzig vermerkt.

Nach ihrer Pensionierung schreibt sie nochmals einen englischen Text, *Call me Nurse*, der aber, wie so viele andere auch, nur mehr für die eigene Schublade geschrieben wird. Lili Körber bleibt gemeinsam mit ihrem Mann im New Yorker Exil, in Manhattan. Sie erkrankt an Leukämie. Wenige Jahre vor ihrem Tod hat sie immerhin noch die Genugtuung, daß sie von der Germanistik – in der Person der USGermanistin Viktoria Hertling – wiederentdeckt wird. Sie reagiert sehr erfreut auf eine Anfrage und lädt Hertling 1979 zu einem Besuch ein, erzählt von ihrem Leben, zeigt ihr die Manuskripte und vermacht ihr den literarischen Nachlaß, nachdem sie zuvor allerdings ihr Tagebuch verbrannt hat.

Ihre in Interviews erzählten Erinnerungen sind nicht frei von Verdrängungen, wie die Überprüfung zeigt. Die Begeisterung für die Sowjetunion, die ihr erster Roman zeigt, will sie genauso wenig wahrhaben wie ihre Mitgliedschaft im BPRSÖ und im VSSÖ. Und sie verleugnet beharrlich ihre jüdische Abstammung, verlegt sogar den Geburtsort ihres Vaters aus dem galizischen Tarnow nach Wien. Ob diese Verleugnung – auch die Familie ihres Mannes hat eine offizielle Namensänderung von Goldschmidt auf Grave durchgeführt – auf einer Weigerung beruht, die nazistische Definition von Jude als rassisch und nicht als religiös anzuerkennen, oder ob es sich um eine Variante der Schuldgefühle der Überlebenden handelt, kann hier nicht entschieden werden. Sie stirbt am 11. Oktober 1982. Drei ihrer Bücher sind seither wieder neu aufgelegt worden – vierzig Jahre des Vergessens im Exil sind so endlich durchbrochen worden, doch inzwischen sind die Werke wieder vergriffen.

LILI KÖRBER

14. März 1938

Als ich heute ins Büro kam, sagte mir Hans, unser Diener, eine Frau Katharina hätte mich in aller Frühe ans Telephon verlangt. Ich war erstaunt, ich kannte gar keine Katharina. Schnell ging ich im Gedächtnis meine alten Schulfreundinnen durch, und tatsächlich fiel mir die Seidl Kathi ein, ein kränkliches, unterernährtes Ding, das nicht richtig laufen konnte. Seit der Schule hatten wir uns nie wiedergesehen, warum die mich bloß aufsuchte?
Ich deckte die Maschine ab, nahm die kleine Bürste und begann zu putzen. Das Farbband war nicht mehr gut, aber ich wollte es jetzt nicht auswechseln. Nein, man konnte nicht wissen, was geschah; wenn die Nazi herkämen, sollten sie zumindest nicht das neue Farbband an meiner Maschine haben.
Da surrte das Telephon. Mit einem Satz war ich am Apparat.
»Kann ich Fräulein Muth sprechen?« fragte eine Stimme, die mir bekannt vorkam. »Hier Frau Katharina.«
»Hier Agnes Muth. Aber es dürfte ein Irrtum ...«
»Grüß Gott, Fräulein Muth. Wie geht es immer? Störe ich vielleicht bei der Arbeit? Ich wollte Ihnen nur die Grüße von Onkel Paul aus Davos übermitteln. Es geht ihm besser!«
Ich fühlte, wie mir die Tränen in die Augen kamen, ich stammelte etwas, aber »Katharina« hatte schon abgehängt. Erst jetzt wurde es mir bewußt, wie sehr ich für meinen Bruder Angst gehabt hatte. Nun war er gerettet, und mit ihm der gute Karl. Ich sah sie beide, den Rucksack mit dem spärlichen Proviant und einem Hemd zum Wechseln am Rücken, die Skier an den Füßen, durch die verschneiten Pässe hinunter in die

Bündner Täler gleiten, die Lunge voll kräftiger, frischer Luft, und alles Entsetzen, das sie hinter sich gelassen hatten, fast schon unwirklich geworden angesichts der herrlichen Winterlandschaft, der Stille und der ruhigen, aufrechten Menschen, denen sie begegneten. O, wie sehnte ich mich hinaus aus diesem Tollhaus, weg von den Lautsprechern, den knarrenden Stiefeln, den schnarrenden Stimmen, den Tanks, den Lastautos mit den brüllenden Mannschaften und den »brüderlichen Grüßen« der deutschen Bombenflugzeuge!
Ich bat Herrn Guggenheim, mir den heutigen Vormittag freizugeben (Dr. Loewy ist noch immer nicht erschienen), und erzählte ihm auch warum. Er nickte und wünschte mir viel Glück – ich weiß, er meinte jetzt nicht viel Glück mit Fred, sondern viel Glück im Rathaus. Ich machte noch einen Sprung zu Fred ins Büro, um seine Papiere abzuholen.
An den Zeitungsständen sah ich die Montagsblätter mit großen Hakenkreuzen versehen. Trotz des Jubels hatten die Braunen schon tüchtig gearbeitet und mit den Säuberungen angefangen. Ihre erste Tat galt der Presse. Das Publikum erfuhr mit gemischten Gefühlen, daß alle jüdischen Redakteure hinausgeworfen worden waren, wenn auch ohne Abfertigung, so doch, ohne daß ihnen »ein Haar gekrümmt wurde«. Sonst standen lange Berichte über die gestrigen Anschlußfeiern, Seyß hatte im Rathaus feierlich Hitler begrüßt und den Artikel 88 des Vertrages von St. Germain, in dem von dem Anschluß die Rede ist, außer Kraft gesetzt. »Wir sind am Beginn einer neuen Ära, in der Adolf Hitler Führer sein wird«, rief er pathetisch aus. Hitler in seiner Ansprache berief sich auf höhere Mächte, wie es früher Kaiser Wilhelm immer getan haben soll. Ja, die Vorsehung habe ihn auserkoren, die deutsche Einheit wiederherzustellen, und nun habe er diese seine Mission erfüllt. Der Bundespräsident Miklas war zum Abdanken gezwungen worden, Schuschnigg in Haft, und es sollte ihm der Prozeß wegen »Wortbruchs« und »Bruchs der Verfassung« gemacht werden. Bruch der Verfassung, weil ein Plebiszit nur vom gesamten Ministerrat beschlossen werden konnte. Schuschnigg habe aber Seyß-Inquart nicht befragt und wollte die Abstimmung fälschen. Die Nazi wollten am 10. April eine

»richtige demokratische geheime Abstimmung« vornehmen. Es ist nicht schwer vorauszusehen, wie diese Wahl ausfallen wird. Ich gehe über den schönen Rathausplatz, der nun »Adolf-Hitler-Platz« heißen soll. Auch das alte Burgtheater muß den Hakenkreuzschmuck über sich ergehen lassen. Direktor Röbbeling wurde schon abgesetzt, an seine Stelle trat ein Mann mit dem Namen Mirko Jelusich. Soll das vielleicht ein Deutscher sein?
Ich habe Angst, ins Rathaus hineinzugehen, ja, ich habe Angst. Was wird mir der Beamte für Bescheid geben? Da nehme ich mich zusammen und laufe in einem Zug die Stiege zum Standesamt hinauf.
Im Rathaus ist auch alles drunter und drüber, SA-Leute, Leute in Zivil, viele Türen sind abgesperrt. Einen Augenblick fürchte ich, daß auch das Standesamt geschlossen ist. Aber nein, es sitzt nur ein einzelner Beamter drin, der mich etwas erstaunt mustert. Wer in aller Welt ist in diesen Tagen heiratslustig, scheint sein Blick zu fragen.
Er nimmt meine Papiere in Empfang, und ich merke, daß er versteht. Und dann faltet er alles zusammen, meinen Heimatschein, Freds Heimatschein, meinen Taufschein, Freds Geburtsurkunde, unsere Meldezettel. Er legt sie auf die Brüstung vor dem Schalter und sagt: »Es tut mir leid, liebes Fräulein, aber leider geht es nicht.«
Ich fühle, wie mir die Knie zittern, aber ich stelle mich dumm. »Warum denn nicht?« frage ich. »Unsere Papiere sind doch in Ordnung.«
»Wir können heute Arierinnen nicht mehr mit ...« – er will das Wort Jude, das schon ein Schimpfwort geworden ist, nicht aussprechen – »mit Nichtariern trauen.«
Er sieht mich bedauernd an. Er ist ein österreichischer Beamter, kein Deutscher, und anscheinend kein Nazi.
»Sind denn die Reichsgesetze schon in Kraft?« frage ich mit zitternder Stimme.
»Nein, wir haben noch keine Verfügung erhalten, aber sie dürfte bald kommen, und dann hat sie rückwirkende Kraft. Es hätte auch keinen Zweck, die Trauung vorzunehmen, weil sie doch für ungültig erklärt würde.«

Ich stecke die Papiere automatisch wieder ein und gehe die Stiege hinunter. Es ist aus, es ist alles aus. Nein, nein, ich will noch einen Versuch machen. Vielleicht ...

Wie lange habe ich Pater Bonifazius nicht mehr gesehen? Ich glaube fast, seit meiner Firmung. Mein Vater hatte es nicht gern, wenn die Mutter uns in die Kirche mitnahm. »Sie sollen lieber ins Freie, rote Backen kriegen«, pflegte er zu sagen. Er war Freidenker und wollte mich überhaupt nicht firmen lassen, aber ich heulte, weil ich mich schon so auf das weiße Kleid und den Schleier gefreut hatte, und meine Mutter machte ihm wochenlang das Leben sauer. Da gab er schließlich nach. Es war gerade die Zeit nach dem 15. Juli 1927, als die Polizei auf Demonstranten geschossen und 90 getötet hatte, der Beginn der Faschisierung Österreichs unter der Führung des Prälaten Seipel. Aus Protest traten die Leute massenweise aus der Kirche aus, und der Haß gegen die Pfaffen war sehr groß. So kam es, daß ich, nachdem ich mein weißes Kleid und den Schleier, unter dem ich mir wie eine Braut vorkam, wieder abgelegt hatte, nicht mehr zur Messe oder gar zur Beichte gegangen war.

Wie würde mich mein lieber alter Pater Bonifazius empfangen? Er erkannte mich zuerst gar nicht, er hatte so viel Firmlinge in diesen zehn Jahren gehabt! Als ich aber mein Anliegen vorbrachte, legte er mir die Hand auf die Schulter. »Ich verstehe, ich verstehe, mein Kind, ich werde tun, was ich kann, ich muß mich nur erkundigen, ob es geht. Kommen Sie morgen ... nein lieber übermorgen wieder.« Er fragte nicht, ob Fred nicht zum Katholizismus übertreten wolle, fragte gar nichts. Ich küßte ihm voller Dankbarkeit die große, nach Weihrauch duftende Hand.

Unser Bürodiener Hans erzählt, daß der Bürgermeister Schmitz in Schutzhaft genommen wurde. Man legt ihm zur Last, in letzter Stunde noch die Arbeiterführer angerufen zu haben, die in den Lokalen der Vorstadt auf das Signal warteten, in die innere Stadt zu marschieren. Aber ein Teil der Vaterländischen Front war bereits zu den Nazi übergegangen und hielt die Arbeiter auf. Und dann war es zu spät. Die Gestapo des Herrn Himmler hatte bereits den Polizeidienst in der besetzten Stadt aufgenommen. Alle Minister der Bundesregierung seien verhaftet außer Guido Schmidt, der

Schuschnigg überredet hat, nach Berchtesgaden zu fahren und der nun seiner Beförderung entgegensieht. Nur dem Zernatto ist es am Freitag noch gelungen, die Grenze zu erreichen, man sagt, mit wichtigen Dokumenten. Die Nazi schäumen vor Wut.

Kurz vor Büroschluß rief Fred an und fragte, wie die Angelegenheit auf dem Standesamt ausgefallen war, ich antwortete ausweichend. Er war sehr niedergeschlagen und bat mich, doch heute abend zu seinen Eltern zu kommen. Alice sei ganz verzweifelt und wisse nicht, was sie tun sollte.

Als ich durch die Mariahilfer Straße ging, sah ich vor mehreren jüdischen Geschäften Lastautos stehen. Leute in brauner Uniform verluden Warengut, das sie aus den Geschäften schleppten. Die Besitzer standen dabei, ohne ein Wort zu sagen. Vor dem Warenhaus Gerngroß hockte ein Herr im eleganten Anzug am Boden, bemüht, mit einer Scheuerbürste das weißgemalte Kruckenkreuz vom Trottoir wegzuputzen. Ein paar SA.-Leute standen dabei und ermunterten ihn mit Beschimpfungen. »Das ist der Inhaber, Herr Gerngroß, selber«, hörte ich eine Passantin sagen. Es war Ladenschluß, und die Angestellten verließen das Warenhaus. Stumm gingen sie an ihrem Chef vorbei, keiner erlaubte sich ein Lächeln, eine Bemerkung.

An vielen Schaufenstern klebt ein Plakat: »Nichtarisches Geschäft«. Bei manchen: »Die arische Belegschaft dieses Unternehmens ist zu 100 Prozent in der NSB. (Nationalsozialistische Betriebsgewerkschaft) organisiert und hat die Verantwortung für die Geschäftsführung übernommen.« Soll das heißen, daß die Angestellten den Chef enteignet haben?

Hitler hat dem Mussolini ein Telegramm geschickt, in dem er ihm dankt, daß er Österreich preisgegeben hat. Hans sagt, die beiden seien miteinander ein Herz und eine Seele, und Mussolini habe Hitler sogar zugesagt, ihm Südtirol zurückzugeben. Was hat ihm Hitler dafür versprochen? Spanien, Unterstützung in der Kolonisierung Abessiniens, oder haben sie unter sich schon die Welt aufgeteilt?

LILI KÖRBER

Amerika, Amerika

Ich sitze zwischen zwei Stühlen,
Der alten und neuen Welt,
Dort bin ich mit meinen Gefühlen,
Doch hier verdien' ich mein Geld.

Dort schrieb ich glühende Verse
Und sang »Zur Freiheit, zum Licht!«
Hier spiel' ich auf der Börse
Und höre den Baseballbericht.

Oh neue Welt, die mir mein Ich zerriß,
Mein Selbstbewußtsein und mein Selbstvertrauen,
Du bist wie ein nicht passendes Gebiß,
Doch ohne Dich könnte ich nicht kauen.

*Ich hatte in Deutschland den größten Bucherfolg,
den eine Frau dort jemals hatte. Trotzdem war es der
größte Mißerfolg, den ein Buch dieser Art nur haben kann.*

Adrienne Thomas
1897 – 1980

ADRIENNE THOMAS

»**Ich hab' einmal abends aufgeräumt.** Ich hatte Haufen von Feldpostbriefen. Schade, daß ich sie vernichtet habe. Ich hab' sie nicht freiwillig vernichtet. Ich bin immer geflohen. Ich konnte nicht alles mitnehmen. Eines Abends war ich allein. Ich habe Briefe sortiert und weggeworfen und habe mir Notizen gemacht. Ich wollte Sachen aufheben, hab' sie aber dann nicht aufgehoben, sondern notiert und notiert, und daraus ist ein Buch geworden. Ich habe ein ganzes Jahr daran gearbeitet. Nacht für Nacht. Ich habe es fertiggebracht, mit vier Stunden Schlaf auszukommen. Und ich glaube, es ist ein guter Roman geworden.«
So erinnerte sich Adrienne Thomas kurz vor ihrem Tod in einem Gespräch mit Gabriele Kreis an die Entstehungsgeschichte ihres ersten Romans, der sie berühmt gemacht hatte. *Die Katrin wird Soldat* erschien 1930 im Berliner Propyläen-Verlag, nachdem ihn ein halbes Dutzend Verlage abgelehnt hatten, darunter auch der Ullstein Verlag. Bereits im ersten Jahr erreichte er eine Auflage von 100.000 und kam bald nach der deutschen Ausgabe in englischer und französischer Übersetzung auf den Markt – für letztere schrieb Jean Giraudoux ein Geleitwort. Das Buch wurde in einer Millionenauflage verkauft und in fünfzehn Sprachen übersetzt.
Neben Erich Maria Remarques *Im Westen nichts Neues* zählt Adrienne Thomas' Buch zu den wichtigsten Antikriegsromanen, die internationale Beachtung fanden. Wie die späteren Romane der Autorin basiert auch dieser auf eigenen Erfahrungen und Erlebnissen. In Tagebuchform geschrieben, umfaßt der dreiteilige Roman die Jahre 1911–1916 im Leben eines jungen Mädchens in

Lothringen, das aus einer jüdischen großbürgerlichen Familie stammt. An ihrem 14. Geburtstag beginnt sie in ihrem Tagebuch die Alltagserlebnisse festzuhalten, die von der ersten Liebe bis zum Tanzunterricht reichen. Als der Krieg ausbricht, kocht sie zunächst für ein Lazarett und wird dann auf dem Metzer Bahnhof Hilfsschwester. Nach der Übersiedlung mit den Eltern nach Berlin kehrt Katrin jedoch kurz darauf nach Metz zurück und arbeitet wieder als Rotkreuzhelferin, stirbt jedoch als Siebzehnjährige an Lungenentzündung. Die letzte Tagebucheintragung beendet den Roman: »Das Leben ist so häßlich – und die Menschen so schmutzig – Worauf sollte ich denn noch warten, wozu mich aufbewahren? Vielleicht für eine Fliegerbombe?«

Adrienne Thomas nützt das Genre des beliebten »Schwesternromans«, der im Ersten Weltkrieg allerdings zur Kriegspropaganda diente, für ihren Aufruf zum Pazifismus. Das Buch in seiner Mischung aus Mädchen- und Zeitroman und die »scheinbare Authentizität der Tagebuch-Form verfehlt nicht ihre Wirkung: Betroffenheit, Anteilnahme und Trauer«, analysiert Gabriele Kreis das Sensationsdebüt. Doch im Rückblick wird für Adrienne Thomas aus dem Erfolg eine Niederlage: »... ich hatte in Deutschland den größten Bucherfolg, den eine Frau dort jemals hatte. Trotzdem war es der größte Mißerfolg, den ein Buch dieser Art nur haben kann. Wie das ›Nein‹ der Amerikanerin vergeblich ausgesprochen worden war, so war auch das der Europäerin vergeblich geschrieben worden. Wieder kam Krieg. Ein ganz anderer diesmal, einer, der eigentlich nichts mehr mit dem bisherigen Begriff Krieg zu tun hatte.« Adrienne Thomas erinnerte mit dem Verweis auf die Amerikanerin an das historische Vorbild der Abgeordneten Jeanette Rankin, die als einzige Abgeordnete 1917 im amerikanischen Repräsentantenhaus bei der Abstimmung über Krieg und Frieden mit Nein gestimmt hatte. Schon im April 1933 wurde das Buch auf die Liste der verbotenen Bücher gesetzt und bei der ersten Bücherverbrennung am 10. Mai den Flammen übergeben. Und die unter dem Pseudonym Adrienne Thomas publizierende Hertha A. Strauch, verheiratete Lasser, mußte Deutschland so schnell wie möglich verlassen.

Geboren wurde Hertha A. Strauch am 24. Juni 1897 in St. Avold/Lothringen, wo sie in dem kleinen Dorf und in Metz als jüdische

Kaufmannstochter zweisprachig aufwuchs. Wie ihre Heldin Katrin arbeitete sie während des Ersten Weltkriegs als Krankenschwester. Sie absolvierte nach dem Krieg eine Gesangs- und Schauspielausbildung, heiratete einen Arzt, der allerdings kurz nach Erscheinen ihres ersten Buches starb. Ihn gab sie später als Grund für die Wahl eines Pseudonyms an: »In meiner Familie gab es den Namen Thomas. Und Adrienne hat mir gefallen. Das ist ein internationaler Name. Der kann überall richtig ausgesprochen werden. Eigentlich wollte ich mein erstes Buch unter dem Namen meines ersten Mannes machen. Und dann hab' ich mir gedacht, vielleicht wird er dann immer gefragt: Sind Sie der Mann von ... Und das wollte ich nicht.«

Ob sie damals bereits ahnte, daß ihr ein internationaler Name behilflich sein könnte, sich an den verschiedenen Zwischenstationen ihrer Lebensreise besser zurecht zu finden? Als im *Völkischen Beobachter* 1931 ein Hetzartikel gegen ihr Buch erschien, hielt sie es für angebracht, ins Ausland zu fahren. 1932 ging sie in die Schweiz, um Anfang 1933 nochmals nach Berlin zu ziehen, da sie ein Angebot für ein zweites Buch vom Ullstein Verlag hatte. Den Vertrag erhielt sie allerdings nach Hitlers Machtübernahme nicht mehr.

Im Juni 1934 übersiedelte sie aus der Schweiz nach Wien, wo sie bis 1938 im 8. Bezirk in der Florianigasse 68 wohnte – die Gründe für diesen Schritt bleiben unklar. Zur Österreicherin wurde die »deutsche Wienerin« erst nach dem Krieg durch ihre Ehe mit Julius Deutsch. Doch welcher Nation sich die Weltbürgerin zugehörig fühlte, muß ohnehin offen bleiben, und so verweist ihre Porträtierung im Rahmen dieses Bandes über österreichische Schriftstellerinnen auf die Vielzahl an personalen Identitäten und die geforderte Mobilität in der ersten Hälfte des 20. Jahrhunderts, die an einer Staatsbürgerschaft am wenigsten festzumachen ist.

Seit 1933 zählte sie zu den Autoren des Exilverlages Allert de Lange in Amsterdam. Er wurde von Hermann Kesten geleitet, der über Adrienne Thomas schrieb, daß sie mit ihren Romanen »einer unserer Erfolgsautoren« wurde, »neben Autoren wie Alfred Neumann, Sigmund Freud, Winston Churchill, René Schickele, Joseph Roth, Stefan Zweig«. Mit einigen von ihnen hatte

Adrienne Thomas während ihrer Wiener Jahre Kontakt, so mit Joseph Roth.

Bereits 1934 erschien ihr in der Schweiz geschriebener zweiter Roman *Dreiviertel Neugier* nicht wie vorgesehen bei Ullstein, sondern bei de Lange, weniger von eigenen Erlebnissen als von der Fiktion bestimmt, inhaltlich aber noch einmal der Zeit des Ersten Weltkriegs verpflichtet. In Wien arbeitete sie an einem Fortsetzungsroman zu ihrem Bestseller, der die Geschichte einzelner Figuren weiterführte und unter dem Titel *Katrin! Die Welt brennt!* 1936 ebenfalls in Amsterdam publiziert wurde. Beide Bücher sind zwar spannend erzählt und gut geschrieben, doch in ihren Handlungsmustern allzu glatt nach dem Muster von trivialen Liebes- und Unterhaltungsromanen gestrickt.

Literarisch gelungener, wenn auch nicht frei von Klischees, sind ihre Jugendbücher, ein Genre, in dem Thomas sowohl in den dreißiger als auch in den fünfziger und sechziger Jahren erfolgreich war. Fast alle diese Werke (*Andrea, Viktoria, Von Johanna zu Jane, Ein Hund ging verloren, Am Markusplatz um vier*) sind jahrzehntelang erhältlich. Eine ihrer Schreibmotivationen für diese Bücher mag eine Selbstaussage verdeutlichen: »Vielleicht konnte man zu Kindern noch reden. Mit den Erwachsenen hatte ich keine gemeinsame Sprache mehr.« Es gelingt ihr dabei, so etwa in *Von Johanna zu Jane* (1939), Alltagserfahrungen von jungen Menschen in einem zeitgeschichtlichen Kontext zu vermitteln. In Wien muß das jüdische Mädchen Johanna erleben, wie sich in der Schule und in ihrer unmittelbaren Umgebung die Welt verändert, sie mehr und mehr ausgeschlossen wird und zu Jane werden muß.

Adrienne Thomas erfuhr diese Veränderungen täglich: »Es gab Zeiten, da man sich fragte: war man ein Überlebter oder ein Überlebender? Es gab Zeiten, da man sich fragte: wozu noch schreiben, da man zwar gelesen, aber nicht mehr gehört wurde? So kam März 1938 und Hitlers Überfall auf Österreich. Man ging viele Wochen durch das überfallene, das blutende Wien, sah und hörte alles und fing alles auf. Und nachts saß man doch am Schreibtisch, machte Notizen, stellte Begebenheiten zusammen und wußte doch gar nicht wozu. Ich bin kein Held. Ich weiß, was Angst ist. In Wien hatte ich Angst.«

Nachdem die Nazis sie durch Zufall in Wien entdeckt hatten, mußte sie wieder ihre Koffer packen und konnte nicht mehr in ihre Wohnung zurückkehren. Die Tage verbrachte sie zumeist in den Straßen der Stadt und beobachtete die Ereignisse, abends tauchte sie bei Freunden unter: »Zuhause war ich nur noch an irgendeinem Schreibtisch.« Mit Hilfe von französischen Freunden und gefälschten Papieren konnte sie nach einigen Wochen nach Mulhouse fliehen. »Mein ganzer Besitz war nur noch ein Handkoffer. (...) Es dauerte lange, ehe ich wieder arbeiten konnte, zumal auch mein angefangenes Manuskript in Wien zurückgeblieben war.« Über viele Umwege gelangte es allerdings nach einigen Monaten wieder in die Hände der Urheberin.

Adrienne Thomas kam 1938 schließlich nach Paris, im Frühjahr 1939 lebte sie einige Monate lang in Sèvres, wo sie im Haus einer deutschen Jüdin eine günstige Unterkunft fand. Doch schon in den ersten Kriegstagen wurde die Hausbesitzerin als »Spionin« verhaftet und erst nach zehn Wochen wieder freigelassen. Im Anschluß an die Verhaftung wurde das Haus durchsucht und alles Schriftliche beschlagnahmt. Das Vorwort von Giraudoux, das ein Beamter beim Durchblättern der Bücher von Adrienne Thomas fand, rettete sie vor dem Verlust ihrer Manuskripte.

Am 15. Mai 1940 mußte sich die in Frankreich geborene Schriftstellerin aufgrund einer bürokratischen Fehleintragung im Pariser Vélodrome d'Hiver registrieren lassen: »Eines Morgens wachte man auf und lag auf Stroh. Im Köfferchen neben mir war das Manuskript. 200 Seiten.« Eine Woche später wurde sie mit insgesamt 5000 Frauen in das südfranzösische Lager Gurs überstellt, aus dem ihr schließlich mit Toni Kesten, der Frau von Hermann Kesten, und anderen deutschen Frauen mit fingierten Entlassungsscheinen die Flucht gelang. In ihrem Vorwort *Nein und Ja* zum Roman *Reisen Sie ab, Mademoiselle!* (1944), in dem sie ihre eigene Flucht literarisch verarbeitete, schrieb sie, wohin ihre Reise gehen sollte: »Jedenfalls gab mir der Lärm und das Stimmengewirr, das einen in Gurs immer und überall umgab, die Gewißheit, daß ich künftig würde auf dem Times Square arbeiten können, da wo er am lautesten ist. Denn nun dachte ich an den Times Square und an Amerika. Nun wollte ich fort.«

Auf ihrer Flucht gelangte sie zunächst in ein kleines Dorf in den Pyrenäen, wo sie zufällig auf Dr. Edouard Kuntz traf, der ihr schon beim Entkommen aus Wien behilflich gewesen war und sie wieder finanziell unterstützte. Im Dorf verdienten sich die Frauen bei den Bauern durch Handarbeiten und Wäschewaschen ein wenig Geld für ihren Lebensunterhalt. Sie erreichte Marseille, wo sie auf dem amerikanischen Konsulat schließlich das Emergency-Visum erhielt, vermittelt durch Hermann Kesten. Allein überquerte Adrienne Thomas die Pyrenäen – aus anderen Berichten wissen wir, daß dies außerordentlich beschwerlich war und nicht immer gelang. Die Schriftstellerin erreichte schließlich Lissabon, wo sie an Bord eines rettenden Schiffes Richtung Amerika gehen konnte. Das Geld für ihr Ticket hatten die Witwe Arthur Schnitzlers, Olga, und ein in New York lebender Arzt, Dr. Ernst Hammerschlag, bezahlt, die sie auch in New York erwarteten, als sie am 13. September 1940 ankam.

Die Stationen des Fluchtwegs und viele dargestellte Details des Romans *Reisen Sie ab, Mademoiselle!* stimmen mit der Lebensgeschichte von Adrienne Thomas überein, dennoch wäre es verfehlt, von den geschilderten Erlebnissen der Protagonistin Nicole Pineau vom »Anschluß« bis zum »Happy End« in Frankreich direkt auf die Autorin zu schließen. Gabriele Kreis charakterisiert den Roman unter diesem Aspekt: »Sie mischt Zeitgeschichte, persönliche Erfahrungen und kluge Einschätzungen der politischen Lage ungeniert mit Kolportage, Kitsch und Liebesschnulzen. Bei ihr sind die Guten gut und die Bösen böse; Widersprüche duldet sie nicht, außer dem einen großen, der da heißt: Widerspruch gegen den Hitler-Faschismus. (...) *Reisen Sie ab, Mademoiselle!* ist von erheblichem zeitgeschichtlichen Interesse und immer dort präzis, informativ und anrührend, wo es um die Schilderung selbst-erfahrener Wirklichkeit geht, wie zum Beispiel im Bericht über das Leben im Frauenlager Gurs.«

Die Haltung von Adrienne Thomas ist parteilich, von der Pazifistin ihres ersten Antikriegsromans ist sie zur Kriegsbefürworterin gegen Hitler geworden und wünscht sich den Eintritt Amerikas in den Krieg, aus einem engagierten Nein wird ein Ja. Der Roman begründet gleichsam dieses Ja als notwendigen Kampf gegen den »Antimenschen«. Ihr Buch schildert auf beeindruckende

Weise das Alltagsleben im Exil und macht deutlich, welche Fähigkeiten und welche Rollen die Frauen gespielt haben. Im Roman sind die Exilantinnen als selbständige und selbstbewußte Frauen dargestellt, die allerdings die traditionellen Geschlechterrollen nur in dieser Ausnahmesituation außer Kraft setzen und sich gleichzeitig nach »traditionellen« Männern sehnen.

Im Gegensatz zu vielen anderen Emigranten konnte sich Adrienne Thomas, auch mit Hilfe von Freunden, in New York verhältnismäßig schnell und gut zurecht finden. Die zweisprachig aufgewachsene Autorin, die das Gefühl von Heimat ohnehin nicht kannte, lernte rasch noch eine neue Sprache. Darüber hinaus war sie entschlossen, Amerika zu lieben, im Gegensatz zu Europa, das sie ängstigte. Die ersten beiden Jahre wohnte sie im »Park Plaza Hotel«, das sehr viele europäische Emigranten beherbergte. Erst 1943 bezog sie eine kleine Wohnung in Yorkville, in der 86. Straße.

Sie hatte viele persönliche Kontakte zur Emigrantenszene New Yorks, entscheidend war aber ihre Begegnung mit Julius Deutsch, ebenfalls Bewohner des »Park Plaza Hotels«, ehemaliger österreichischer sozialistischer Schutzbundkämpfer, Minister und Spanienkämpfer. »Aus der flüchtigen Begegnung wurde eine Gemeinschaft fürs Leben«, schreibt Julius Deutsch in seinen Lebenserinnerungen. Er war 56 Jahre alt, sie 43 Jahre. Julius Deutsch engagierte sich weiterhin politisch und wurde zum Mitbegründer der Organisation Free World, die eine Monatszeitschrift herausgab. Seit Anfang 1942 war Adrienne Thomas bei diesem *Free World Magazine* angestellt und verdiente monatlich 100 Dollar. Von dieser Arbeit und von ihren Büchern, die in Exilverlagen erschienen, konnte sie leben und zählte zu den wenigen Autoren, die ihren Lebensunterhalt mit dem Schreiben verdienten.

Ihren literarischen Niederschlag fanden ihre New Yorker Jahre in ihrem Roman *Das Fenster am East River*, der 1945 veröffentlicht wurde. Ob der so positiv geschilderte »American way of life« das tatsächliche Gefühl der Autorin spiegelt oder eher als Ausdruck eines Wunsches nach Zugehörigkeit gelesen werden kann, bleibe dahingestellt. Elsbeth Weichmann kann sich jedenfalls auch an eine verzweifelte Frau erinnern, die mitten im Labyrinth der Untergrundbahn am Times Square davon spricht, in diesem »Babel« zugrunde zu gehen. Der Roman schildert die Geschichte von Anna Martinek, einer tschechischen Emigrantin aus wohlhabendem Haus, die sich als Telefonistin durchschlägt und zwischen den Erinnerungen an die alte Welt und der Anpassung an die neue Welt schwankt. Dieser Konflikt wird symbolisiert in ihrer Liebe zu zwei Männern. Anna entscheidet sich am Ende für den engagierten Amerikaner.

Daß Adrienne Thomas sich in New York wohl fühlte und nicht nach Europa zurückkehren wollte, scheint belegbar. So schrieb sie in einem Brief an eine Freundin: »Nach Europa zurückzugehen, wäre mir nicht im Traume eingefallen, wenn ich es nicht um Julla's Willen hätte tun müssen.« Als Fünfzigjährige übersiedelte Adrienne Thomas wieder nach Wien. Das Haus des Paares in der Himmelstraße in Grinzing wurde gesellschaftlicher Fixpunkt in den Nachkriegsjahren, in dem eine Mischung aus intellektueller und politischer Prominenz verkehrte. 1948 wurde Adrienne Thomas Mitglied des österreichischen PEN-Clubs, von 1949 bis 1951 und von 1955 bis 1957 war sie Vorstandsmitglied. Ihre Bücher wurden neu aufgelegt, mit ihren Jugendbüchern fand sie eine Heimstatt beim Ueberreuter Verlag. 1950 wurden Erzählungen unter dem Titel *Da und dort* publiziert, einige von ihnen sind Erinnerungen an die Flucht und die New Yorker Jahre. Der letzte Text des Bandes enthält ein Bekenntnis zur Parteilichkeit des Künstlers und seiner politischen Verantwortung. Doch offenbar traten in ihrem Leben die eigenen literarischen Ambitionen immer mehr zurück, ihre Prioritäten verschoben sich zugunsten der Interessen ihres Partners. 1950 heiratete Adrienne Thomas Julius Deutsch, im April des folgenden Jahres konvertierte sie vom jüdischen zum evangelischen Glauben ihres Mannes.

Ihr Werk findet in den sechziger Jahren kaum mehr Aufmerksamkeit. In einem Brief an die Kestens, die sich offenbar anläßlich des Todes ihres Mannes im Jahr 1968 bei ihr gemeldet hatten, beklagte sie das Desinteresse auch ihres früheren Verlegers: »Jedenfalls bin ich bei der Arbeit ganz sachlich und klar, und sie geht gut voran. (...) Es handelt sich um eine Art Erinnerungsbuch, keine Memoiren, das etwa drei Jahrzehnte umfaßt. Portraits weltweit bekannter Persönlichkeiten, Blitzlichter, Schicksale.

Sowie ich es selber weiß, sage ich Ihnen, lieber Kesten, wann und wo es erscheint, damit Sie es wieder termingerecht totschweigen können.« Eine einzige offizielle Anerkennung der Republik Österreich fand ihr Schaffen: Im Juni 1973 wurde Adrienne Thomas der Professorentitel verliehen. Freilich ist diese Anerkennung angesichts der Namen und Zahl derjenigen, die sich in Österreich dieses Ehrentitels erfreuen, eher bescheiden zu nennen.

Am 7. November 1980 starb Adrienne Thomas im Alter von 83 Jahren. Kaum ein Nachruf erschien anläßlich ihres Todes. Und heute scheint auch das bescheidene Interesse für Autorinnen des Exils in den achtziger Jahren – in denen einige ihrer Bücher neu aufgelegt worden waren – wieder erlahmt. Zum 100. Geburtstag im Jahr 1997 machten keine Artikel auf sie aufmerksam, und derzeit ist kein einziges Buch von Adrienne Thomas, einer der wichtigsten Bestsellerautorinnen der Zwischenkriegszeit, im Buchhandel erhältlich.

ADRIENNE THOMAS

Reisen Sie ab!

Der Major hatte ein Taxi bestellt. Das Taxi steht bereit. Am Steuer sitzt seltsamerweise Wenzel. Der Himmel weiß, wie er sich mit seinen Kollegen arrangiert – jedenfalls sitzt er, so oft er es ermöglichen kann, am Volant, wenn der Baron ein Taxi bestellt. Die einzige Erklärung, zu der er sich herbeiläßt, ist: »Manchmal muß ich wieder jemanden von unserer Familie fahren, daß ich mir wieder wie ein Mensch vorkomme.«
So stand er auch jetzt bereit, ganz als sei er Dr. Elias' Chauffeur geblieben. Und neben Wenzel saß Nicole, die heute bei Bondaroff ihre letzte Wiener Unterrichtsstunde haben soll. Sie blickte zu den beiden Herren hin, die anscheinend vergessen hatten, daß man wartete. Nicole fiel auf, daß der Baron nun auch den verschreckten Gesichtsausdruck der meisten Wiener hatte, die in diesen Wochen alle aussahen, als habe man sie aus dem Schlaf geschreckt. Diesmal schien Dr. Elias der Aufmunternde zu sein. Nicole konnte ein paar Worte beruhigenden Zuspruchs hören. Jetzt näherten sich beide dem Wagen. Wenzel öffnete den Schlag.
»Geh heut zeitiger schlafen«, sagte der Major und hielt die Hand des Bruders, »Du siehst schlecht aus.«
»Ich muß noch arbeiten«, antwortete der Arzt, »wenn man nicht vor Müdigkeit umsinkt, findet man jetzt doch keinen Schlaf.«

»Unsere gute Mutter hat uns immer gesagt«, sprach mit
müdem Lächeln Herr von Dellias, »daß, wer wirklich arbeite,
nie wirklich unglücklich sein könne. Na, wie steht's mit Dir,
mein Alter? Trotz aller wirklichen Arbeit?«
Der Arzt zuckte die Schultern: »Ja. Das hat unsere Mutter
immer gesagt. Ich habe mich oft daran erinnert. Aber
plötzlich stimmt es nicht mehr.«
»Das meiste stimmt nicht mehr, was man uns zu Hause
beigebracht hat. Sonderbar, wie sich von heute auf morgen
alle Begriffe ins Gegenteil verkehrt haben.«
Herr von Dellias lachte hart auf: »Am Ende liegt der ganze
Fehler an unseren Eltern. Statt aus Dir einen Arzt und aus
mir einen Soldaten zu machen, hätten sie uns zu tüchtigen
Emigranten erziehen sollen. Da ist der Haken. Servus!«
Krachend flog der Autoschlag zu.
Niemand sprach auf der Fahrt. Die Luft war schwer von
Frühling. Rauchig grün standen die Bäume in den Gärten,
Forsythien hingen über Mauern, Vögel sangen; goldglühend
in der untergehenden Sonne glitzerten manchmal die Fenster
der im Grün halbverborgenen Landhäuser. Nirgends begegnete
man Menschen. Tiefster Friede lag über dem Villenvorort.
Als man in die Stadt kam, trieben die Menschen wie Schwaden
durch die Straßen; aber es war nicht das buntbewegte Bild
einer festlichen Menge. Schweigend, grau schob sie sich über
den breiten Ring und durch die alten, engen Gassen, und ob
man nun ein großes, ein kleines oder überhaupt kein Haken-
kreuz trug – fast alle hier auf der Straße waren geeint in
herzschwerer Bangnis.
In der Luft war hier nichts mehr von der Süßigkeit des
Wiener Frühling. Sie roch nach Schweiß, Staub, Leder, ein
Geruch, der in diesem Frühling für Wien typisch geworden
war. Er umwitterte die durchziehenden militärischen
Einheiten, die Straßen waren erfüllt davon. Schweiß,
Staub, Leder.
So riecht Krieg in seinen ersten Anfängen, noch ehe ihm
Blutdunst und Verwesungsgestank beigegeben ist.
Ahnten die Menschen in dem unheimlich bewegten und
doch oft ganz lautlosen Getriebe etwas davon? Wußten sie,

was es war, das sie da einatmeten? – Nein. Kaum einer. Sie
fürchteten sich nur vor der Ungewißheit des morgigen Tages.
Und sie lachten mit, als irgendwo ein Lachen erklang und sie
für Sekunden herausriß aus herzschwerer Bangnis.
Ursache dieser Heiterkeit war ein großer, schwarzer, leerer
Lastwagen, völlig ohne Hakenkreuzschmuck, der kraß abstach
gegen die beflaggte Buntheit ringsum. Sah man indessen
näher hin, so bemerkte man, daß es hier doch einen Haken-
kreuzschmuck gab. Die vier Scheuklappen seiner beiden
Pferde hatte der anscheinend völlig apathische Kutscher mit
dem Symbol des Nationalsozialismus beklebt. Keinen anderen
Platz hatte er dafür gefunden als die Scheuklappen seiner
Pferde. Und die Wiener begriffen und lachten.
Wenzel wies Nicole mit einer Kopfbewegung auf die derart
geschmückten Pferde hin. Aber beide, von Natur so heiteren
Gemüts, verzogen keine Miene. Sie konnten nicht lachen.
Zu sehr roch die Luft nach Schweiß, Staub, Leder.
Ehe Wenzel in die Stadiongasse einbog, fragte er seinen
schweigsamen Fahrgast: »Nach Hause, Herr Baron?«
»Ja. Aber nennen Sie mich so, wie mein Bruder heißt: Elias.
Ich war lange genug Baron. Ich bin Jude und heiße Elias.«
Bestürzt schweigt Wenzel. Nicole wagt nicht, sich zu rühren.
Im Spiegel sieht man Herrn von Dellias, wie er, den feinen,
schmalen Kopf hocherhoben, dasitzt. Fast unnahbar, unendlich
stolz und unendlich verlassen.
Der Wagen hält in der ruhigen Stadiongasse, wo Herr von Dellias
seit mehr als zwanzig Jahren seine Junggesellenwohnung hat.
Wenzel springt von seinem Platz und steht mit gezogener
Mütze neben dem offenen Schlag. Der Major steigt aus. So
tief ist er in Gedanken versunken, daß er auf Wenzels Gruß in
militärischem Dank zwei Finger an seinen Hut legt. Wenzel
sieht ihm niedergeschlagen nach, bis er im Haus verschwunden
ist, dann wendet er den Wagen schweigend, um Nicole bis
zum Kärntner Ring zu bringen.
Gerade will er um die Ecke biegen, als er sich angerufen hört.
Sich umwendend, sieht er einen Mann heftig gestikulierend
hinter dem Wagen dreinlaufen. Es ist des Majors Hausmeister.
Wenzel hält sofort.

»Hilfe!« keucht der Mann heiser im Näherkommen, »Hilfe! Oben beim Herrn Major ... ein ganzer Trupp Bewaffnete ... mich haben sie bis jetzt festgehalten ... Hilfe!«
Mit einem Satz ist Wenzel aus dem Wagen heraus. Schon davoneilend, ruft er Nicole zu: »Geh sofort weg in Deinen Unterricht. Sofort weg, hörst.«
Sie ist ausgestiegen; aber auch wenn sie ihm hätte gehorchen wollen – sie konnte sich nicht mehr vom Fleck rühren. Ohne daß sie es weiß, formen ihre kalten Lippen immer wieder das Wort: »Hilfe!«
Polizei, denkt sie, Polizei – obwohl sie weiß, daß es Polizei so gut wie gar nicht mehr gibt. Aber man hat doch um Hilfe gerufen ... irgend jemanden muß es doch geben, der Angegriffenen beisteht ...
Aus den offenen Fenstern von Herrn von Dellias' Wohnung kommt nun Lärm vieler Stimmen. Nicole möchte hinaufstürzen; aber schon beim ersten Schritt knicken die Knie unter ihr zusammen. Sie muß sich am Wagen festhalten. Sie versucht, wenigstens auf das gegenüberliegende Trottoir zu gelangen, von wo aus man zu des Majors Wohnung im vierten Stock hinaufsehen kann; aber sie ist gelähmt vor Angst.
Der Lärm droben in der Wohnung nimmt unterdessen zu. Eine scharfe, sich überschlagende Männerstimme übertönt alle anderen; aber kein Wort ist zu verstehn von dem, was da oben vorgeht. Auf dem gegenüberliegenden Trottoir haben sich inzwischen Menschen angesammelt, schauen hinauf zu den offenen, erleuchteten Fenstern.
Es hat schon angefangen zu dämmern, der Abend senkt sich schnell über den Frühlingstag. Die Menschen auf der gegenüberliegenden Seite sind nicht mehr zu erkennen. In den vielen weißen Gesichtsfeldern stehn wie schwarze Flecke die vor Neugier oder Entsetzen weit offenen Münder. Aus dem vierten Stock kommt nun laut und hart Herrn von Dellias' Stimme. Jedes Wort ist zu verstehn: »Schießt, wenn Ihr wollt! Aber keiner soll wagen, einen Offizier anzurühren!« »Ein Saujude bist Du«, kam in kaltem Hohn die Antwort, »und ich will Dich hinunterspringen sehn!«

Als Erwiderung ist Aufklatschen wie von einem Schlag ins Gesicht zu hören. Dem folgt wütendes Gebrüll, Tumult und heiseres Geheul: »Der Saujude leistet auch noch Widerstand!« Und noch einmal ist Herr von Dellias zu hören: »Gesindel! Wagt es, in meine Nähe zu kommen! Jawohl, ich wehre mich! Ein Mann gegen ein Dutzend Banditen!«
»Zwei Männer, Herr Major!« brüllt es nun oben, und sekundenlang ist alles still vor der Wucht dieser Stimme, Wenzels Stimme. In der nächsten Sekunde aber splittert schon krachend ein Möbelstück und gleich darauf noch eins, Scherben klirren, Geschrei, Geheul. Dort oben in der Wohnung, die ein stiller, zurückgezogener Offizier seit über zehn Jahren bewohnt, ist die Hölle los.

Nicole kleben die Kleider am Leib. Mechanisch öffnet sie zwei Knöpfe ihrer Bluse; aber das Atmen wird dadurch nicht leichter. Sie preßt die geballten Fäuste hart gegen die Zähne. Dort oben kämpft Wenzel für des Majors Leben und für sein eigenes.

Jetzt fällt ein Schuß und gleich darauf ein zweiter. Dann ist es so still, daß man das Nachhallen der Schüsse hören kann. Und dann geht ein einziger Schrei aus von den Menschen drüben auf dem Trottoir, und Nicole sieht, wie ein dunkles Bündel durch die Luft fliegt und mit dumpfem Aufprall auf dem Pflaster landet. Sie möchte hinstürzen, statt dessen sinkt sie in sich zusammen, bleibt auf dem Trittbrett des Autos liegen. Aber keine Ohnmacht erlöst sie. Sie muß alles sehen und hören, was um sie herum geschieht, und wenn sie auch nichts mehr davon begreift, so nimmt sie es doch wahr wie ein angstgepeinigtes Tier.

In dem nun anhebenden Tumult werden Rufe laut nach einem Arzt, nach einer Ambulanz, nach der Polizei. Dazwischen hysterisches Weinen einer Frau. Fenster werden aufgerissen, Türen zugeschlagen, und plötzlich, wie auf ein gegebenes Zeichen, herrscht fürchterliche, eine unnatürliche Ruhe, während das graue Bündel aufgenommen und fortgetragen wird. In diese Stille hinein gellt aus einer Seitenstraße Mädchenlachen und gleich darauf ein Wanderlied, begleitet von Mandolinenklängen. Dicht an Nicole gehen ein Mann und

eine Frau vorbei, so dicht, daß man sie streift. Der Mann sagt:
»Tot. Ein Jud oder ein Pfaff. Komm weiter.«
Dann gibt es erneute Bewegung. Türenzuschlagen. Durcheinander vieler Stimmen. Geraune, Geflüster scheint jetzt aus Türen, Fenstern und aus allen Ritzen zu kommen, bis eine Stimme scharf wie ein Peitschenschlag durch die Luft pfeift: »Auseinandergehn! Los! Marsch! Marsch!«

Totenstille empfängt den Trupp Uniformierter, der das Haus verläßt, in dem Herr von Dellias gewohnt hat. Erst nach einer zweiten Aufforderung auseinanderzugehen, ist die Straße erfüllt vom schleifenden Geräusch fliehender Schritte. Wie vom Bösen gehetzt, stiebt alles davon. Einer der Uniformierten läßt einen schrillen Pfiff hören, dem wenige Sekunden später aus einer Seitenstraße das Poltern eines Lastwagens folgt. Der Wagen fährt vor, hält, ein Zug Uniformierter springt auf. Sie stehen in tadelloser Ordnung in Reih und Glied auf dem Wagen wie Feuerwehrleute auf einem Löschzug. Laut rumpelnd wie er gekommen, fährt der Wagen mit seiner Fracht davon.
Die Straße ist still und leer. Zurückgeblieben ist nur das Grauen und ein von Grauen gelähmtes Kind.
Es ist schon tiefe Nacht, als sich vorsichtige Schritte nähern. Erst als man fast auf sie tritt, beginnt Nicole sich zu rühren.
»Nickelchen – aber Nickelchen!« Es ist eine müde Stimme, die das sagt; aber es ist unverkennbar Wenzels Stimme. Wenzel! Wenzel ist noch da! Das ist das erste, was sie wieder denken kann. Taumelnd richtet sie sich auf.
Ehe sie etwas sagen kann, ist hinter Wenzel ein anderer Mann aus dem Dunkel getreten. Der öffnet die hintere Wagentür und hebt Nicole wortlos ins Auto. Und dann sitzt, sonderbarerweise, Wenzel neben ihr auf dem Rücksitz und vorn am Steuer der andere Mann. Der Wagen schießt los mit irrsinniger Geschwindigkeit.
Nicole wundert sich nicht, daß vorn am Wagen zwei Hakenkreuzfahnen flattern, die zuvor dort nicht waren. Sie wundert sich auch nicht, daß der Mann am Volant Nazi-Uniform trägt und trotzdem mit Karlis Stimme fragt, ob Wenzel Schmerzen

habe. Die Frage und Wenzels Antwort – »Geschwollen ist's halt« – kommen wie von weither zu Nicole. Sie weiß kaum, ob sie wach ist oder träumt. Ihre einzige klare Erinnerung ist der dumpfe Aufprall eines menschlichen Körpers auf dem Straßenpflaster.

*Bitte: auf Lebenslauf verzichten! Mein Leben
war viel zu großartig (verhältnismäßig), als daß
ich es in kurze Formeln bringen könnte.*

Paula Ludwig
1900–1974

PAULA LUDWIG

»**Ich protestiere!** Seit meiner Geburt befinde ich mich ununterbrochen auf einer Reise und weiß nie, wo ich bin. Wir zählen – das wievielte? – 20. Jahrhundert und besitzen keinen Fahrplan! Immer hört man die Rotationsgeräusche der Erdumdrehung! (...) Ich habe keine Lust mehr – mich noch länger auf einem Kinderkarussell herumzudrehen. (Ganz schwindlig ist mir schon davon!)«

Dieses literarische *Protestschreiben an das Ministerium für ›äußerstes Verkehrswesen‹* mit dem Titel *Erdumdrehung* wird verständlich, wenn man die Zwischenstationen aufzählt, an denen Paula Ludwig Halt machte im 20. Jahrhundert: Geboren am 5. Jänner 1900 bei Feldkirch in Vorarlberg, lebte sie in Linz, Breslau, München, Berlin, Ehrwald, Paris, Spanien, Portugal, Brasilien und verbrachte die letzten Lebensjahre in Deutschland, wo sie 1974 in Darmstadt vereinsamt und beinahe vergessen starb.

Auf exemplarische Weise spiegelt Paula Ludwigs Lebensreise eine Schriftstellerinnen-Biographie dieses Jahrhunderts, die durch politische Ereignisse bestimmt ist. In den Nachkriegsjahren hoffte sie, mit ihrer noch zu schreibenden Autobiographie viel Geld verdienen zu können, denn sie war sich bewußt, daß diese abenteuerliche Lebensgeschichte das Lesepublikum interessieren würde. Doch sie setzte ihr *Buch des Lebens*, das die Zeit bis zum 14. Lebensjahr umfaßte und 1936 erschien, nicht fort. Erhalten blieben fragmentarische Skizzen, keine Lebensgeschichte ist rekonstruierbar, zu schnell mußte Paula Ludwig sich drehen.

Auf die Bitte nach einem Lebenslauf schrieb sie 1958 an den Münchner Langewiesche-Brandt Verlag, der sich nach dem Krieg um die Wiederauflage ihrer Werke bemühte und der tatsächlich bis heute Paula Ludwigs Bücher im lieferbaren Programm verzeichnet: »Bitte: auf Lebenslauf verzichten! Mein Leben war viel zu großartig (verhältnismäßig), als daß ich es in kurze Formeln bringen könnte. Geboren: 5.1.1900; gestorben hundert Mal voraus! Aus Berlin emigriert 1933! Aus Tirol geflohen 1938! Aus Paris geflohen 1940! 13 Jahre Brasilien; 1953 ›Heimkehr‹ – fatal!« Dieses im Rückblick verhältnismäßig großartige Leben beginnt in Vorarlberg als Tochter eines sozialistischen Vaters und einer katholischen Mutter. »Mein Vater stammte aus Schlesien. (...) Mein Vater war Tischler, machte Schränke, Orgelschreine und Särge. (...) Er kannte die Großstadt, nannte sich aufgeklärt: Rot und Grün waren seine Lieblingsfarben: Grün, weil die Bäume grün sind, Rot, weil die Freiheit rot ist!« So führt Paula Ludwig ihren Vater – durch den sie deutsche Staatsbürgerin ist – in ihrem Erinnerungsbuch ein, beschreibt Herkunft, Beruf und politische Gesinnung. Später folgt dann allerdings auch die persönliche Charakterisierung als aufbrausender, gewalttätiger Ehemann und Familienvater, der dem Alkohol zugetan ist. Während Paula am 5. Jänner zur Welt kommt, feiert der Vater im Gasthaus zur Rose immer noch »die große Jahrhundertwende«. Abgesehen von seinen Exzessen schildert sie den Vater, der sich allerdings einen Sohn gewünscht hat, als Menschen, der für eine bessere Welt kämpft. Paula Ludwig genießt mit ihren beiden Geschwistern eine zwar ärmliche, aber auch unkonventionelle Kindheit in Altenstadt bei Feldkirch.

Im *Buch des Lebens* verzeichnet sie lakonisch ihre Schulerfolge: »Da ich so leicht und leidenschaftlich gern lernte, so nahm ich den Platz der Besten als etwas Selbstverständliches hin, und das Gefühl des Ehrgeizes blieb mir dadurch fremd.« Die Familienverhältnisse zerbrechen, als die Mutter, eine Störschneiderin, mit dem besten Freund des Vaters ein Verhältnis beginnt und der Ehemann den Seitensprung entdeckt. Gewalt auf Seite des Vaters und Angst auf Seite der Mutter und der Kinder prägen die Erinnerungen an diese Zeit. Der Vater zieht aus dem gemeinsamen Haushalt aus, läßt sich scheiden und kehrt in der Folge mit seiner ältesten Tochter in seine Heimatstadt Breslau zurück, während die beiden jüngeren Kinder mit Mutter und Großmutter nach Linz in die Geburtsstadt der Mutter übersiedeln, wo diese als

Näherin arbeitet. Als der Vater eine Beziehung mit einer anderen Frau eingeht, kommt auch die älteste Tochter wieder in den mütterlichen Familienverband zurück.

»Seit Großmutters Tod waren wir Kinder uns den ganzen Tag allein überlassen. Meine Mutter ging um halb acht morgens aus dem Haus, sie war Näherin in der Villa Frei.« Paula Ludwigs Schulerfolge setzen sich in Linz fort, sie liest viel, schreibt Tagebuch, deklamiert Gedichte und Balladen, geht mit der Mutter oft ins Theater. Auf Anregung einer Lehrerin schreibt sie ihr erstes Gedicht und später Theaterstücke. Das Denkmal, das Paula Ludwig ihren Eltern im *Buch des Lebens* setzt, ist durchaus liebevoll gezeichnet. Der Aufenthalt in Linz wird durch den Tod der Mutter, die nach langer und qualvoller Krankheit stirbt, beendet. Im Frühjahr 1914 fahren die drei Kinder im Zug nach Breslau zum Vater.

Paula Ludwig ist vierzehn Jahre alt, als sie vom Vater »als Dienstmädchen vermietet« wird, im Haushalt hilft und ihre Schreibversuche fortsetzt: »... ich wurde Atelier-Paula, stand Modell, kochte Tee, putzte und behütete Wohnung, Bilder, Pinsel und Paletten. Nie aber wäre ich auf den Gedanken gekommen, selbst zu malen. Ich besuchte die Breslauer Dichterschule«, schreibt sie in ihrer *Autobiographischen Skizze*.

1916 lernt sie den preußischen Offizier Walter Rose kennen, wird schwanger und gebiert 1917 ihren unehelichen Sohn Friedel, mit dem sie 1918 nach München übersiedelt. Der Kindesvater ist mit einer anderen Frau verheiratet, zahlt aber für den Sohn und ermöglicht ihm eine Schulausbildung. Paula Ludwig arbeitet als Malermodell, u.a. bei Franz Stuck, als Souffleuse und Statistin an den Münchner Kammerspielen. Sie spielt in kleinen Rollen und ist bei der Uraufführung des *Jedermann* 1920 in Salzburg engagiert.

In den Nachkriegsjahren etabliert sich in München-Schwabing eine rege Künstlerszene, und Paula Ludwig ist mittendrin, hat Kontakt mit Else Lasker-Schüler, Erika und Klaus Mann. Sie verkehrt im Kreis um Stefan George, ist befreundet mit Erich Mühsam, Karl Wolfskehl und liiert mit Waldemar Bonsels. Für ihren weiteren Lebensweg entscheidend wird ihre Freundschaft zur Schauspielerin Nina Engelhardt, in deren Haus in Ehrwald in

Tirol sie in den folgenden Jahren ebenso Aufnahme findet wie 1940 in Brasilien. In München beginnt Paula Ludwig dann doch zu malen, vor allem Aquarelle. Doch ihr bildnerisches Werk ist nach wie vor kaum bekannt, obwohl sie mit ihren Bildern zeitweise ihr finanzielles Überleben sichert.

1919 debütiert die junge Dichterin mit ihrem ersten Gedichtband *Die selige Spur*, schafft also den Sprung in den Literaturbetrieb. Hermann Kasack, der zeitlebens ihr Förderer bleibt, schreibt das Vorwort. Paula Ludwig ist aber keineswegs die ungebildete Dichterin, als die sie von Hermann Kasack und anderen Literaturkritikern gerne bezeichnet wurde. Kasack hört in ihren Gedichten die »einfache Stimme des Volkes, unberührt von fremden Dingen, allein verschwistert dem Wort« und trägt damit zur weiblichen Mythenbildung von Paula Ludwig als »Mädchen vom Lande« bei.

Bereits 1923 übersiedelt sie nach Berlin, wo sie die nächsten zehn Jahre ihren Wohnsitz hat. Nicht nur aus Gründen einer unzulänglichen Wohnung verbringt sie die meiste Zeit im Romanischen Café, sondern auch deshalb, weil dort die Künstler verkehren, mit denen sie befreundet ist, darunter Kurt Tucholsky, Bert Brecht, Alfred Döblin, Gottfried Benn, Joachim Ringelnatz, Annemarie und Ina Seidel, Carl Zuckmayer. Paula Ludwig beginnt eine Liebesbeziehung mit dem Richter und expressionistischen Dichter Friedrich Koffka. Ihm widmet sie ihren zweiten Lyrikband *Der himmlische Spiegel*, der 1927 im S. Fischer Verlag erscheint und ästhetisch stark vom Expressionismus beeinflußt ist.

In den folgenden Jahren bestimmt eine weitere Liebesbeziehung ihr Leben und ihr literarisches Werk entscheidend. Bei einer Einladung 1931 zu Ehren des Dichters begegnet sie Iwan Goll, der mit seiner Frau Claire in Paris lebt. Für Paula und Iwan wird diese Beziehung – so ist es jedenfalls im Briefwechsel nachzulesen, der unter dem Titel *Ich sterbe mein Leben. Briefe 1931–1940* publiziert wurde – zu einer leidenschaftlichen, aber auch schmerzvollen Lebensphase. Sie leben oft mehrere Wochen, manchmal Monate zusammen, in Berlin, in Ehrwald, machen Reisen, dazwischen liegen lange Perioden, in denen sie einander nicht sehen, Iwan mit seiner Frau in Paris lebt, mit ihr auf Erholung ist, seine Mutter besucht oder seine literarischen Projekte vorantreibt. Finanziell geht es beiden schlecht, Iwans Mutter unterstützt den Sohn immer wieder, Paula verdient ihr Geld mit ihren Bildern.

Von Paula sind nur wenige Briefe erhalten, unzählige dafür von Iwan, der sich immer wieder bemüht, beiden Frauen gerecht zu werden, der »scheinbar Schutzbedürftigen« und der »scheinbar Starken«, wie es Barbara Glauert-Hesse im Nachwort zum Briefwechsel formuliert. Die Beziehung besteht in einem regen intellektuellen Austausch über das Schreiben, über literarische Fragen und Urteile, die Probleme des Übersetzens und zeugt von gegenseitigen Hilfestellungen und gegenseitigem Einfluß auf die Arbeit.

Schon die Briefe sind literarische Liebesinszenierungen, oft mit Gedichten und anderen Miniaturen geschmückt, doch in Paula Ludwigs *Dem dunklen Gott. Jahresgedicht der Liebe* (1932), ihrem vielleicht schönsten Gedichtband, und Iwan Golls Zyklus *Malaiische Lieder* verdichtet sich die Beziehung zu großer Literatur. Paula Ludwig bettet ihre Liebesgeschichte mit Vor- und Rückblenden in den Jahreszeitenzyklus ein und entfaltet formal die ganze Bandbreite ihrer lyrischen Ausdrucksweise von kurzen Formen bis zu beinahe balladenhaften Gedichten. Seine *Chansons Malaises* (1935), französisch geschrieben, ins Deutsche zumeist von Claire übertragen, sind Iwans literarische Antwort.

1934 verläßt Paula Ludwig Deutschland und siedelt sich in Tirol an: »Ich hatte es nicht notwendig Deutschland zu verlassen! Ich – als Arierin! ... Aber ich konnte es einfach nicht aushalten.« Sie lebt im Haus von Nina Engelhardt in Ehrwald, in dem sie schon seit Jahren ihre Sommerfrische gemeinsam mit ihrem Sohn Friedel verbringt, der ein Internat besucht. In den Jahren 33–35 reisen Iwan und Paula, manchmal auch gemeinsam mit Friedel, durch Italien, und Paula hält sich einige Zeit in Paris auf.

Obwohl Paula Ludwig weder Jüdin ist noch politisch verfolgt wird, ahnt sie spätestens seit der Machtübernahme Hitlers, daß ihre Freunde bedroht sind. Sie kann in Deutschland noch publizieren und ist aus diesem Grund auch Mitglied des Reichsverbandes deutscher Schriftsteller, Waldemar Bonsels und Ina Seidel sind ihre Bürgen. Mit beiden ist Paula Ludwig befreundet, teilt allerdings ihre politische Einstellung nicht. Ihre beiden Prosabände *Traumlandschaft* und ihre poetischen Kindheitserinnerungen *Buch des Lebens* erscheinen in den Jahren 1935 und 1936. Doch der von Alexander Mitscherlich lektorierte Band *Traumlandschaft* wird sofort verboten, da er »Dem Geiste der Abraham-Lincoln-Stiftung, Geoffrey Winthrop Young« gewidmet ist, die Paula Ludwig zwei Jahre ein Arbeitsstipendium gewährt hat und ihr damit zum einzigen Mal in ihrem Leben eine materielle Absicherung für ihre Arbeit gegeben hat.

Ulrike Längle berichtet von einem Aufnahmeantrag in die NS-Reichsschrifttumskammer aus dem Jahr 1938, da ist Paula Ludwig aber bereits über die Schweiz nach Paris geflüchtet. Sie, die wegen ihres Vaters deutsche Staatsbürgerin ist, hat sich 1937 vergeblich um einen österreichischen Paß bemüht. Gemeinsam mit ihrer Freundin Nina Engelhardt verläßt sie am 12. März 1938 Ehrwald und kommt im Herbst 1938, nach einem Aufenthalt in Zürich, in Paris an. Bereits in einem ihrer Texte aus dem Band *Traumlandschaft* faßt sie die Fluchtbewegung in das Bild des sich immer drehenden Karussells: »Wir fahren Karussell. Da kommt aus dem Wald ein Wolf heraus und stellt sich mit aufgesperrtem Rachen unter das drehende Karussell, wartend, daß es stillsteht und er uns fressen kann. Jetzt dürfen wir nie mehr aufhören, Karussell zu fahren, denn wenn es stillsteht, frißt uns der Wolf.«

Diese Bewegung wird bis zu ihrem Tod lebensbestimmende Erfahrung bleiben. Von ihrem Parisaufenthalt weiß Claire Goll zunächst nichts, als es ihr schließlich doch nicht verborgen bleibt, unternimmt sie im Juli 1938 einen Selbstmordversuch – es ist nicht ihr erster. Iwan Goll wird eine Entscheidung zwischen den beiden Frauen durch die politischen Ereignisse abgenommen. Zunächst möchten Iwan und Claire Goll wie Paula Ludwig nach Brasilien emigrieren, doch Ende August 1939 schiffen sie sich überstürzt nach New York ein. Iwan und Paula sehen einander nie wieder, auch der Briefkontakt bricht ab. Als Paula Ludwig 1953 nach Europa zurückkehrt, weiß sie nicht, daß Iwan Goll bereits 1950 in Paris an Leukämie gestorben ist.

In Paris bemüht sich Paula Ludwig, ihren Sohn aus Deutschland zu holen, er wird zunächst in einem südfranzösischen Lager und später in einem spanischen Lager interniert, erst 1946 kann er zu seiner Mutter nach Brasilien ausreisen. Paula erhält in Paris ein Ausreisevisum nach Brasilien, wohin Nina Engelhardt bereits emigrieren konnte. Sie flieht nach Bordeaux, im Sommer 1940 begibt sie sich freiwillig, wahrscheinlich aus Geldmangel, ins Frauenlager Gurs, aus dem sie jedoch kurz darauf wieder entlassen wird. Nach einem Aufenthalt in Marseille überquert sie im September allein die Pyrenäen und reist nach einem Treffen mit ihrem Sohn weiter nach Lissabon. Von dort fährt sie mit dem Schiff »Cabo de Horno« mit einer von Engelhardt bezahlten Schiffspassage nach Rio de Janeiro, wo sie am 19. Dezember 1940 eintrifft.

Über die dreizehn Jahre in Brasilien wissen wir nicht viel. Paula Ludwig wohnt zunächst bei Nina Engelhardt und den Rowohlts in Mury, 1943 übersiedelt sie nach São Paulo, wo auch ihre Schwester lebt. Ihren Lebensunterhalt verdient sie mit kunstgewerblichen Produkten. Ihr größter Auftrag dürfte die Ausgestaltung einer Hotelhalle in São Paulo gewesen sein. In einem Briefentwurf – wahrscheinlich aus den sechziger Jahren, vermutet Ulrike Längle – schildert sie ihre trostlose Arbeit: »Danach nämlich mußte ich ein Dutzend Blumenkränzchen (aus natürlichen Blumen gepresste!) kleben und sozusagen um Mitternacht – noch lauter spielende Engel auf Holzschachteln malen! Wieviel Schnaps ich dabei gesoffen habe – weiß nur der liebe Gott! 1944–45. Stellen Sie sich vor Josef Wilms! Mein Sohn befindet sich in einem spanischen Konzentrationslager! Die Spanier können jeden Tag in den Krieg eintreten! Mein Sohn – als Deutscher! Ich aber muß ›Blümchenkleben‹ –›Engelchen‹ malen! Zum Glück konnte ich es. Aber nur mit Schnaps!«

Paula Ludwig dürfte kaum Kontakt zu anderen Exilanten und Exilantinnen gehabt haben, schreibt kaum noch, malt einige Bilder, die sie später nach Europa mitnimmt, trinkt offenbar viel. Auch von Brasilien aus bleiben ihre Bemühungen um eine österreichische Staatsbürgerschaft so erfolglos wie in den dreißiger Jahren und später nach ihrer Rückkehr. Paula Ludwig wird brasilianische Staatsbürgerin – auch dies ein Faktum, das dazu beigetragen hat, daß sie im Rückblick ihren Brasilienaufenthalt beinahe verklärt, während sie ihre »fatale Heimkehr« nicht

verschmerzen kann. Aber nicht nur ihre nationale, sondern auch ihre literarische Wiedereinbürgerung findet nicht statt.
Denn voller Hoffnungen kehrt sie 1953 nach Europa zurück. Doch bereits die erwarteten 2000 Mark von einem Verlagsguthaben sind nicht mehr vorhanden, viele Freunde sind tot, im Exil geblieben oder ebenfalls mittellos. Das Karussell dreht sich weiter. Nach einigen Monaten in Paris und bei einer Freundin in Vorarlberg lebt sie zwei Jahre in Ehrwald, wo ihr die alten Nazis mit Feindseligkeit begegnen. Sie selbst schreibt in einem Nachlaßfragment über zwei schreckliche Jahre, die geprägt sind von ständiger Bedrohung, und davon, daß man ihr mit Steinen die Fenster eingeschlagen hat. Von Österreich enttäuscht zieht sie mit ihrem aus Brasilien zurückgekehrten Sohn zunächst nach Wetzlar, dann 1970 nach Darmstadt.
Der Langewiesche-Brandt Verlag bemüht sich seit Ende der fünfziger Jahre um ihr Werk, es erscheint ein Gedichtband und unter dem Titel *Träume* (1962) eine Erweiterung ihres Bandes *Traumlandschaft*. Doch beide Publikationen konnten die Bekanntheit der Dichterin aus der Zwischenkriegszeit nicht wieder aufleben lassen. Ihre finanzielle Situation wird immer schwieriger, die Unterstützungen von öffentlichen und privaten Stellen reichen nicht aus. Obwohl sie bereits in Deutschland lebt, erhält Paula Ludwig zwei österreichische Literaturpreise. 1962 wird ihr gemeinsam mit Johann Gunert der Georg Trakl-Preis zuerkannt, von einer Jury, der Felix Braun, Ludwig Ficker und Christine Busta angehören. Christine Busta hat Paula Ludwig vorgeschlagen, kann sich aber nicht durchsetzen und so wird der Preis geteilt. Christine Busta ist es auch, die 1972 als Alleinjurorin Paula Ludwig für den Preis des Österreichischen Schriftstellerverbandes vorschlägt. So verschieden die beiden Lebensschicksale der Frauen sind, so verschieden ist ihre Literatur. Dennoch sind beide nicht nur einander schätzende Kolleginnen, sondern auch miteinander befreundet.
Traum und Liebe, das sind die Grundthemen von Paula Ludwigs Dichtung, ihrer Lyrik und Prosa, und sie sind die Konstanten in der eigenen Lebensgeschichte. Fast alle ihre Gedichte sind an ein Du gerichtet, Ausdruck von Liebe, Einsamkeit und Enttäuschung. Diese Erfahrungen, die sie lyrisch verarbeitet, reichen bis in die

eigene Kindheit zurück. »Als Meisterin prägnanter Kurzprosa« – wie Christine Busta es formuliert – erweist sich die Autorin in ihren Traumtexten. Und Ulrike Längle vergleicht diese sogar mit Bert Brecht: »Die *Träume* sind Paula Ludwigs ›Keuner-Geschichten‹, die Quintessenz ihrer Lebensauffassung in Form kurzer, surrealer, hintergründiger Geschichten.« Der hier abgedruckte Text *Das Haarspänglein* vermag diese Einschätzung durchaus zu bestätigen. Doch die Traum-Seherin bleibt eine Außenseiterin der österreichischen, der deutschsprachigen Literatur.

Paula Ludwig sieht ihr eigenes Schicksal immer im Zusammenhang mit den historischen Ereignissen, und im Nachlaß finden sich viele Texte, in denen deutlich wird, daß sich die »Dichterin der Liebe« mit den restaurativen Tendenzen der Nachkriegszeit und dem Verdrängen der Greuel des Nationalsozialismus nicht abfinden kann. Für die Humanistin Paula Ludwig gibt es zu keiner Zeit ein Einverständnis mit menschenverachtenden Machtverhältnissen. Am 27. Jänner 1974 stirbt Paula Ludwig in Darmstadt.

In ihrem *Protestschreiben* formuliert sie ihre einsame Position: »Einen Fahrplan! Einen Fahrplan! Ich begreife nicht, wie meine Mitmenschen – Mitreisenden es so ruhig ohne Fahrplan aushalten! Sie machen es sich gemütlich in ihrer Ecke und verlassen sich einfach auf die ›Endstation‹! Nur ich rege mich auf! Nur ich verzweifle!«

PAULA LUDWIG

Das Haarspänglein

Es war Abend, ich ging mit leichten Schritten am Ufer des Sees. Kein Schilfhalm rührte sich in der Bucht, keine Welle trübte das Bild des Himmels im Spiegel des Wassers.
Da setzte jäh ein sonderbar sausender Wind ein, jagte die Seefläche auf und warf den Sand des Ufers hoch. Im gleichen Augenblick war die reine Luft in eine dicke schwarze Wolke verwandelt, Staub, Sand und Steine peitschten mein Gesicht. Unaufhaltsam rissen mich die Luftmassen in ihrer Mitte dahin. Plötzlich stieß aus dem Chaos über mir eine Hand und packte meinen Arm. Nun wurde auch die Gestalt sichtbar, deren Faust mich umklammert hielt. Es war die Gestalt einer Riesin, und so hoch überragte sie mich, daß ich ihr Gesicht nicht sehen konnte. An der zweiten Hand aber führte sie einen Jüngling. Sie sagte: »Ich bin das Leben.«
Obwohl ich an der Seite dieser Frau, im Schutze ihrer Lenden, vor der Wut des Windes, seinem furchtbaren Anprall und seinen Stößen etwas gesichert war, so empfand ich es dennoch als peinigend, mit ihr zu gehen. Ihre Finger umschlossen zu herrschsüchtig mein Handgelenk, ihre Größe bedrückte mich, und ihr starrer, sicherer Gang ängstigte mich noch mehr als das Toben des Orkans.
Der Jüngling, der mit uns ging, schien Ähnliches zu empfinden, denn unversehens riß er sich los und stürzte die Böschung zum See hinab und verschwand in der Finsternis.
Ihm nacheilend, ließ die Frau mich stehen, doch rief sie mir drohend zu: »Warte ja auf mich, bis ich zurückkomme!«

Ich aber benutzte die Gelegenheit, zu fliehen. Ich floh in der Richtung, wo ich die Stadt wußte. Ich erreichte die ersten Häuser, wagte aber nicht, mich umzudrehen, aus Angst: meine Verfolgerin könnte hinter mir her sein und mich dann um so eher erblicken. Ich lief so lange, bis ich endlich aus der Dunkelheit das strahlende Schild eines Kabaretts leuchten sah. Dies schien mir das geeignetste Versteck vor dem entsetzlichen Weib.

Überlegend, wie ich mir Eintritt verschaffen könnte, löste ich aus meinem Haar ein Haarspänglein, das nahm sich sehr gering und unscheinbar aus. Ich aber konnte damit geigen und eine ganz seltsame Musik darauf hervorbringen.

Ach, die Musik, die ich nun spielte, war so unbeschreiblich zart und so ergreifend, sie war so unbestimmbar fern und zugleich so nah, sie war wie das Zirpen einer Grille und wie das Flöten eines Vogels, sie hatte so leise und süße Töne, daß ich vor Entzücken darüber zu weinen begann.

Und also auf meinem Geigchen spielend, stieg ich die Stufen zu dem festlichen Saale empor. An vielen kleinen Tischen saßen die Gäste und unterhielten sich. Im Hintergrunde sah ich einen Dichter sitzen, und als ich vorüberkam, hörte ich ihn zu seinem Nachbarn sagen: »Wer ist denn dieses Mädchen, das diese wunderschöne Musik macht?«

Seine Worte begeisterten mich so, daß ich noch inniger, noch ergreifender spielte. Dabei schritt ich weiter durch den Saal, an dessen Ende mich terrassenförmige Stufen wieder hinabführten.

Unten aber öffnete sich ein breiter Kanal. Auf dem dunkel glänzenden Wasser glitten in dem blumenhaften Licht roter, blauer, goldener Lampions unzählige Gondeln langsam dahin. In den Gondeln saßen schöne Damen in reichen Kleidern. Kaum aber hörten sie meine Musik, lenkten sie ihre Fahrzeuge alle zu mir her. Ganz hingerissen umringten sie mich und legten mir ein rundes seidenes Mäntelchen um die Schultern. In diesem kostbaren Umhang durfte ich in der vornehmsten Gondel sitzen und zu ihrer Lust musizieren.

Ich aber war so glücklich: über das seidene Mäntelchen und weil ich so schön spielen konnte. Ich hielt es nicht mehr aus

vor Glück, ich wurde ganz leicht und schwebte plötzlich von dem Platz empor, auf den sie mich gesetzt hatten, und flog, obwohl die Damen laut schrien, über den Kanal davon: mit einem berauschten Schwung um die letzte Ecke ins Freie.
Mich verlangte es, zum Hause des Dichters zu fliegen und ihm auf meinem Geigchen vorzuspielen.
Zwar kannte ich genau den Weg – Mitternacht war vorbei – und aus dem Osten kam schon ein heller Schein –, aber in der Allee, durch die ich fliegen mußte, standen die großen Linden so dicht, daß ich mich in ihrem Astwerk verirrte. Ich blieb mit den Haaren an einzelnen Ästen hängen, und kaum hatte ich mich von diesen befreit, schlugen mir schon wieder neue Zweige ins Gesicht.
Ganz zerrissen und überanstrengt, fühlte ich mit Bitternis, wie meine freudige Leichtigkeit schwand. Ich sah: wie der Himmel ein immer helleres Grau annahm, wußte, daß der Morgen gleich da sein würde und daß die schöne Nacht auf immer verloren war!
Während ich noch einmal verzweifelt gegen das Netz der Äste kämpfte, griff plötzlich von unten eine große Faust nach mir und zwang mich hinab auf einen häßlichen Karren: ich saß zwischen zwei Polizisten.
»Da haben wir die Diebin erwischt!« rief drohend der eine. »Die Damen haben Dir das Mäntelchen nur umgehängt, damit Du ihnen darin vorspielst. Und Du bist damit weg!«
Zitternd gewahrte ich nun, daß das Pferd, das den Karren zog, die gerade Richtung zur Stadt nahm. Schon sah ich ihre Tore – als mir im letzten Augenblick einfiel: oh, ich werde auf meinem Geigchen spielen. Und zwar so schön, daß es diese Männer rühren wird, und daß sie mich vor Rührung freilassen werden. Schnell nahm ich mein Haarspänglein aus dem Haar und fing an zu geigen.
Aber nichts als ein häßliches Gekratze wurde hörbar: das Spänglein war eine ganz gewöhnliche Haarspange!
In Fetzen hing das Mäntelchen von meinen Schultern, und zwischen zwei Polizisten sitzend, fuhr ich im hellen Tageslicht mitten in die Stadt hinein.

PAULA LUDWIG

Gedichte

Wer sagte dir wo ich bin
habe ich denn einen Namen
war ich nicht gut versteckt im Gebüsch
verkrochen im braunen Laub
mit grünen Flechten überhangen
waren meine Augen nicht versunken im Sumpf
meine Zehen verwachsen mit den Wurzeln des Süßholzes?

Wie fandest du dennoch meine Spur
mit dem Geruch des Jägers
ohne Schlinge und ohne Dolch
nahtest du auf dem dunkelsten Pfad
Mit dem Auge das man nicht sieht
sahst du mich an

Da verriet ich mich in der Finsternis
kein Blatt rührte sich
kein Tropfen fiel –
Aber in der Stille hörte man
meine Hände dir entgegenwachsen

Sieh her
alle Schmerzen die von dir kamen
sind zu Blumen geworden die mich schmücken

Als ich ging
im herben Rausche des Abschieds
wie drängten um den scheidenden Fuß sich
die frierenden Herbstzeitlosen
lächelnd ließ ich bei ihnen
die Wärme meines Leibes zurück
färbte noch einmal rot
mit hinrinnendem Blut
die blassen Rosen meiner Gespielinnen

Bei den Wurzeln der Moose
in den Wäldern der Mütter
begrub ich mein pochendes Herz

Die folgenden Bibliographien verzeichnen alle selbständigen Buchpublikationen der Autorinnen. Die hierfür zu Grunde gelegten Quellen sind das Gesamtverzeichnis des deutschsprachigen Schrifttums (GV) von 1911 bis 1965 sowie die Bände 1966–1970, 1971–1975, 1976–1980, 1981–1985, 1986–1990, 1991–1995 der Deutschen Bibliographie. Der Zeitraum zwischen 1996 und 1998 wurde mit Hilfe der Deutschen Nationalbibliographie auf CD-Rom recherchiert, bis 2002 wurde das Verzeichnis lieferbarer Bücher (VLB) herangezogen. Konnten in Einzeluntersuchungen weitere Daten recherchiert werden, wurden diese aufgenommen.
Bei Autorinnen, die aufgrund ihres Exils die Sprache wechselten, wurde der Originaltitel dem der deutschen Übersetzung vorangestellt. Nicht dokumentiert wird der Erscheinungsverlauf der fremdsprachigen Titel in den jeweiligen Ländern.
Mehrere Jahreszahlen in Folge markieren Auflagen im jeweiligen Jahr des zuletzt genannten Verlages.
Unberücksichtigt blieben Filmarbeiten, Theaterstücke in Theaterverlagen sowie Publikationen in Zeitschriften und Zeitungen.

WERKVERZEICHNISSE

BAUM, Vicki (1888–1960)

Frühe Schatten. Das Ende einer Kindheit. Berlin: Erich Reiss, 1914, 1920; Berlin: Fleischel & Co., o. J. [1919].
Der Eingang zur Bühne. Berlin: Ullstein, 1920; Frankfurt/M., Berlin, 1966; München: Heyne, 1975, 1977, 4. Aufl., 1978, 5. Aufl., 1980, 6. Aufl.
Die Tänze der Ina Raffay. Ein Leben. Roman. Berlin: Ullstein, 1921, 1930; Bayreuth: Hestia, 1982, unter dem Titel *Kein Platz für Tränen*. München: Heyne, 1985, 1985, 2. Aufl., 1988, 3. Aufl.
Schloßtheater. Novellen. Berlin, Stuttgart: Deutsche Verlags-Anstalt, 1921; München: Heyne, 1985.
Die andern Tage. Novellen. Stuttgart: Deutsche Verlags-Anstalt, 1922, 1931.
Bubenreise. Eine Erzählung für junge Menschen. Berlin: Ullstein, 1923.
Die Welt ohne Sünde. Der Roman einer Minute. Stuttgart: Deutsche Verlags-Anstalt, 1923.
Ulle, der Zwerg. Roman. Stuttgart: Deutsche Verlags-Anstalt, 1924, 1925, 1.–4. Tsd., 1931, 5.–14. Tsd.
Der Weg. Novelle. Stuttgart: Deutsche Verlags-Anstalt, 1925 (= Der Falke Bd. 26).
Miniaturen. Berlin: Weltgeist-Bücher, 1926.
Tanzpause. Novelle. Stuttgart: Fleischhauer und Sohn, 1926–1929, 1.–4. Aufl.; Gütersloh: Bertelsmann-Lesering, 1965 (= Kleine Lesering-Bibliothek).
Feme. Roman. Berlin: Ullstein, 1927, 11.–20. Tsd.
Menschen im Hotel. Ein Kolportageroman mit Hintergründen. Berlin: Ullstein, 1929. 1986, 1988, 1991, 28. Aufl., 1998; München: Droemer, 1951; Berlin, Darmstadt: Deutsche Buch-Gemeinschaft, 1952, 1988; Wien: Österreichische Buchgemeinschaft, 1953; Frankfurt/M.: Verlag Das Goldene Vlies, 1955; Gütersloh: Bertelsmann-Lesering, 1957; Hamburg: Blüchert, 1959; Wien: Buchgemeinschaft Donauland, 1961; München, Zürich: Droemer-Knaur, 1974; Berlin, Weimar: Aufbau-Verlag, 1977, Gütersloh: Bertelsmann-Club, 1988; Wien: Buchgemeinschaft Donauland, 1988; Zug/Schweiz: Buch- und Schallplattenfreunde, 1988; Köln: Kiepenheuer und Witsch, 1988.
Stud. chem. Helene Willfüer. Roman. Berlin: Ullstein, 1929, 1932, 81.–105. Tsd.; Amsterdam: Forum, 1939; München: Droemer, 1951; Zürich: Büchergilde Gutenberg, 1954; München: Heyne, 1960, 1962, 4. Aufl., 1972, 12. Aufl., 1979, 19. Aufl., 1981, 20. Aufl., 1983, 21. Aufl.
Hell in Frauensee. Ein heiterer Roman von Liebe und Hunger. Berlin: Ullstein, 1929; München: Droemer, 1952; Berlin, Darmstadt: Deutsche Buch-Gemeinschaft, 1955; München, Zürich: Droemer-Knaur, 1977, 1983.
Der Eingang zur Bühne. Roman. Berlin: Ullstein, 1929, 1931; Amsterdam: Querido, 1936.
Zwischenfall in Lohwinckel. Roman. Berlin: Ullstein, 1930; München: Droemer, 1952; München, Wien, Basel: Desch, 1954; Zürich: Büchergilde Gutenberg, 1957; München, Zürich: Droemer-Knaur, 1974, 1.–10. Tsd., 1975, 1976, 21.–28. Tsd., 1977, 29.–33. Tsd.; Sankt Augustin: Richarz, 1979; Köln: Kiepenheuer und Witsch, 1996.

Leben ohne Geheimnis. Roman. Berlin: Ullstein, 1932, 1990; München: Droemer, 1953; Frankfurt/M.: Ullstein-Taschenbücher-Verlag, 1959, 30. Tsd.; Gütersloh: Bertelsmann-Lesering, 1963.
Das große Einmaleins. Roman. Amsterdam: Querido, 1935, 11.–15. Tsd.
Jape im Warenhaus. Novelle. Opracowali objasnieniami zaopatrzyl Alfr. Jesionowki. Lwow: Ksiaznica-Atlas, 1935.
Die Karriere der Doris Hart. Roman. Amsterdam: Querido, 1936; Berlin, Frankfurt/M.: S. Fischer, 1951; Köln, Berlin: Kiepenheuer und Witsch, 1951, 1994; Frankfurt/M., Berlin, Wien: Ullstein, 1961; Frankfurt/M.: Büchergilde Gutenberg, 1980; Königswinter: Habel, o.J.
Liebe und Tod auf Bali. Roman. Amsterdam: Querido, 1937, 1949; Zürich: Büchergilde Gutenberg, 1946; Wien: Bermann-Fischer, 1949; Frankfurt/M.: Büchergilde Gutenberg, 1950; Frankfurt/M.: S. Fischer Verlag, 1950, 1951, 11.–20. Tsd.; Köln, Berlin: Kiepenheuer und Witsch, 1954, 1975, 1984; Frankfurt/M.: Ullstein-Taschenbücher-Verlag, 1957; Wien: Buchgemeinschaft Donauland, 1960; Zürich: Buchclub Ex libris, 1961; Berlin, Weimar: Aufbau-Verlag, 1988, 1. Aufl.
Der große Ausverkauf. Roman. Amsterdam: Querido, 1937; Köln: Kiepenheuer und Witsch, 1983; München: Heyne, 1986.
Hotel Shanghai. Roman. Amsterdam: Querido Verlag, 1939, 1949; Wien: Bermann-Fischer, 1949; Zürich: Büchergilde Gutenberg, 1952; Frankfurt/M. Büchergilde Gutenberg, 1953; Köln, Berlin: Kiepenheuer und Witsch, 1953, 1960, 1975, 1985, 1997; Düsseldorf: Deutscher Bücherbund, 1960; Gütersloh: Bertelsmann-Lesering, 1964; München, Zürich: Droemer und Knaur, 1966; München: Heyne, 1968, 1970, 2. Aufl, 1971, 3. Aufl., 1979, 11. Aufl., 1981, 13. Aufl., 1987; Klagenfurt: Kaiser, 1983 [?].
Die große Pause. Roman. Stockholm: Bermann-Fischer, 1941; Köln: Kiepenheuer und Witsch, 1981; Amsterdam: de Lange, 1952; Hamburg, Berlin: Deutsche Hausbücherei, 1957; Wien, Darmstadt, Berlin: Deutsche Buch-Gemeinschaft, 1962; Stuttgart, Hamburg: Deutscher Bücherbund, 1963; Zürich: Buchclub Ex libris, 1965; München: Heyne, 1987.
Marion alive. Dt.: **Marion lebt.** Roman. Stockholm: Bermann-Fischer, 1943; Zürich: Büchergilde Gutenberg, 1949; Köln, Berlin: Kiepenheuer und Witsch, 1951; Wien: S. Fischer, 1951; Wien: Büchergilde Gutenberg, 1952; Frankfurt/M.: Büchergilde Gutenberg, 1954; München, Zürich: Droemersche Verlags-Anstalt Knaur, 1965, 1975; München: Heyne, 1969, 1970, 2. Aufl., 1978, 10. Aufl., 1980, 11. Aufl., 1983, 12. Aufl., 1985, 13. Aufl., 1989, 14. Aufl.
The weeping Wood. Dt.: **Cahuchu. Strom der Tränen.** Roman. Übersetzt von Fritz und L. Zielesch. Köln: Kiepenheuer und Witsch, 1943, 1952, 1969, 1975; Frankfurt/M.: Büchergilde Gutenberg, 1952; Wien: Büchergilde Gutenberg, 1952; Zürich: Buchgemeinschaft Ex libris, 1952; Berlin, Darmstadt, Wien: Deutsche Buch-Gemeinschaft, 1962; München, Zürich: Droemersche Verlags-Anstalt Knaur, 1965; Basel: Gute Schriften, 1965; München: Heyne, 1972, 1980, 7. Aufl., 1983, 8. Aufl. Unter dem Titel *Kautschuk*. Roman in 15 Erzählungen. Stockholm: Bermann-Fischer, 1945; Zürich: Büchergilde Gutenberg, 1947.
Hier stand ein Hotel [Berlin Hotel, dt. Roman.]. Roman. Zürich: Büchergilde Gutenberg, 1947; Amsterdam: Querido, 1947; München: Heyne, 1975, 1978, 4. Aufl., 1980, 6. Aufl., 1980, 7. Aufl., 1983, 8. Aufl., 1985, 9. Aufl.
Beyond this journey. Dt.: **Schicksalsflug.** Roman. Amsterdam: Querido, 1947; Wien: Desch, 1956; München: Heyne, 1984, 1984, 2. Aufl.
Headless Angel. Dt.: **Clarinda.** Roman. Amsterdam: Querido, 1949, 2. Aufl.; Zürich: Ex libris, 1949; Wien: Büchergilde Gutenberg, 1952; Gütersloh: Bertelsmann, 1961; München: Heyne, 1976, 1978, 4. Aufl., 1980, 6. Aufl., 1982, 7. Aufl., 1983, 8. Aufl.; Köln: Naumann und Göbel, 1990 unter dem Titel *Der kopflose Engel*; Köln: Kiepenheuer und Witsch, 2000.
Die fremde Nacht. Roman. Wien: Novitas Zeitungs- und Zeitschriften-Verlags-Gesellschaft, 1950.

Rendez-vous in Paris. Roman. Köln: Kiepenheuer und Witsch, 1951, 1953; Amsterdam: de Lange, 1951; St. Gallen: Allgemeiner Verlag, 1951; Wien: Verkauf, 1951; Frankfurt/M.: Verlag Das Goldene Vlies, 1955; Wien: Büchergilde Gutenberg, 1955; Hamburg, Berlin: Deutsche Hausbücherei, 1957; Zürich: Buchclub Ex libris, 1960; Hamburg: Blüchert, 1961; München, Zürich: Droemer-Knaur, 1975; Frankfurt/M., Berlin: Ullstein, 1990; Köln: Naumann und Göbel, 1990.
The mustard seed. Dt.: ***Kristall im Lehm.*** Roman. Köln, Berlin: Kiepenheuer und Witsch, 1953; Frankfurt/M.: Büchergilde Gutenberg, 1957; München, Zürich: Droemersche Verlags-Anstalt Knaur, 1964; München: Heyne, 1970, 1977, 7. Aufl., 1979, 8. Aufl., 1980, 9. Aufl.
Die Strandwache. Novellen. Köln, Berlin: Kiepenheuer und Witsch, 1953; München: Heyne, 1985.
Vor Rehen wird gewarnt. Roman. Köln, Berlin: Kiepenheuer und Witsch, 1953, 1975; Hamburg, Berlin: Deutsche Hausbücherei, 1954; Wien: Buchgemeinschaft Donauland, 1956; Frankfurt/M.: Ullstein-Taschenbücher-Verlag, 1960; Zürich: Schweizer Druck- und Verlags-Haus, 1961; Frankfurt/M., Wien, Zürich: Büchergilde Gutenberg, 1962; München: Heyne, 1980, 1983, 1984; München: Bayerische Rückversicherung, 1980 [circa], (= Bibliothek Bayerische Rückversicherung in der Literatur 9); Köln: Naumann und Göbel, 1986 [?].
Written on water. Dt.: ***Flut und Flamme.*** Roman. Zürich: Buchclub Ex libris, 1957; Frankfurt/M.: Büchergilde Gutenberg, 1958; Wien: Buchgemeinschaft Donauland, 1958; Zürich: Büchergilde Gutenberg, 1959; Gütersloh: S. Mohn, 1960; Gütersloh: Signum-Verlag, 1963; Berlin, Darmstadt, Wien: Deutsche Buch-Gemeinschaft, 1964; München: Heyne, 1967, 1978, 10. Aufl., 1980, 11. Aufl., 1981, 12. Aufl., 1983, 13. Aufl.; Köln: Naumann und Göbel, 1985.
Theme for ballet. Dt.: ***Die goldenen Schuhe.*** Roman einer Primaballerina. Köln, Berlin: Kiepenheuer und Witsch, 1959; Gütersloh: Bertelsmann-Lesering, 1960; Frankfurt/M., Wien, Zürich: Büchergilde Gutenberg, 1963; Frankfurt/M., Berlin, Wien: Ullstein, 1964; Wien: Buchgemeinschaft Donauland, 1964; Köln: Lingen, 1975; München: Heyne, 1988.
Es war alles ganz anders. Erinnerungen (Mit 23 Abbildungen auf Tafeln). Frankfurt/M., Berlin, Wien: Ullstein, 1962; Zürich: Buchclub Ex libris, 1964; Stuttgart, Hamburg: Deutscher Bücherbund, 1965, 1988; Wien: Buchgemeinschaft Donauland, 1968; Kiepenheuer und Witsch, 1987.
Mortgage on life. Dt.: ***Verpfändetes Leben.*** Hamburg: Blüchert, 1963; Zürich: Buchclub Ex libris, 1964; Stuttgart, Zürich, Salzburg: Europäischer Buchclub, 1965; München, Zürich: Droemer-Knaur, 1976, 1977, 25.–30. Tsd.
The Ship and the Shore. Dt.: ***Es begann an Bord.*** Roman. München: Heyne, 1963, 1978, 19. Aufl., 1979, 20. Aufl., 1981, 22. Aufl., 1983, 23. Aufl., 1986, 24. Aufl.,
Amerikanisches Familienporträt. Basel: Gute Schriften, 1965.
Der Weihnachtskarpfen. Erzählungen. Köln: Kiepenheuer und Witsch, 1993.

CANETTI, Veza (1897–1963)

Die gelbe Straße. Roman. Mit einem Vorwort von Elias Canetti und einem Nachwort von Helmut Göbel. München, Wien: Hanser, 1990; Frankfurt/M.: Fischer-Taschenbuch-Verlag, 1993, 1995; Hameln: Niemeyer, 1993; München: Deutscher Taschenbuch Verlag, 2000.
Der Oger. Ein Stück. Mit einem Nachwort von Elias Canetti. München, Wien: Hanser, 1991; Frankfurt/M.: Fischer-Taschenbuch-Verlag, 1993.
Geduld bringt Rosen. Erzählungen. München, Wien: Hanser, 1992; Frankfurt/M.: Fischer Taschenbuch, 1994.
Die Schildkröten. Roman. München, Wien: Hanser, 1999; München: Deutscher Taschenbuch Verlag, 2002.
Der Fund. Erzählungen und Stücke. München, Wien: Hanser, 2001.

FELDMANN, Else (1884–1942)

Löwenzahn. Eine Kindheit. Wien: Rikola-Verlag, 1921; Leipzig: Rothbarth, 1930, unter dem Titel *Melodie in Moll*. Roman. (= Glöckner Bücher 67); Wien: Verlag für Gesellschaftskritik, 1993, Neuauflage; Wien: Döcker, 1993, herausgegeben von Adolf Opel und Marino Valdéz (= Antifaschistische Literatur und Exilliteratur – Studien und Texte).
Das Reisebuch des Wiener Kindes. Eine Sammlung von Briefen, Aufsätzen und Zeichnungen der Wiener Schulkinder im Ausland. Hrsg. v. Anna Nussbaum und Else Feldmann. Wien: Gloriette Verlag, 1921.
Liebe ohne Hoffnung. Erzählungen. Berlin: Buchmeister-Verlag, 1928.
Der Leib der Mutter. Wien: Prager, 1931 (= Das Gesicht der Zeit 2), 1.–10. Tsd.; Wien: Wiener Frauenverlag, 1993; Nachwort von Adolf Opel, Marino Valdéz.
Martha und Antonia. Roman. Abb. von Anna Petschinka; Nachwort von Adolf Opel und Marino Valdéz. Wien: Milena Verlag, 1997.

GROGGER, Paula (1892–1984)

Das Grimmingtor. Roman. Breslau: Ostdeutsche Verlagsanstalt, 1926–1927, 1.–11. Aufl., 1933, 1936; Bonn: Buchgemeinde, 1931, 40. Aufl.; Berlin: Deutsche Buchgemeinschaft, 1933; Stuttgart: Brentanoverlag, 1949; Luzern: Schweizer Volksbuchgemeinde, 1950; Wien, München, Zürich: Molden, 1970, Neuauflage; Graz, Wien, Köln: Verlag Styria, 1984, 1987, 1994, 3. Aufl., 1998, 4. Aufl. 2001, München: Heyne, 2001.
Die Sternsinger. Eine Legende. Breslau: Ostdeutsche Verlagsanstalt, 1927; Stuttgart: Brentanoverlag, 1948, 31.–35. Tsd.; Graz, Wien, Köln: Verlag Styria, 1984.
Das Gleichnis von der Weberin. Erzählung. Breslau: Ostdeutsche Verlagsanstalt, 1929; Stuttgart: Brentanoverlag, 1958, 3. Aufl. 21.–30. Tsd.
Die Räuberlegende. Breslau: Ostdeutsche Verlagsanstalt, 1929; Stuttgart: Brentanoverlag, 1948; Wien, München, Zürich, Innsbruck: Molden, 1977, 1. Aufl.
Das Röcklein des Jesukindes. München: Jos. Müller, 1932.
Die Wallfahrt nach Bethlehem. Weihnachtsspiel. Graz: Alpenland-Buchhandlung Südmark, 1933 (= Deutsche Volksbühne 4), 1947, 2. Aufl. (= Alpenländische Volksbühne 4).
Das Spiel von Sonne, Mond und Sternen. Hamburg: Hanseatische Verlags-Anstalt, 1933.
Die Legende vom Rabenknäblein. Paderborn: Schöningh, 1934, 1953; Stuttgart: Brentanoverlag, 1949.
Das Kind der Saligen. Das Rabenknäblein. Legenden. Herausgegeben von Heinrich Schnee. Paderborn: Schöningh, 1934, 1953 (= Schöninghs Textausgaben); Leipzig: Eichblatt, 1935; Stuttgart: Brentanoverlag, 1949.
Der Lobenstock. Erzählung. München: Langen Müller, 1935; Stuttgart: Brentanoverlag, 1962; Graz, Wien, Köln: Verlag Styria, 1982, unveränderte Neuaufl., 1984, 3.–4. Tsd.
Die Hochzeit. Ein Spiel vom Prinzen Johann. Graz: U. Mosers Verlag, 1937 (= Die deutsche Bergbücherei, 18/19); Öblarn, Steiermark: Festspielgemeinde, 1959; Graz, Wien, Köln: Verlag Styria, 1967, 2. bearb. Aufl., 1996, 3. Aufl.
Unser Herr Pfarrer. Öblarn, 1946; Graz: Styria Verlags-Gesellschaft, 1946.
Bauernjahr. Steirische Mundartgedichte. Buchschmuck von Hilde Schimkowitz. Graz: Styria, 1947; Graz, Wien, Köln: Verlag Styria, 1962, 2. erw. Aufl., 1978, 3. erw. Aufl., 6.–7. Tsd.
Das Geheimnis des Schöpferischen. Privatdruck Villach: Hans Leb-Presse, 1949.
Der Antichrist und Unsere Liebe Frau. Mit Holzschnitten von Ernst von Dombrowski. Stuttgart: Brentanoverlag, 1949.
Gedichte. Stuttgart: Brentanoverlag, 1954; Graz, Wien, Köln: Verlag Styria, 1982, 1.–2. Tsd., 1998.
Das Gleichnis von der Weberin. Stuttgart: Brentanoverlag, 1958, 3. Aufl.
Die Reise nach Salzburg. Stuttgart: Brentanoverlag, 1958.
Die Mutter. Stuttgart: Brentanoverlag, 1958, 1.–10. Tsd.

Aus meinem Paradiesgarten. Graz, Wien: Stiasny, 1962 (= Stiasny-Bücherei Bd. 117).
Späte Matura oder Pegasus im Joch. Graz, Wien, Köln: Verlag Styria, 1975, 1.–3. Tsd.
Sieben Legenden. Sammlung. Graz, Wien, Köln: Verlag Styria, 1977, 1.–4. Tsd.
Der himmlische Geburtstag. Ein Weihnachtsmärchen. Graz, Wien, Köln: Verlag Styria, 1977, 1.–5. Tsd.
Der Paradeisgarten. Geschichte einer Kindheit. Wien, München, Zürich, Innsbruck: Molden, 1980, 1. Aufl.; Graz, Wien, Köln: Verlag Styria, 1980, 1999.
Die Legende von der Mutter. Graz, Wien, Köln: Verlag Styria, 1985.
Die Reise nach Brixen. Erzählung. Graz, Wien, Köln: Verlag Styria, 1987, 1.–3. Tsd.
Selige Jugendzeit. Graz, Wien, Köln: Verlag Styria, 1989.
Vom Leben das Beste. Graz, Wien, Köln: Verlag Styria, 1992.
Ein Stück aus meinem Garten. Hrsg. von Wim van der Kallen und Elke Vujica. Graz, Wien, Köln: Verlag Styria, 1997.
Kinderszenen. Illustriert von Edith Müller-Abt. Hrsg. von Elke Vujica. Graz, Wien, Köln: Verlag Styria, 2000.

HARTWIG, Mela (1893–1967)

Ekstasen. Novellen. Berlin, Leipzig, Wien: Zsolnay, 1928; Frankfurt/M., Berlin: Ullstein, 1992.
Das Weib ist ein Nichts. Roman. Wien: Zsolnay, 1929; Graz: Droschl, 2002.
Das Wunder von Ulm. Novelle. Paris: Editions du Phénix, 1936.
Spiegelungen. Gedichte. Mit 2 Illustrationen von Alfred Wickenburg. Wien, Linz, München: Gurlitt, 1953.
Bin ich ein überflüssiger Mensch? Graz: Droschl, 2001.

KAUS, Gina (1893–1985)

Der Aufstieg. Eine Novelle. München: Georg Müller, 1920.
Toni. Eine Schulmädchen-Komödie in 10 Bildern. Berlin: Propyläen-Verlag, 1927.
Die Verliebten. Roman. Berlin: Ullstein, 1928; Oldenburg: Igel Verlag, 1999, hrsg. von Hartmut Vollmer.
Morgen um Neun. Roman. Berlin: Ullstein, 1932; München: Süddeutscher Verlag, 1950.
Die Überfahrt. Roman. Wien: Knorr & Hirth, 1932.
Die Schwestern Kleh. Roman. Amsterdam: de Lange, 1934, 4.–7. Tsd.; Wien: Verlag Neues Österreich, 1951; Frankfurt/M., Berlin: Ullstein, 1989, 1992, 2. Aufl.
Katharina die Große. Wien: E. P. Tal, 1935; Hamburg: Blüchert, 1961; Esslingen: Bechtle, 1977; Rastatt: Moewig, 1982; Frankfurt/M., Berlin: Ullstein, 1992, 1994, 3. Aufl., 1996; München: Langen Müller, 1995, 1996, 4. Aufl.
Luxusdampfer. Roman einer Überfahrt. Amsterdam: de Lange, 1937; Gütersloh: Bertelsmann-Lesering, 1960; Hamburg: Blüchert, 1960; München: Heyne, 1981; Köln: Naumann und Göbel, 1987.
Der Teufel nebenan. Roman. Amsterdam: de Lange, 1940; Gütersloh: Bertelsmann, 1956, unter dem Titel *Der Teufel in Seide*; Gütersloh: S. Mohn, 1960; Berlin: Universitas, 1977; München: Heyne, 1980, 1982; Köln: Naumann und Göbel, 1988.
Und was für ein Leben .... Mit Liebe und Literatur, Theater und Film. Hamburg: Knaus, 1979, 1.–7. Tsd. Unter dem Titel *Von Wien nach Hollywood*. Erinnerungen. Neu hrsg. und mit einem Nachwort versehen von Sibylle Mulot. Frankfurt/M: Suhrkamp, 1990.
Die Unwiderstehlichen. Kleine Prosa. Hrsg. und mit einem Nachwort versehen von Hartmut Vollmer. Oldenburg: Igel Verlag, 2000.

KOENIG, Alma Johanna (1887–1942?)

Die Windsbraut. Gedichte. Wien: Amalthea-Verlag, 1918.
Schibes und andere Tiergeschichten. Wien: Strache, 1920 (= Die Erzählung); Leipzig: Ph. Reclam, 1925; Wien: Bergland, 1957 (= Neue Dichtung aus Österreich Bd. 32).
Die Lieder der Fausta. Die Orig.-Lith. sowie die Einbandzeichnung Karl Schwetz. Wien: Rikola Verlag, 1922.
Der heilige Palast. Wien: Rikola Verlag, 1922–23, 1.–11. Tsd.
Die Geschichte von Half dem Weibe. Roman. Wien: Rikola Verlag, 1924, 1.–6. Tsd.
Gudrun. Stolz und Treue. Stuttgart: Franckh'sches Verlagshaus, 1928, 1. und 2. Aufl.; Buchschmuck: Fritz Mayer-Beck. Graz, Wien: Leykam, 1951; Wien, München: Verlag für Jugend und Volk, 1964; Berlin: Verlag Neues Leben, 1973; Recklinghausen: Bitter, 1973.
Liebesgedichte. Wien: F. G. Speidel, 1930.
Leidenschaft in Algier. Roman. Wien: Speidel, 1932, 4.–6. Aufl., 1955.
Sonette für Jan. Wien: Luckmann, 1946.
Der jugendliche Gott. Roman. Berlin, Wien, Leipzig: Zsolnay, 1947; Hamburg, Wien: Zsolnay, 1958; Graz, Wien, Köln: Verlag Styria, 1980; Berlin: Union-Verlag, 1986; unter dem Titel *Nero – der jugendliche Gott.* Wien, Hamburg: Zsolnay, 1985.
Sahara. Nordafrikanische Novellen und Essays. Graz: Leykam, 1951.
Gute Liebe, böse Liebe. Eingeleitet und ausgewählt von Oskar Jan Tauschinski. Graz, Wien: Stiasny, 1960.
Schicksale in Bilderschrift. Historische Miniaturen. Wien: Bergland-Verlag, 1967.
Vor dem Spiegel. Lyrische Autobiographie. Graz: Verlag Styria, 1978

KÖRBER, Lili (1897–1982)

Die Lyrik Franz Werfels. Frankfurt: Phil. Diss., 1925.
Eine Frau erlebt den roten Alltag. Ein Tagebuch-Roman aus den Putilowwerken. Berlin: Rowohlt, 1932.
Eine Jüdin erlebt das neue Deutschland. Roman. Wien: Verlag Richard Lanyi, 1934; Zürich: Genossenschaftsbuchhandlung, 1934; Nachdrucke unter dem Titel *Die Ehe der Ruth Gompertz.* Mannheim: Persona Verlag, 1984, 1986, 1987, Nachwort von Gabriele Kreis; Leipzig, Weimar: Kiepenheuer, 1988, 1.–10. Tsd.
Begegnungen im fernen Osten. Budapest: Biblos Verlag, 1936.
Sato-San, ein japanischer Held. Satyrischer Zeitroman. Wien, Leipzig: L. Nath, 1936.
Eine Österreicherin erlebt den Anschluß. Roman. Mit Erläuterungen und einem Nachwort von Viktoria Hertling. Wien: Christian Brandstätter, 1988.

LEITNER, Maria (1892–1942?)

Tibetanische Märchen. Übersetzt und hrsg. von M. Leitner. Berlin: A. Juncker Verlag, 1923, 1.–3. Tsd.
Hotel Amerika. Ein Reportage-Roman. Berlin: Neuer deutscher Verlag, 1930; Dresden: Sachsenverlag, 1950; Berlin: Dietz, 1960, 1.–40. Tsd.; Berlin, Weimar: Aufbau-Verlag, 1974, 1. Aufl.
Eine Frau reist durch die Welt. Berlin: Agis-Verlag, 1932; Berlin: Dietz, 1962, 1986, 2. Aufl., 1988, 3. Aufl.
Elisabeth, ein Hitlermädchen. Erzählende Prosa, Reportagen und Berichte. Hrsg. und mit einem Nachwort von Helga W. Schwarz. Berlin, Weimar: Aufbau-Verlag, 1985, 1. Aufl.
Reportagen aus Amerika. Eine Frauenreise durch die Welt der Arbeit in den 1920er Jahren. Vorwort und hrsg. von Gabriele Habinger. Wien: Promedia Verlag, 1999 (= Edition Frauenfahrten).

LOOS, Lina (1882–1950)

Mutter. Wien: Gloriette Verlag, 1921.
Das Buch ohne Titel. Erlebte Geschichten. Illustrationen von Le Rüther. Wien: Wiener Verlag, 1947, 1.–3. Tsd., 1948, 4.–6. Tsd.; Wien: Büchergilde Gutenberg, 1953; Wien, Köln, Graz: Böhlau, 1986; Frankfurt/M., Berlin: Ullstein, 1989; Wien: Deuticke, 1997.
Wie man wird, was man ist. Lebens-Geschichten. Hrsg. von Adolf Opel. Wien: Deuticke, 1994.

LUDWIG, Paula (1900–1974)

Die selige Spur. Gedichte. München, Berlin: Roland-Verlag, 1920 (= Die neue Reihe Bd. 22), 1973.
Der himmlische Spiegel. Dichtungen. Berlin: S. Fischer, 1927.
Dem dunklen Gott. Jahresgedicht der Liebe. Dresden: Jess, 1932; Ebenhausen bei München: Langewiesche-Brandt, 1974, Nachdruck, 1981, 2. Aufl., 1988, 3. Aufl.
Traumlandschaft. Berlin: Wald. Hoffmann, 1935; Leipzig: Staackmann Verlag, 1938.
Buch des Lebens. Roman. Leipzig: Staackmann Verlag, 1936; Ebenhausen bei München: Langewiesche-Brandt, 1990.
Gedichte. Eine Auswahl aus der Zeit von 1920–1958. Ebenhausen bei München: Langewiesche-Brandt, 1958.
Träume. Aufzeichnungen aus den Jahren zwischen 1920 und 1960. Ebenhausen bei München: Langewiesche-Brandt, 1962.
Gedichte. Gesamtausgabe. Hrsg. von Kristian Wachinger und Christiane Peter. Ebenhausen bei München: Langewiesche-Brandt, 1986.
Größerer Zeiten Gesang. Ein Brief und fünf Gedichte im Faksimile der Handschrift. Mit Texten über Paula Ludwig von Erich Fitzbauer. Zeichnungen Axl Leskoschek. Wien: Edition Graphischer Zirkel, 1996.

SIR GALAHAD
ECKSTEIN-DIENER, Bertha (1874–1948)

Im Palast des Minos. München: Langen, 1913.
Die Kegelschnitte Gottes. München: Langen, 1920, 1926.
Idiotenführer durch die Russische Literatur. München: Langen, 1925.
Mütter und Amazonen. Ein Umriß weiblicher Reiche. Von Sir Galahad [d. i. Berta Eckstein-Diener]. München: Langen Müller, 1932; Berlin: Herbig, 1954; München, Berlin: Non-Stop-Bücherei, 1962 (= Non-Stop-Bücherei. Bd. 70/71), 1975; Berlin: Ullstein, 1980, 1981, 1987, erweiterte Ausgabe, 1996.
Byzanz. Von Kaisern, Engeln und Eunuchen. Wien: E. P. Tal, 1936.
Bohemund. Kreuzfahrer-Roman. Leipzig: Goten-Verlag, 1938.
Seide. Eine kleine Kulturgeschichte. Leipzig: Goten-Verlag, 1940, 3. Aufl.; Meisenheim am Glan: Westkulturverlag, 1949, 3. Aufl.
Der glückliche Hügel. Zürich: Atlantis-Verlag, 1943.

THOMAS, Adrienne (1897–1980)

Die Katrin wird Soldat. Ein Roman aus Elsaß-Lothringen. Berlin: Propyläen-Verlag, 1930, 1932, 131.–155. Tsd.; Amsterdam: de Lange, 1950; Wien: Danubia-Verlag, 1950; Marbach am Neckar: Bücher für Alle, Gemeinschaft der Bücherfreunde, 1951; Frankfurt/M.: ner-tamid-Verlag, 1962; Gütersloh: Bertelsmann-Lesering, 1964; München: Goldmann, 1988.
Dreiviertel Neugier. Roman. Amsterdam: de Lange, 1934; Wien: Tal, 1934; Hannover: Fackelträger-Verlag, 1954.
Katrin! Die Welt brennt! Amsterdam: de Lange, 1936.
Andrea. Eine Erzählung von jungen Menschen. Basel, Wien, Mährisch Ostrau: Atrium-Verlag, 1937; Zwolle: W. E. J. Tjeenk, 1938 (= Neue deutsche Bibliothek. 20); Wien: Ueberreuter, 1949, 1950, 1951, 16.–20. Tsd., 1976; Wien: Buchgemeinschaft Jung-Donauland, 1955.
Viktoria. Eine Erzählung von jungen Menschen. Basel, Wien, Mährisch Ostrau: Atrium-Verlag, 1937; Wien, Heidelberg: Ueberreuter, 1952, 6.–10. Tsd., 1976.
Von Johanna zu Jane. Amsterdam: de Lange, 1939.
Reisen Sie ab, Mademoiselle! Amsterdam: de Lange, 1944; Wien: Danubia, 1947, 11.–20. Tsd., 1948; Berlin: Verlag das Neue Berlin, 1958, 2. Aufl., 1961, 3. Aufl.; Hamburg: Konkret-Literatur-Verlag, 1982 (= Bibliothek der verbrannten Bücher); Frankfurt/M.: Fischer-Taschenbuch-Verlag, 1985, 1988, 6.–7. Tsd.
Ein Fenster am East River. Amsterdam: de Lange, 1945; Wien, Salzburg: Alpen Verlag, 1948.
Wettlauf mit dem Traum. Roman. Amsterdam: de Lange, 1939; Wien: Neues Österreich, 1949; Köln, Berlin: Kiepenheuer, 1951; Hannover: Fackelträger-Verlag, 1955 (= Faro-Bücherei. 14).
Da und dort. Zeichnungen von Hans Rauser. Wien: Danubia-Verlag, 1950.
Ein Hund ging verloren. Eine Erzählung für die Jugend. Mit 3 Zeichnungen von Klaus Gelbhaar. Wien, Heidelberg: Ueberreuter, 1953, 1973, unter dem Titel *Ein Hund zweier Herren*.
Markusplatz um vier. Mit 8 Zeichnungen von Klaus Gelbhaar. Wien, Heidelberg: Ueberreuter, 1955; Wien: Buchgemeinschaft Jung-Donauland, 1961.
Andrea und Viktoria. Eine Erzählung von jungen Menschen. Mit Zeichnungen von Hans Wulz. Einmalige vom Verfasser genehmigte Sonderausgabe. Wien: Tosa-Verlag, 1965.

URBANITZKY, Grete von (1891–1974)

Sehnsucht. Novellen und Märchen. Leipzig: Xenien-Verlag, 1911.
Wenn die Weiber Menschen werden ... Gedanken einer Einsamen. Berlin: Silva-Verlag, 1913.
Des Kaisers junge Soldaten! Wien: Der Patriot. Extrablatt der Bühnenkünstler, 1915.
Das andere Blut. Roman. Leipzig: Rainer Wunderlich, 1920.
Ausgewählte Gedichte. Leipzig: Xenien-Verlag, o. J. [1920].
Das wilde Meer. Leipzig: Xenien-Verlag, 1920.
Der verflogene Vogel. Gedichte. Wien: Wila – Wiener literarische Anstalt, 1920.
Die Auswanderer. Roman. Wien: Wila-Verlag K. Fiedler, 1921; Böhm.-Budweis: Verlags-Anstalt Moldavia, 1928.
Das Jahr der Maria. Gedichte. Wien: Wila-Verlag K. Fiedler, 1921.
Die goldene Peitsche. Roman. Leipzig: H. Haessel Verlag, 1922.
Masken der Liebe. Novellen. Leipzig: H. Haessel Verlag, 1922.
Maria Alborg. Ein Roman. Leipzig: H. Haessel Verlag, 1923.
Mirjams Sohn. Roman. Stuttgart, 1926; Berlin: Dr. F. X. Weizinger & Co., 1926 (= Engelhorns Romanbibliothek Bd. 898/90).
Der wilde Garten. Roman. Leipzig: Hesse & Becker Verlag, 1927.

Sekretärin Vera. Roman. Hannover: U. Sponholtz Verlag, 1930.
Zwischen den Spiegeln. Roman. Stuttgart, 1930, Berlin: Dr. F. X. Weizinger & Co., 1930 (= Engelhorns Romanbibliothek Bd. 1042).
Eine Frau erlebt die Welt. Roman. Wien: Zsolnay, 1931, 1.–5. Tsd.; ungekürzte Sonderausgabe Wien: Bischoff, 1935.
Durch Himmel und Hölle. Roman. Berlin, Wien: Zsolnay, 1932, 1.–5. Tsd., 6.–8. Tsd.
Karin und die Welt der Männer. Roman. Wien: Wila-Verlag K. Fiedler, 1933, 1.–5. Tsd.; ungekürzte Sonderausgabe Berlin, Wien: Zsolnay, 1936, ungek. Sonderausgabe, 1937.
Ursula und der Kapitän. Roman. Wien: Zsolnay, 1934, 1.–5. Tsd., 9.–11. Tsd.; Wien: Verlag Neues Österreich, 1952, 12.–14. Tsd.
Nina. Geschichte einer Fünfzehnjährigen. Roman. Bern: A. Scherz, 1935.
Das Preisausschreiben. Abenteuer zweier Mädels in Dalmatien. Mit Bildern von Karl Stratil. Berlin: G. Weise, 1935, 6.–10. Tsd.
Heimkehr zur Liebe. Roman. Berlin, Wien: Zsolnay, 1935.
Begegnung in Alassio. Roman. Wien: Buchverlag Neues Österreich, 1937; Wien: Zsolnay, 1937; Budweis: Moldavia, 1937, 1.–9. Tsd.; Wien: Verlag Neues Österreich, 1951, 10.–12. Tsd.
Unsere Liebe Frau von Paris. Der Roman eines deutschen Steinmetzen. Berlin, Wien: Zsolnay, 1938, 1.–6. Tsd.; Wien: Neues Österreich, 1954, 9. Tsd.
Das Mädchen Alexa. Roman. Berlin, Wien: Bischoff, 1939, 1.–6. Tsd., Berlin, Wien: Zsolnay, 1940, 7.–12. Tsd.
Sprung übern Zaun. Roman. Zürich: Morgarten-Verlag, 1940.
Es begann im September... Roman. Bern: Scherz, 1940, 1.–10. Tsd., Freiburg/Br.: Badischer Verlag, 1949.
Miliza. Roman. Bern: A. Scherz, 1941.
Mademoiselle Viviane. Roman. Zürich: Bellaria-Verlag, 1941.
Der große Traum. Roman. Bern: A. Scherz, 1942.
Der Mann Alexander. Roman. Bern: A. Scherz, 1943; München: Verlag Desch, 1948.

ZUR MÜHLEN, Hermynia (1883–1951)

Was Peterchens Freunde erzählen. 6 Märchen. Mit Zeichnungen von George Grosz. Berlin: Malik, 1921 (= Märchen der Armen 1), 1.–9. Tsd., 1924, 2. Aufl.; Wien: Globus-Verlag, 1946, Reprint der 1. Ausgabe von 1921; Leipzig: Edition Leipzig, 1979, Reprint der 1. Ausgabe von 1921.
Der Tempel. Roman. Berlin: Vereinigung Internationaler Verlagsanstalten, 1922.
Der kleine graue Hund. Ein Märchen. Die schwarzen und farbigen Bilder zeichnete K. Holz. Berlin: Vereinigung Internationaler Verlags-Anstalten, 1922; Oberhausen: Asso-Verlag, 1976.
Licht. Roman. Konstanz: O. Wöhrle, 1922.
Märchen. Illustrationen von Karl Holtz. Berlin: Vereinigung Internationaler Verlags-Anstalten, 1922; Oberhausen: Asso-Verlag, 1976, Der kleine graue Hund und andere Märchen, Neuausgabe der »Märchen« von 1922.
Der Rosenstock. Ein Märchen. Berlin: Vereinigung Internationaler Verlags-Anstalten, 1922.
Der Spatz. Ein Märchen. Berlin: Vereinigung Internationaler Verlags-Anstalten, 1922; Berlin: Der Kinderbuchverlag, 1984; Wien: Schönbrunn, 1984.
Der Tempel. Roman. Berlin: Vereinigung Internationaler Verlags-Anstalten, 1922.
Warum? Ein Märchen. Berlin: Vereinigung Internationaler Verlags-Anstalten, 1922.
Der blaue Strahl. Roman. Unter dem Pseudonym L. H. Desberry. Stuttgart: Wagnersche Verlagsanstalt, 1922 (= Die Spannung).
Ali, der Teppichweber. 5 Märchen. Illustrationen von John Heartfield. Berlin: Malik-Verlag, 1923 (= Märchen der Armen 3).
Die Märchen der Armen. Illustrationen von George Grosz und John Heartfield.

Berlin: Malik, 1923/24, Bd. 1–4; Leipzig: Zentralantiquariat, 1982, Reprint der Ausgabe von 1923/24.
Der Deutschvölkische. Eine Erzählung. Berlin: Vereinigung Internationaler Verlags-Anstalten, 1924.
Der rote Heiland. Novellen. Illustrationen von Max Schwimmer. Leipzig: Verlag Die Wölfe, 1924; Frankfurt/M.: Roland Jassmann Verlag, 1989, mit 11 Federzeichnungen von R. G. Jassmann.
Schupomann Karl Müller. Eine Erzählung. Berlin: Vereinigung Internationaler Verlags-Anstalten, 1924.
Das Schloß der Wahrheit. Ein Märchenbuch. Illustrationen von Karl Holtz. Berlin: Verlag der Jugendinternationale 1925; Berlin: Tribüne, 1983, Reprint der 1. Ausgabe von 1924.
Kleine Leute. Eine Erzählung. Berlin: Vereinigung Internationaler Verlags-Anstalten, 1925.
An den Ufern des Hudson. Roman. Unter dem Pseudonym Lawrence H. Desberry. Jena: Neue Welt Verlag, 1925.
Ejus. Roman. Unter dem Pseudonym Lawrence H. Desberry. Jena: Neue Welt Verlag, 1925; Berlin: Das Neue Berlin, 1955, unter dem Titel *Insel der Verdammnis*; Berlin: Das Neue Berlin, 1961, 2. Aufl. (= NB Roman Nr. 15).
Die weiße Pest. Ein Roman aus Deutschlands Gegenwart. Unter dem Pseudonym Traugott Lehmann. Berlin: Vereinigung Internationaler Verlags-Anstalten, 1926; Berlin: Tribüne Verlag, 1987.
Lina. Erzählung aus dem Leben eines Dienstmädchens. Mit einer Umschlagzeichnung von Rudolf Schlichter. Berlin: Internationaler Arbeiter-Verlag, 1926.
Abenteuer in Florenz. Roman. Unter dem Pseudonym Lawrence H. Desberry. Wien: Agis-Verlag, 1926.
Der Muezzin. Ein Märchen. Illustrationen von Rudolf Schlichter. Berlin: Verlag der Jugendinternationale, 1927 (= Roter Trommler 2).
Die Söhne der Aischa. Ein Märchen. Illustrationen von Rudolf Schlichter. Berlin: Verlag der Jugendinternationale, 1927 (= Roter Trommler 4).
Said der Träumer. Ein Märchen. Illustrationen von Rudolf Schlichter. Berlin: Verlag der Jugendinternationale, 1927 (= Roter Trommler 6); Moskau, Leningrad: Verlagsgenossenschaft ausländischer Arbeiter in der UdSSR, 1935.
Im Schatten des elektrischen Stuhls. Roman. Unter dem Pseudonym Lawrence H. Desberry. Baden-Baden: Merlin-Verlag, 1929 (= Die fesselnden Romane des Merlin-Verlags).
Der Fememord in New York. Roman. Unter dem Pseudonym Lawrence H. Desberry. Jena: Neue Welt Verlag, 1929.
Ende und Anfang. Ein Lebensbuch. Berlin: Malik-Verlag, 1929; Berlin, Weimar: Aufbau-Verlag, 1976.
Es war einmal ... und es wird sein. Märchen. Illustrationen von Heinrich Vogeler. Berlin: Verlag der Jugendinternationale, 1930.
Das Riesenrad. Roman. Nachwort von Oskar Marcus Fontana. Stuttgart: J. Engelhorn, 1932; Wien: Österreichische Buchgemeinschaft, 1948.
Reise durch ein Leben. Roman. Wien: Schönbrunn-Verlag, 1933; Wien: Saturn-Verlag, 1937.
Nora hat eine famose Idee. Roman. Bern und Leipzig: Gotthelf-Verlag, 1933; Wien: Saturn-Verlag, 1937; Zürich, Wien, Prag: Büchergilde Gutenberg, 1938.
Schmiede der Zukunft. Illustrationen von Heinrich Vogeler. Berlin: Verlag der Jugendinternationale, 1933.
Ein Jahr im Schatten. Roman. Zürich: Humanitas-Verlag, 1935; Zürich, Wien, Prag: Büchergilde Gutenberg, 1935.
Unsere Töchter, die Nazinen. Roman. Wien: Gsur, 1938; Berlin, Weimar: Aufbau-Verlag, 1983.
Fahrt ins Licht. 66 Stationen. Erzählungen. Wien, Leipzig: Ludwig Nath Verlag,

1936; Neuaufl. mit einem Vorwort von Karl-Markus Gauß, Klagenfurt/Wien: Sisyphus, 1999.
Kleine Geschichten von großen Dichtern. Miniaturen. London: Free Austrian Books, o. J. [1943]; Wien: Stern-Verlag, 1945; Wien: Globus-Verlag, 1946 (= Buchreihe »Jugend voran«).
Als der Fremde kam. Roman. Wien: Globus-Verlag, 1947; Berlin und Weimar: Aufbau-Verlag, 1979; Wien: Promedia-Verlag, 1994 (= Edition Spuren).
Eine Flasche Parfum. Ein kleiner humoristischer Roman. Illustrationen von Karl Dopler. Wien: Schönbrunn-Verlag, 1947; Wien: O. Walter, 1948.
Die Wundermauer. Der Knecht. Die rote Fahne. Bilder und Redaktion von Tesi Fauchsieder. Köln: Uwe Jesk Kinderläden, o. J. (= Antiautoritäre Geschichten 2).
Wie Said der Träumer zu Said dem Verräter wurde. Berlin: Oberbaumverlag, 1971, (= Das rote Kinderbuch 3).
Ewiges Schattenspiel. Mit einem Nachwort von Jörg Thunecke. Wien: Promedia-Verlag, 1996.
Vierzehn Nothelfer und andere Romane aus dem Exil. – Nebenglück. Ausgewählte Erzählungen und Feuilletons aus dem Exil. 2 Bände. Hrsg. von Deborah J. Vietor-Engländer, Eckart Früh und Ursula Seeber. Bern: Verlag Peter Lang, 2002.

ZU DEN AUTORINNEN UND TEXTEN

Vicki Baum, geboren 1888 in Wien, gestorben 1960 in Hollywood; verließ mit dreizehn Jahren die Schule, um am Konservatorium in Wien eine Ausbildung als Harfenistin zu absolvieren; Heirat mit dem Dichter Max Prels, durch den sie zum Schreiben kam; während ihrer zweiten Ehe mit dem Dirigenten Richard Lert beendete sie ihre Musikerinnenkarriere; ab 1926 Lektorin im Ullstein-Verlag Berlin, in dem auch zahlreiche ihrer Romane erschienen, die sich häufig mit aktuellen Problemen wie Recht auf Abtreibung, ledige Mütter, aber auch Krieg, Exil und Naziterror befassen; reiste anläßlich der Verfilmung (1931) ihres Romans *Menschen im Hotel* mit Greta Garbo in der Hauptrolle nach Hollywood und entschied sich angesichts der politischen Verhältnisse 1932 für eine Übersiedlung nach Hollywood; schrieb Romane, Erzählungen, Filmdrehbücher und Bühnenstücke zunächst in deutscher, später in englischer Sprache; gehörte zu ihren Lebzeiten zu den meistgelesenen Autoren der Welt.

»Ich mache da nicht mit!«. In: *Apropos Vicki Baum*. Frankfurt: Neue Kritik, 1998, S. 89–92 (Vossische Zeitung, 15.9.1929). © by the Lert Family Trust
Die Mütter von morgen – die Backfische von heute. In: *Bubikopf. Aufbruch in den Zwanzigern. Texte von Frauen*. Gesammelt v. Anna Rheinsberg. Darmstadt: Luchterhand, 1988, S. 31–35 (*UHU*, Heft 5, Februar 1929). © by the Lert Family Trust

Veza Canetti, geboren 1897 in Wien als Venetiana Taubner-Calderon, gestorben 1963 in London; nach der Matura bildete sich die mütterlicherseits aus einer spaniolischen und väterlicherseits aus einer ungarisch-jüdischen Familie stammende Venetiana im Selbststudium weiter, bewegte sich in Wiener Intellektuellenkreisen, besuchte regelmäßig die Karl-Kraus-Vorlesungen, wo sie auch Elias Canetti kennenlernte; publizierte unter den Pseudonymen Veza Magd, Martha und Martina Murner und Veronika Knecht zwischen 1932 und 1934 zahlreiche Prosatexte in der *Arbeiter-Zeitung* sowie in Wieland Herzfeldes Prager Exilzeitschrift *Neue Deutsche Blätter*; 1934 Heirat mit dem späteren Nobelpreisträger und acht Jahre jüngeren Elias Canetti; 1938 Emigration zunächst nach Paris, ab 1939 lebten die Canettis in London; ihre weiteren literarischen Arbeiten blieben unveröffentlicht; erst die Publikation des Romans *Die gelbe Straße* (1990) führte zur Entdeckung der Ehefrau von Elias Canetti als Schriftstellerin.

Der Fund. In: Veza Canetti: *Der Fund. Erzählungen und Stücke*. München, Wien: Hanser, 2001, S. 11–17 (*Arbeiter-Zeitung* 28.4.1933 unter dem Pseudonym Martina Murner). © Carl Hanser Verlag, München – Wien

Else Feldmann, geboren 1884 in Wien als Kind jüdischer Eltern, wuchs in ärmlichen Verhältnissen auf, 1942 Deportation nach Sobibor, wo sie ermordet wurde; aus finanziellen Gründen Abbruch der Ausbildung als Lehrerin, Arbeit in der Fabrik; ab 1910 sind Sozialreportagen und Erzählungen in sozialdemokratischen

Zeitungen und Zeitschriften wie *Der Abend, Neue Freie Presse, Die Frau, Arbeiter-Zeitung* sowie *Arbeiterwille* nachweisbar; schrieb auch Theaterstücke und Romane; als Mitbegründerin der Internationalen Vereinigung Clarté kämpfte sie gegen Krieg und Kriegsursachen; 1933 war sie Gründungsmitglied der »Vereinigung Sozialistischer Schriftsteller«, die ab Februar 1934 verboten wurde. Nach 1934 verlor sie ihre Publikationsmöglichkeiten, nach dem Einmarsch Hitlers wurde ihr die Gemeindewohnung, die sie mir ihrer Mutter und ihrem Bruder bewohnte, gekündigt und zwangsgeräumt; am 14. Juni 1942 wurde sie mit einem Transport in das Vernichtungslager Sobibor deportiert und dort ermordet.

Ballett der Straße. Ein Entwurf für Jazzmusik. In: *Sensationen des Alltags. Meisterwerke des österreichischen Journalismus.* Hrsg. v. Wolfgang R. Langenbuchner. Wien: Ueberreuter, 1992, S. 332–336 (*Kunst und Volk*, Wien 9. Mai 1930, S. 291–295). *Die Frau auf dem Markte.* In: *Als stünd' die Welt in Flammen. Eine Anthologie ermordeter sozialistischer SchriftstellerInnen.* Hrsg. v. Herbert Exenberger. Wien: Mandelbaum Verlag, 2001, S. 127–129 (*Arbeiter-Zeitung* 1. 8. 1928).

Paula Grogger, geboren 1892 in Öblarn (Obersteiermark), gestorben 1984 in Öblarn; die Tochter eines Kaufmanns trat 1907 in die Lehrerinnenbildungsanstalt der Ursulinen in Salzburg ein, 1912 Matura, 1914 Lehrerin in Öblarn, nach Kriegsende Handarbeitslehrerin, doch ihre Lehrtätigkeit wurde durch Krankheiten immer wieder unterbrochen; 1926 erschien ihr Roman *Das Grimmingtor*, der sie berühmt machte; seit ihrer Pensionierung aus Krankheitsgründen 1929 freie Schriftstellerin, publizierte vor allem Prosa, schrieb auch Gedichte, 1936 Uraufführung des Erzherzog-Johann-Spiels *Die Hochzeit* in Öblarn und Verleihung des Österreichischen Verdienstkreuzes für Kunst und Wissenschaft; ihre der Heimatliteratur zuzuordnenden Texte waren während des Ständestaates und der Zeit des Nationalsozialismus ebenso anerkannt wie nach 1945; 1952 erhielt sie den Rosegger-Preis des Landes Steiermark, 1955 den Enrica Handel-Mazzetti-Sonderpreis, 1966 wurde ihr der Professorentitel verliehen.

Die Braut*. In: Paula Grogger: *Das Grimmingtor*. Stuttgart: Brentanoverlag, 1949, S. 7–15. © Verlag Styria, Graz 1994

Mela Hartwig, geboren 1893 in Wien, gestorben 1967 in London; Schauspielerin u.a. an verschiedenen österreichischen Bühnen sowie am Schiller-Theater in Berlin; nach der Heirat 1921 mit dem Rechtsanwalt Robert Spira Übersiedlung nach Graz und Beginn ihrer schriftstellerischen Laufbahn; ihre ersten Bücher, der Novellenband *Ekstasen* (1928) und der Roman *Das Weib ist ein Nichts* (1929), waren große Erfolge; ihre Novelle *Das Wunder von Ulm* erschien bereits im Exilverlag Editions du Phénix; 1938 Emigration des Ehepaares Spira nach London, wo Mela Hartwig an ihre literarischen Erfolge nicht anknüpfen konnte; nach dem Krieg arbeitete sie als Übersetzerin, begann zu malen und schrieb Beiträge für deutschsprachige Zeitungen und Zeitschriften, u.a. für die Deutsche Rundschau; mehrere Manuskripte blieben unveröffentlicht und befinden sich in der Wiener Stadt- und Landesbibliothek. 1992 wurde der Novellenband *Ekstasen* neu aufgelegt, 2001 wurde der bisher unveröffentlichte Roman *Bin ich ein überflüssiger Mensch?* publiziert, im Herbst 2002 wird *Das Weib ist ein Nichts* neu aufgelegt (Droschl Verlag).

Der Meineid. Unveröffentlichte Erzählung aus ihrem Nachlaß in der Handschriftensammlung der Wiener Stadt- und Landesbibliothek. © Susanne Schönwiese, München
Brief an den Paul-Zsolnay Verlag. Unveröffentlichter Brief aus dem Archiv des Paul-Zsolnay-Verlags Wien. © Susanne Schönwiese, München

Gina Kaus, geboren 1894 in Wien, gestorben 1985 in Los Angeles; heiratete 1913 den Musiker Josef Zirner, der im Ersten Weltkrieg starb; ließ sich von dem um sie werbenden Josef Kranz als Tochter adoptieren, um legitim in das Palais Kranz einziehen zu können, da dieser sich nicht scheiden lassen konnte; ihr erstes Stück (unter dem Pseudonym Andreas Eckbrecht) wurde 1917 im Burgtheater aufgeführt; sie gehörte in Wien zum literarischen Kreis des berühmten Café Herrenhof; 1920 Heirat mit dem Schriftsteller Otto Kaus, dritte Ehe mit Eduard Frischauer; schrieb Erzählungen und Kurzgeschichten für verschiedene Zeitungen und Zeitschriften, gründete die Zeitschrift *Mutter*, aufgrund des großen Erfolges Einrichtung einer Beratungsstelle, um ratsuchenden Frauen wirksam helfen zu können; erhielt den »Fontane-Preis« und den »Goethe-Preis«; 1938 Emigration über Paris, New York nach Hollywood, wo sie für Filmgesellschaften arbeitete und eine beachtliche Karriere machte; schrieb Theaterstücke, Drehbücher, Romane; fast alle Bücher wurden verfilmt.

Ekel*. In: Gina Kaus: *Die Schwestern Kleh*. Roman. Mit einem Nachwort von Sibylle Mulot-Déri. Berlin: Ullstein, 1992, S. 125–137. © 1992 Ullstein, Berlin

Alma Johanna Koenig, geboren 1887 in Prag, lebte in Wien, 1942 Deportation nach Minsk, ihr genaues Todesdatum ist unbekannt; als Tochter zum Katholizismus konvertierter jüdischer Eltern wuchs sie in Wien auf, besuchte eine höhere Mädchenschule; erste Publikationen unter dem Pseudonym Johannes Herdan, 1918 erschien ihr erster Gedichtband *Die Windsbraut*; 1921 Heirat mit dem österreichischen Konsul Bernhard Freiherr von Ehrenfels, mit dem sie von 1925 bis 1930 in Algier lebte; nach Trennung und Scheidung übersiedelte sie wieder nach Wien; sie war Mitarbeiterin verschiedener Zeitungen, schrieb Lyrik, Erzählungen und etablierte sich als Romanautorin; wegen ihrer jüdischen Herkunft verliert sie zunehmend ihre Publikationsmöglichkeiten; ab 1933 Verbindung mit Oskar Jan Tauschinski; seit 1938 verfolgt; ihren berühmtesten Roman *Der jugendliche Gott* konnte sie kurz vor ihrer Deportation vollenden, er wurde 1947 veröffentlicht.

Gedichte. In: *Sonette für Jan*. Wien: Luckmann, 1946, S. 6, 16, 18, 19, 21, 23. © IG Autorinnen / Autoren

Lili Körber, geboren 1897 und aufgewachsen in Moskau, gestorben 1982 in New York; sie hatte drei Muttersprachen (Deutsch, Französisch, Russisch), in denen sie sprach und korrespondierte; ab 1917 Studium in der Schweiz, 1923 Promotion in Frankfurt mit einer Arbeit über Franz Werfel; bis 1933 publizierte sie in vielen linken und bürgerlich-liberalen Zeitungen in Deutschland, bis 1934 auch in der Wiener *Arbeiter-Zeitung*; sie schrieb Reportageromane über ihre Erlebnisse in Rußland und während der Machtübernahme Hitlers in Deutschland; den Roman *Eine Österreicherin erlebt den Anschluß* veröffentlichte sie unter dem Pseudonym Agnes Muth (1938) in der Zürcher Tageszeitung *Das Volksrecht*; 1938 Flucht nach Paris, Lyon, Marseille, auch ihr Lebensgefährte Erich Grave kam illegal nach Frankreich, wo sie 1940 heirateten, 1941 erreichten sie New York; sie konnte ihre literarische Laufbahn nicht fortsetzen, arbeitete in New York bis zu ihrer Pensionierung als Krankenschwester.

14. März 1938. In: *Eine Österreicherin erlebt den Anschluß*. Roman. Mit Erläuterungen und einem Nachwort von Viktoria Hertling. Wien: Christian Brandstätter, 1988, S. 109–113. © Dr. Viktoria Hertling
Amerika, Amerika. In: Viktoria Hertling: *Abschied von Europa.: Zu Lili Körbers Exil in Paris, Lyon und New York*, in: *The Germanic Review*, Vol. LXII, 3/1987, S. 126. © Dr. Viktoria Hertling

Maria Leitner, geboren 1892 in Varazdin/Österreich-Ungarn, 1940 wurde sie in Gurs interniert, konnte fliehen, seit 1941 in Südfrankreich verschollen; frühe journalistische Arbeiten und Mitarbeiterin einer der renommiertesten Budapester Zeitungen, der *Az Est (Der Abend)*; beteiligt an der Gründung des Kommunistischen Jugendverbandes Ungarns, Mitglied der ungarischen KP; nach Ende der Räterepublik Flucht nach Wien; dann Arbeit in Berlin als Lektorin im Verlag der Jugendinternationale; Reisen nach Nord-, Mittel- und Südamerika nach einem Angebot des Ullstein-Verlages, die sie mit Gelegenheitsarbeiten finanzierte; vermutlich 1930 Rückkehr nach Berlin; war Mitglied des Schutzverbandes deutscher Schriftsteller (kommunistische Fraktion); ihre besten Reportagen erschienen 1932 unter dem Titel *Eine Frau reist durch die Welt*; wahrscheinlich lebte sie einige Zeit illegal in Deutschland; emigrierte 1933 nach Prag und flüchtete 1934 nach Frankreich; 1940 Internierung im französischen Frauenlager Gurs; von dort Flucht bis nach Marseille, wo sie zuletzt 1941 von Anna Seghers gesehen wurde.

Nummer 952*. In: Eine Frau reist durch die Welt. Berlin: Agis-Verlag, 1932, S. 7–13. © Promedia, Wien

Lina Loos, geboren in Wien 1882 als Tochter des Kaffeehausbesitzerehepaars Obertimpfler, gestorben 1950 in Wien; gegen den Willen der Eltern Schauspielausbildung am Wiener Konservatorium ebenso wie 1902 Heirat mit dem zwölf Jahre älteren Architekten Adolf Loos, 1905 Scheidung; seit 1905 spielte sie unter verschiedenen Pseudonymen in Amerika und Europa Theater, trat häufig auch in Wien als Diseuse und Rezitatorin in Kabaretts auf, ein chronisches Lungenleiden unterbrach immer wieder ihre Arbeit; seit 1904 schrieb sie Gedichte, Feuilletons, Aphorismen, Theaterstücke, Prosa, Essays und ein Treatment für einen Tonfilm; nach 1938 zog sie sich völlig aus der Öffentlichkeit zurück; 1921 erschien ihr Drama *Mutter* in einer bibliophilen Ausgabe, erst 1947 wurde eine größere Auswahl ihrer Texte *Das Buch ohne Titel* publiziert; nach dem Krieg schrieb sie für das *Österreichische Tagebuch* und für die *Stimme der Frau*, das Organ des »Bundes demokratischer Frauen«, dessen Vizepräsidentin sie war; sie starb 1950 im Wiener Allgemeinen Krankenhaus.

Die Sirene und Ein Duell. In: *Wie man wird, was man ist*. Lebens-Geschichten. Hrsg. v. Adolf Opel. Wien: Deuticke, 1994, S. 135–139, 181–184. © Deuticke, Wien

Paula Ludwig, geboren 1900 in Altenstadt/Vorarlberg, gestorben 1974 in Darmstadt; die Tochter eines sozialistischen Tischlers zog nach der Scheidung der Eltern zunächst mit der Mutter nach Linz, nach dem frühen Tod der Mutter kam sie zum Vater nach Breslau, wo sie im Haushalt half; 1917 wurde ihr unehelicher Sohn Friedel geboren, mit dem sie nach München ging und dort als Malermodell, Souffleuse und Statistin an den Münchner Kammerspielen arbeitete und Kontakte zu Künstlerkreisen bekam, 1919 erschien ihr erster Gedichtband, 1923 übersiedelte sie nach Berlin, dort Anschluß an Berliner Künstlerkreise; acht Jahre dauerte ihre Liebesbeziehung zu Yvan Goll; 1934 siedelte sich Paula Ludwig in Tirol an, 1938 Emigration nach Paris, 1939 Flucht über Spanien und Portugal nach São Paulo/Brasilien; nach 13 Jahren Rückkehr nach Europa, lebte zuletzt in Darmstadt; konnte mit ihren Gedichten und ihrer Prosa an ihre früheren literarischen Erfolge nicht anschließen.

Gedichte. In: *Gedichte. Eine Auswahl aus der Zeit von 1920 bis 1958*. Ebenhausen b. München: Langewiesche-Brandt, 1962, S. 25, 26. © Langewiesche-Brandt, Ebenhausen bei München
Das Haarspänglein. In: *Traumlandschaft*. Berlin: Waldemar Hoffmann, 1935, S. 35–38. © Langewiesche-Brandt, Ebenhausen bei München

Sir Galahad/Bertha Eckstein-Diener, geboren 1874 als Tochter eines wohlhabenden Zinkfabrikanten in Wien, gestorben 1948 in Genf; Bertha Diener heiratete mit 24 Jahren den Physiker mit einer Leidenschaft für Mystik und Theosophie und Bohemien Friedrich Eckstein; bewegte sich in der Wiener Intellektuellenszene, Bekanntschaften mit Peter Altenberg, Arthur Schnitzler, Karl Kraus u.a.; erste schriftstellerische Arbeiten machten sie bekannt; zwei Jahre nach ihrer Heirat lernte sie den Bankierssohn Theodor Beer kennen, 1904 verließ sie Mann und Kind und begann ihre Reiseexistenz, die sie bis an ihr Lebensende führen wird; in Berlin kam heimlich ihr zweiter Sohn zur Welt, den sie einer Pflegefamilie überließ; nachdem sie als Weltkriegsfolge ihr Vermögen verloren hatte, verdiente sie als Sachbuchautorin, Übersetzerin und Essayistin ihr Geld, immer unter dem Pseudonym Sir Galahad; das 1932 erschienene Buch *Mütter und Amazonen*, die erste weibliche Kulturgeschichte, machte sie berühmt.

*Aufruhr**. In: Sir Galahad: *Die Kegelschnitte Gottes*. Roman. München: Albert Langen, 1921, S. 407–412. © Virginia Eckstein

Adrienne Thomas, Pseudonym für Hertha Adrienne Strauch, geboren 1897 in St. Avold/Lothringen, gestorben 1980 in Wien; übersiedelte während des Ersten Weltkrieges nach Berlin; ihr Antikriegsroman *Die Katrin wird Soldat!* (1930) wurde ein Welterfolg; 1934 Umzug aus der Schweiz nach Frankreich, von dort nach Österreich, 1938 Flucht mit gefälschten Papieren nach Frankreich; 1940 Internierung im Frauenlager Gurs und Flucht über die Pyrenäen nach Spanien und von dort in die USA; in ihrem 1944 in Amsterdam erschienenen Buch *Reisen Sie ab, Mademoiselle!* verarbeitete sie ihre Emigration; sie war eine der wenigen Schriftstellerinnen, die im New Yorker Exil vom Schreiben leben konnte; seit 1941 Bekanntschaft mit dem Politiker und Spanienkämpfer Julius Deutsch, mit dem sie 1947 nach Wien zurückkehrte, Heirat 1950; sie schrieb für die Wiener Tageszeitung *Neues Österreich* Artikelserien über die Zeit der Vertreibung und das Leben im New Yorker Exil; 1973 wurde ihr vom österreichischen Unterrichtsministerium der Professorentitel verliehen.

*Reisen Sie ab!**. In: *Reisen Sie ab, Mademoiselle!* Frankfurt: Fischer, 1985, S. 115–119 (Amsterdam: de Lange, 1947). © Mag. Raimund Truxa

Grete von Urbanitzky, geboren 1981 in Linz an der Donau, gestorben 1974 in Genf; als älteste von fünf Töchtern erhielt sie eine gute Ausbildung, Lyzeum in Linz, Gymnasium in Zürich, dann Beginn eines Studiums der Naturwissenschaften in Zürich, das sie nach ersten literarischen Erfolgen abbrach; 1911 Heirat mit dem Ingenieur Ludwig Woloszuk, nach einem Jahr Scheidung; 1920 Heirat mit Peter Passini, auch diese Ehe wird geschieden, mit seiner jüngeren Schwester Mia Passini verband sie eine lebenslange Beziehung, sie lebte bis zu Mia Passinis Heirat 1945 mit ihr zusammen; sie schrieb für deutschnationale Zeitungen und Zeitschriften, gründete 1924 den österreichischen PEN-Club, betrieb eine Literaturagentur und verfaßte Gedichte, Erzählungen und Romane; trotz ihrer offenen nationalsozialistischen Gesinnung wurden einige ihrer Romane nach 1933 verboten, 1941 wurde ihr Gesamtwerk indiziert; sie ging 1936 nach Paris, dann in die Schweiz, wo sie in Thonex 1974 vergessen und vereinsamt starb.

*Die Lehrerin**. In: *Der wilde Garten*. Roman. 6.–8. Tsd. Leipzig: Hesse & Becker, 1928, S. 113–124.

Hermynia Zur Mühlen, geboren als Gräfin Crenneville 1883 in Wien, gestorben 1951 in Radletts/Hertfordshire (Großbritannien), aufgewachsen in Gmunden; Ausbildung zur Lehrerin; häufige Reisen durch verschiedene Länder Europas, Afrikas und Vorderasiens; 1905 Heirat mit dem baltischen Gutsbesitzer Zur Mühlen, mit dem sie in Livland lebte; baldige Scheidung; während ihres Aufenthaltes als Lungenkranke in Davos lernte sie den Übersetzer Stefan Klein kennen und begann selber zu übersetzen, 1919 ging sie nach Frankfurt und trat der KPD bei; sie machte sich einen Namen als Übersetzerin zahlreicher sozialkritischer Werke amerikanischer, englischer, französischer und russischer Autoren, daneben veröffentlichte sie eigene Beiträge und literarische Arbeiten; kritische Auseinandersetzung mit den politischen Verhältnissen ihrer Zeit in Erzählungen, Novellen, Kinderbüchern und Romanen; 1933 Flucht nach Wien; 1938 Emigration nach Prag, Heirat mit dem Übersetzer Stefan I. Klein, dann Flucht nach England, wo sie, trotz ihres enormen Arbeitspensums, 1951 in bitterer Armut starb.

Das »Double«. In: *Fahrt ins Licht. 66 Stationen*. Erzählungen. Wien, Leipzig: Ludwig Nath Verlag, 1936, S. 279–284.
Die Mangel (1924). In: *Der rote Heiland*. Novellen. Frankfurt: Jassmann, 1989, S. 105–107.

Die Rechtslage bezüglich der abgedruckten Texte wurde nach Möglichkeit sorgfältig geprüft. Eventuelle berechtigte Ansprüche werden vom Verlag in angemessener Weise abgegolten.

VERWENDETE LITERATUR UND QUELLEN

Allgemeine Literatur (Auswahl)

Ariadne 31 (1997). Zeitschrift des Archivs der deutschen Frauenbewegung. Avantgarde und Tradition. Schriftstellerinnen zwischen den Weltkriegen.
Siglinde Bolbecher und Konstantin Kaiser: *Lexikon der österreichischen Exilliteratur.* Wien: Deuticke, 2000.
Gisela Brinker-Gabler (Hrsg.): *Deutsche Literatur von Frauen.* 2 Bände. München: Beck, 1988 und 1989.
Gisela Brinker-Gabler, Karola Ludwig und Angela Wöffen: *Lexikon deutschsprachiger Schriftstellerinnen 1800–1945.* München: dtv, 1986.
Hans Giebisch und Gustav Guggitz: *Biobibliographisches Literaturlexikon Österreichs von den Anfängen bis zur Gegenwart.* Wien: Hollinek, 1964.
Hiltrud Gnüg und Renate Möhrmann (Hrsg.): *Frauen – Literatur – Geschichte. Schreibende Frauen vom Mittelalter bis zur Gegenwart.* Stuttgart: Metzler 1985, Frankfurt: Suhrkamp, 1989.
Christa Gürtler und Sigrid Schmid: *Die bessere Hälfte. Österreichische Literatur von Frauen seit 1848.* Salzburg: Otto Müller Verlag, 1995.
Christa Gürtler und Sigrid Schmid-Bortenschlager: *Eigensinn und Widerstand. Schriftstellerinnen der Habsburgermonarchie.* Wien: Ueberreuter, 1998.
Heike Herrberg und Heidi Wagner (Hrsg.): *Wiener Melange. Frauen zwischen Salon und Kaffeehaus.* Berlin: edition ebersbach, 2002.
Denny Hirschbach und Sonia Nowoselsky (Hrsg.): *Zwischen Aufbruch und Verfolgung. Künstlerinnen der zwanziger und dreißiger Jahre.* Bremen: Zeichen + Spuren, 1993.
Gabriele Kreis: *Frauen im Exil. Dichtung und Wirklichkeit.* Düsseldorf: Claassen, 1984.
J.W. Nagl, J. Zeidler und E. Castle: *Deutsch-österreichische Literaturgeschichte in vier Bänden.* Wien und Leipzig 1914–1937.
Anna Rheinsberg (Hrsg.): *Bubikopf. Aufbruch in den Zwanzigern. Texte von Frauen.* Darmstadt: Luchterhand, 1988.
Sigrid Schmid-Bortenschlager und Hanna Schnedl-Bubenicek: *Österreichische Schriftstellerinnen 1880–1938. Eine Bio-Bibliographie.* Stuttgart: Heinz Verlag, 1982.
Sigrid Schmid und Hanna Schnedl (Hrsg.): *Totgeschwiegen. Texte zur Situation der Frau von 1880 bis in die Zwischenkriegszeit.* Wien: Österreichischer Bundesverlag, 1982.
Frauke Severit (Hrsg.): *Das alles war ich. Politikerinnen, Künstlerinnen, Exzentrikerinnen der Wiener Moderne.* Wien: Böhlau, 1998.
Brigitte Spreitzer: *TEXTUREN. Die österreichische Moderne der Frauen.* Wien: Passagen, 1999.
Hans Veigl/Sabine Derman: *Die wilden 20er Jahre. Alltagskulturen zwischen zwei Kriegen.* Wien: Ueberreuter, 1999.
Hilke Veth: *Literatur von Frauen.* In: *Literatur der Weimarer Republik 1918–1933,* hrsg. v. Bernhard Weyergraf. München: dtv, 1995, S. 446–482.
Hanna Vollmer-Heitmann: *Wir sind von Kopf bis Fuß auf Liebe eingestellt. Die zwanziger Jahre.* Hamburg: Kabel, 1993.
Hartmut Vollmer (Hrsg.): *Die rote Perücke. Prosa expressionistischer Dichterinnen.* Paderborn: Igel Verlag, 1996.
Renate Wall: *Lexikon deutschsprachiger Schriftstellerinnen im Exil 1933–1945.* 2 Bände. Freiburg: Kore Verlag, 1995.
www.onb.ariadne

Zu den Autorinnen

Vicki Baum

Apropos Vicki Baum. Frankfurt: Neue Kritik, 1998.
Vicki Baum: *Es war alles ganz anders. Erinnerungen*. Frankfurt: Ullstein, 1962.
Linda J. King: *Best-Sellers by Design. Vicki Baum and the House of Ullstein*. Detroit 1988.

Veza Canetti

Elias Canetti: *Die Fackel im Ohr. Lebensgeschichte 1921–1931*. München/Wien: Hanser, 1980. *Das Augenspiel. Lebensgeschichte. 1931–1937*. München/Wien: Hanser, 1985.
Elfriede Czurda: *Veza Canetti – Zwischen Dichtung und Wahrheit*. In: *Manuskripte* 1992, Heft 117, S. 114–120.
Elfriede Engelmayer: »*Denn der Mensch schreitet aufrecht, die erhabenen Zeichen der Seele ins Gesicht gebrannt*«. In: *Mit der Ziehharmonika* 2 (1994), S. 25–33.
Ernst Fischer: *Erinnerungen und Reflexionen*. Reinbek: Rowohlt, 1969.
Eva M. Meidl: *Veza Canettis Sozialkritik in der revolutionären Nachkriegszeit: sozialkritische, feministische und postkoloniale Aspekte in ihrem Werk*. Frankfurt etc: Lang, 1998 (mit einem umfangreichen Verzeichnis von Sekundärliteratur und Rezensionen).
Anna Mitgutsch: *Veza Canetti*. In: *Literatur und Kritik* 1999, Heft 335/336, S. 99–109.
Sibylle Mulot: *Leben mit dem Monster*. In: *Facts* 5 (1999), S. 122–125.
Angelika Schedel: *Sozialismus und Psychoanalyse als Quellen von Veza Canettis Utopien*. Würzburg: Königshausen & Neumann 2002.
Gerald Stieg: *Kain und Eva. Eine Replik auf Anna Mitgutsch*. In: *Literatur und Kritik* 1999, Heft 339/340, S. 36–40.

Else Feldmann

Siglinde Bolbecher: »*Die Wand entlang*« – *Ehrung für Else Feldmann*. In: *Ziehharmonika*, 15/3 (1998), S. 56.
Herbert Exenberger: *Auf den Spuren von Else Feldmann: Eine Wiener Schriftstellerin – Opfer des Holocaust*. In: *Jahrbuch 1990*. Dokumentationsarchiv des österreichischen Widerstands, S. 56–75 (enthält eine Auflistung der Arbeiten von Else Feldmann).
Herbert Exenberger: *Else Feldmann: Spekulation und Wahrheit*. In: *Mitteilungen des Dokumentationsarchivs des österreichischen Widerstands*, Oktober 1997, S. 11.
Erich Hackl: »*Was Sie hier sehen, meine Herren*«. In: *Die Presse*, 11. Oktober 1997.
Helga Mayer: *Else Feldmann. Journalistin und Schriftstellerin*. Diplomarbeit. Wien 1992.
Elisabeth Malleier: *Jüdische Frauen in Wien (1816–1938). Wohlfahrt – Mädchenbildung – Frauenarbeit*. Diss. Wien 2000.

Adolf Opel und Marino Valdez: Nachwort. Else Feldmann – eine Spurensuche.
In: E.F.: *Löwenzahn*. Wien: Verlag für Gesellschaftskritik, 1993, S. 167–184.
Adolf Opel und Marino Valdez: Nachwort. Else Feldmann – eine Auslöschung und eine Wiederfindung. In: E.F.: *Der Leib der Mutter*. Wien: Wiener Frauenverlag, 1993, S. 209–225.
Adolf Opel und Marino Valdez: Nachwort. Else Feldmann – Das Faktische und das Fiktive. In: E.F.: *Martha und Antonia*. Wien: Milena, 1997, S. 373–390.
Ilse Pollack: Else Feldmann. In: Literatur und Kritik 1993, Heft 279/280, S. 101–107.

Paula Grogger

Christoph Heinrich Binder: *Paula Grogger: Ein biographischer Abriß*. Ausstellungskatalog Schloß Trautenfels. Gröbming, 1985.
Adolf Knobloch: Sendung und Werk weiblicher Prosadichtung. In: Hochland, 27/2 (1930), S. 61–75.
Robert Musil: *Eine neue Dichterin. / Paula Grogger, Das Grimmingtor*. In: Robert Musil: *Gesammelte Werke*. Hrsg. v. Adolf Frisé. Reinbek: Rowohlt, 1978, Band 8, S. 1170–1180; Band 9, S. 1737–38.
Sigrid Schmid-Bortenschlager: *Besinnung auf Traditionen. Heimat und Geschichte im Roman des frühen 20. Jahrhunderts*. In: *Deutsche Literatur von Frauen*. Zweiter Band, 19. und 20. Jahrhundert. Hrsg. v. Gisela Brinker-Gabler, München: Beck, 1988, S. 235–249.
Sigrid Schmid-Bortenschlager: Lesarten von Paula Groggers Roman »Das Grimmingtor«. In: Neohelicon 33 (1996), S. 249–263.

Mela Hartwig

Bettina Fraisl: *Körper und Text. (De-)Konstruktion von Weiblichkeit und Leiblichkeit bei Mela Hartwig*. Diss. Graz 2001.
Bettina Fraisl: Nachwort. In: Mela Hartwig: *Bin ich ein überflüssiger Mensch?* Graz: Droschl, 2001, S. 157–171.
Sigrid Schmid-Bortenschlager: *Exil und literarische Produktion: Das Beispiel Mela Hartwig*. In: Charmain Brinson et. al. (Eds.): *Keine Klage über Großbritannien? Deutsche und österreichische Exilerfahrungen in Großbritannien. 1933–1945*. München: Iudicium, 1998, S. 88–99.
Hartmut Vollmer: Nachwort. In: Mela Hartwig: *Ekstasen*. Novellen. Frankfurt: Ullstein, 1992, S. 247–259.
Nachlaß in der Wiener Stadt- und Landesbibliothek. Die Novelle *Das Kind* ist abgedruckt im Band *Die bessere Hälfte. Österreichische Literatur von Frauen seit 1848*, hrsg. v. Christa Gürtler, Sigrid Schmid, Salzburg: Otto Müller Verlag, 1995, S. 113–130.

Gina Kaus

Eva Bakos: *Verführerinnen. Gina Kaus und Stephanie Hohenlohe*. In: Eva Bakos: *Wilde Wienerinnen*. Wien: Ueberreuter, 1999, S. 113–163.
Milan Dubrovic: *Die Weissagungen des Teiresias. Erinnerungen an Gina Kaus*. In: *Die Presse*, 17. 5. 1986.
Dagmar Malone: *Gina Kaus*. In: *Deutsche Exilliteratur seit 1933*. Band I. Kalifornien. Hrsg. v. John M. Spalek und Joseph Strelka. Bern/München: Francke, 1976, S. 751–761.
Sibylle Mulot: Nachwort. In: Gina Kaus: *Die Schwestern Kleh*. Frankfurt/Berlin: Ullstein, 1989, S. 287–298.
Sibylle Mulot: Nachwort. In: Gina Kaus: *Von Wien nach Hollywood. Erinnerungen*. Frankfurt: Suhrkamp, 1990, S. 239–286.

Sibylle Mulot: *Nachwort.* In: Gina Kaus: *Teufel in Seide.* Frankfurt/Berlin: Ullstein, 1992, S. 283–294.
Cornelius Schnauber: *Gina Kaus – »Das Mädchen aus Wien« ohne Rückkehr.* In: *Neue Zürcher Zeitung,* 22.11.1984.
Hilde Spiel: *Eine Löwin der Literatur. Zu den Memoiren der Gina Kaus.* In: *Frankfurter Allgemeine Zeitung,* 5.5.1979.
Hartmut Vollmer: *Nachwort.* In: Gina Kaus: *Die Verliebten.* Paderborn: Igel Verlag, 1999, S. 245–254.
Hartmut Vollmer: *Nachwort.* In: Gina Kaus: *Die Unwiderstehlichen.* Kleine Prosa. Paderborn: Igel Verlag, 2000, S. 235–243.

Alma Johanna Koenig

Robert Braun: *Briefe aus Hitlers Wien. Zum 75. Geburtstag der Dichterin Alma Johanna Koenig.* In: *Wort in der Zeit,* 8 (Oktober 1962), S. 49–51.
Stefan H. Kaszynski: *Chiffrierter Widerstand oder Innere Emigration. Zu Alma Johanna Koenigs Roman »Der jugendliche Gott«.* In: *Literatur der ›Inneren Emigration‹ aus Österreich.* Hrsg. v. Johann Holzner und Karl Müller im Auftrag der Theodor-Kramer-Gesellschaft, Zwischenwelt 6, Wien: Döcker, 1998, S. 141–155.
Marie-Thérèse Kerschbaumer: *Der weibliche Name des Widerstands. Sieben Berichte.* Olten und Freiburg: Walter, 1980 (darin Alma S. 5–16).
Helene Lahr: *Nachwort.* In: Alma Johanna Koenig: *Der jugendliche Gott.* Wien, Berlin und Leipzig: Zsolnay, 1947, S. 334–335.
Oskar Jan Tauschinski: *Einleitung.* In: Alma Johanna Koenig: *Gute Liebe – Böse Liebe.* Eingeleitet und ausgewählt von O.J.T. Graz: Stiasny, 1960, S. 5–26.
Oskar Jan Tauschinski: *Die lyrische Autobiographie der Alma Johanna Koenig.* In: *Literatur und Kritik,* 1973, Heft 72, S. 65–77.
Oskar Jan Tauschinski: *Nachwort.* In: Alma Johanna Koenig: *Vor dem Spiegel.* Graz: Styria, 1978, S. 108–120.
Oskar Jan Tauschinski: *Kaddisch für eine Dichterin.* In: *Mit der Ziehharmonika* 9/2 (1992), S. 1–4.

Lili Körber

Viktoria Hertling: *Abschied von Europa. Zu Lili Körbers Exil in Paris, Lyon und New York.* In: *Germanic Review* 62 (1987), Nr.3, S. 118–129.
Ute Lemke: *Lili Körber: Von Moskau nach Wien. Eine österreichische Autorin in den Wirren der Zeit (1915–1938).* Siegen: Böschen, 1999.

Maria Leitner

Gabriele Habinger: *Nachwort.* In: *Maria Leitner: Reportagen aus Amerika. Eine Frauenreise durch die Welt der Arbeit in den 1920er Jahren.* Hrsg., bearbeitet und mit einem Nachwort von G.H. Wien: Promedia, 1999, S. 235–247 (darin auch Vorwort von Helga Schwarz: *Maria Leitner – eine Frau, die durch die Welt reiste,* S. 9–12).
Gislinde Schwarz: *»Die Welt verändern«. Maria Leitner (1892–1942?).* In: *Die Reisen der Frauen. Lebensgeschichten von Frauen aus drei Jahrhunderten.* Hrsg. v. Susanne Härtel, Magdalena Köster. Weinheim und Basel: Beltz & Gelberg, 1994, S. 206–231.
Helga Schwarz: *Nachwort.* In: Maria Leitner: *Elisabeth, ein Hitlermädchen. Erzählende Prosa, Reportagen und Berichte.* Berlin und Weimar: Aufbau-Verlag, 1985, S. 469–488 (mit einer Bibliographie der Schriften von Maria Leitner).
Helga Schwarz: *Maria Leitner – eine Verschollene des Exils?* In: *Exilforschung.* Ein internationales Jahrbuch, Bd. 5. München 1987, S. 123–134.

Helga Schwarz: *Maria Leitner*. In: H.S.: *Internationalistinnen. Sechs Lebensbilder.* Berlin: Militärverlag der Deutschen Demokratischen Republik, 1989, S. 77–110.
Helga Schwarz: *Maria Leitner (1882–1942?) – eine Verschollene des Exils*. In: *Ziehharmonika* 15/3 (1998), S. 27 (darin auch drei Texte von Maria Leitner).
Eva-Maria Siegel: *Maria Leitner, ein »dreifaches Exil«*. In: *Mit der Ziehharmonika* 11/1 (1994), S. 24–29.

Lina Loos

Siglinde Bolbecher: *Lina Loos: Von der unerfüllten Sehnsucht des Lebens*. In: *Ziehharmonika*, Jg. 12/1 (1995), S. 21 (darin auch Abdruck von Lina Loos: *Allererste Kindheitserlebnisse*, S. 21, und in Heft 3 (1995) Abdruck des Artikels *Wir Frauen*, S. 5).
Franz Th. Csokor, L. Rüther (Hg.): *Du silberne Dame Du. Briefe von und an Lina Loos*. Wien: Zsolnay, 1996.
Lisa Fischer: *Lina Loos oder Wenn die Muse sich selbst küßt. Eine Biographie*. Wien, Köln und Weimar: Böhlau, 1994.
Gertrud Kainz: *Paradiesisch ist das Leben nicht. Lina Loos – Leben und Werk*. Diss. Wien 1993.
Adolf Opel: *Die andere Lina Loos*. In: Lina Loos: *Wie man wird, was man ist. Lebens-Geschichten*. Hrsg. v. Adolf Opel. Wien: Deuticke, 1994, S. 11–29.

Paula Ludwig

Iwan Goll und Paula Ludwig: *Ich sterbe mein Leben. Briefe 1931–1940. Literarische Dokumente zwischen Kunst und Krieg*, hrsg. v. Barbara Glauert-Hesse im Auftrag der Fondation Goll. Frankfurt: Limes, 1993.
Ulrike Längle: *»Tausend Winter durchmaß ich mit meinen Schritten«. Paula Ludwig, Dichterin aus Vorarlberg*. In: *Allmende* 30/31, 10(1991), S. 116–143.
Ulrike Längle: *»Ich bin eine obdachlose Dichterin«. Über Paula Ludwig*. In: *Österreichische Dichterinnen*, hrsg. v. Elisabeth Reichart. Salzburg: Otto Müller Verlag, 1993, S. 113–143.
Rosanna Vitale: *Die Exilschriftstellerin Paula Ludwig*. In: *Mit der Ziehharmonika* 10/4 (1993), S. 13–16.

Der Nachlaß von Paula Ludwig befindet sich zum Großteil im Franz Michael Felder-Archiv in Bregenz.

Sir Galahad/Bertha Eckstein-Diener

Sibylle Mulot-Deri: *Sir Galahad. Porträt einer Verschollenen*. Frankfurt: Fischer, 1987.
Sibylle Mulot-Deri: *Sir Galahad (1874–1948). Wahnsinnsliebe*. In: *Wahnsinnsfrauen*. Zweiter Band. Hrsg. v. Sibylle Duda und Luise F. Pusch. Frankfurt: Suhrkamp, 1996, S. 100–128.
Rudi Schweikert: *Arno Schmidt und Sir Galahad*. Frankfurt: Bangert & Metzler, 1995.
Nina Weser: *Bertha Eckstein-Diener alias Sir Galahad: Weibliche Identitätsbildung unter männlichem Pseudonym. Anmerkungen zur List oder Selbstüberlistung weiblicher Vernunft in der Agonie des k. und k. Patriarchats*. In: Frauke Severit (Hrsg.): *Das alles war ich. Politikerinnen, Künstlerinnen, Exzentrikerinnen der Wiener Moderne*. Wien, Köln und Weimar: Böhlau, 1998, S. 203–246.

Adrienne Thomas

Gabriele Kreis: *Frauen im Exil. Dichtung und Wirklichkeit*. Düsseldorf: Claassen, 1984, vor allem S. 211 ff.
Gabriele Kreis: *Nachwort*. In: Adrienne Thomas: *Reisen Sie ab, Mademoiselle!* Frankfurt: Fischer, 1985, S. 383–388.
Karin Sinhuber: *Adrienne Thomas. Eine Monographie*. Diss. Wien 1990.
(Die Arbeit berücksichtigt den Nachlaß von A. Thomas.)
Erika E. Theobald: *Adrienne Thomas*. In: *Deutschsprachige Exilliteratur seit 1933*, hrsg. v. John M. Spalek und Joseph Strelka. Band 2 New York. Bern: Francke, 1989, S. 905–913.

Briefe, Dokumente, Lebenslauf, Schilderung des Verfolgungsvorganges, u.a. in: Dokumentationsstelle für neuere österreichische Literatur, Literaturhaus Wien. Der Nachlaß befindet sich im Privatbesitz.

Grete von Urbanitzky

Ursula Huber: *»Frau und doch kein Weib.« Zu Grete von Urbanitzky. Monographische Studie zur Frauenliteratur in der österreichischen Zwischenkriegszeit und im Nationalsozialismus*. Diss. Wien 1990.
Ursula Huber: *Grete von Urbanitzky – ungeliebte Parteigängerin der Nationalsozialisten*. In: *L'Homme*. 4/1 (1993), S. 74–88.

Nachlaß in der Wiener Stadt- und Landesbibliothek.

Hermynia Zur Mühlen

Manfred Altner: *Hermynia Zur Mühlen. Eine Biographie*. Bern: Lang, 1997 (enthält eine Bibliographie zu den Buchausgaben, Übersetzungen, auch in Zeitschriften, und Hörspielen und ein ausführliches Verzeichnis der Sekundärliteratur).
Sigrid Schmid-Bortenschlager: *Thema Faschismus. Zu einigen Romanen österreichischer Autorinnen der dreißiger Jahre*. In: *Zeitgeschichte* 9 (1981), S. 1–17.

BILDNACHWEIS

Bildarchiv der Österreichischen Nationalbibliothek: Vicki Baum, Bertha Eckstein-Diener (Roger Diener), Paula Grogger (Max Fenichel, um 1936), Alma Johanna Koenig (Madame d'Ora, 1929), Lina Loos, Gina Kaus (Trude Fleischmann), Adrienne Thomas (Foto Löwy-Wien), Grete von Urbanitzky (Madame d'Ora).
Droschl Verlag Graz: Mela Hartwig
Franz-Michael-Felder-Archiv der Vorarlberger Landesbibliothek/Vorarlberger Literaturarchiv: Paula Ludwig (30er Jahre Italien, Foto: Iwan Goll)
Hanser Verlag München/Wien: Veza Canetti, © Archiv Carl Hanser Verlag, München – Wien
Stiftung Archiv der Akademie der Künste, Wieland-Herzfelde-Archiv (1927): Hermynia Zur Mühlen
Viktoria Hertling: Lili Körber
Foto Maria Leitner um 1925 (unbekannt)

EDITORISCHE NOTIZ

Die Porträts von Veza Canetti, Else Feldmann, Paula Grogger, Alma Johanna Koenig, Gina Kaus, Maria Leitner, Lina Loos, Paula Ludwig, Sir Galahad und Adrienne Thomas wurden von Christa Gürtler und die von Vicki Baum, Mela Hartwig, Lili Körber, Grete von Urbanitzky und Hermynia Zur Mühlen von Sigrid Schmid-Bortenschlager verfaßt.

Für die computergestützte Erfassung der literarischen Texte danken wir Mag. Ria Deisl, Wilma Santner und Mag. Barbara Stasta, für die Erstellung der Werkverzeichnisse Mag. Ivonn Kappel.

Die Rechtschreibung wurde behutsam modernisiert. Die mit Sternchen versehenen Titel wurden von den Verfasserinnen des Bandes für die abgedruckten Textausschnitte gewählt.